現場写真 でわかる

木造住宅工事
の納まり

春山浩司 著 ／ 玉水新 企画

学芸出版社

まえがき

　この本は、住宅建築に携わる方々に是非読んでほしい内容としています。特に、まだ経験の浅い若手の現場監督には、必携となればという思いを込めて書きました。

　その他に設計・監理・調達・商品開発・アフターメンテナンス部門、さらには経営者や毎日現場で頑張っていただいている職方の方々にも十分にお役に立つような内容となっております。

　この本の内容は、各業種ごとに注意すべき納まりや考え方のポイントを画像や納まり図により、分かりやすくまとめたものとしています。さらに日常業務において分からないとき、迷ったとき、悩んだときの参考書としても活用することができます。

　特に着目してほしいポイントは、画像や納まり図といった「結果」ではなく、その結果を導くに至った「考え方や根拠」です。この本の「結果」というものは数ある答えの中の一つに過ぎません。その「考え方や根拠」より、読者自らが、正しい「結果」をどう導き出すかを考えながら読んでいただければ幸いです。

　昨今、建築主と住宅会社との間で欠陥住宅のトラブルや紛争も多発しており、私自身も過去に欠陥住宅だと訴え引渡しを拒まれた建築主と住宅会社との裁判や調停に携わった経験があります。住宅会社にとっては何千何万を建築するうちの1件かもしれませんが、建築主にとっては、一生のうちの1件なのです。それだけ住宅会社や実際の建築に携わる技術者には、重責があるのです。

　こういったトラブルの主な原因の一つは、その技術者の知識不足や経験不足や慣れによる責任感の薄れではないかと思っています。

　そこで、この本がこういった現場監督の知識不足や経験不足を補い、また経験の浅い方とベテランで、品質のムラが生じず一律の高品質住宅をつくるための一助になり、結果としてそれが建築主とそのご家族に末永く喜んでいただけることに繋がれば幸いです。

　実際、建築するための基準やマニュアル、国交省や各団体、瑕疵保険法人、メーカー等が出している仕様書及び施工マニュアル等があり、様々なところに様々な基準があるため、造り手側の技術者も正直分からない、気付かない、知識が追い付いていかないといったことが現実であり、それが実態であることも事実です。

　そこでこの本は、そういった様々な基準書やマニュアルをできるだけこの本に集約し、かつ私自身が約30年間建築業界に携わってきたその経験の中で築き上げた私の考えを著者推奨基準として凝縮し、まとめた内容となっています。

　施工方法については、答えは一つでもないし、私の考えについても賛否はあるでしょう。ですが、建築主に喜んでもらうという目的やゴールは一つです。

　住宅会社にとって住宅を建て引渡しをすることはゴールでもないし答えでもありません。むしろスタート地点だと思っています。引き渡した後にトラブルもなく何十年と暮らし続けたその先に、その答えがあると思っています。

　そのために技術者は日々研鑽を重ね、向上し、何十年先のその答えを確認するために次の若い世代に知識や技術を引き継ぐ必要があるのではないでしょうか。そのお役に立てるための一冊になれば幸いです。

※この本の住宅仕様としては、主に床 - 壁 - 天井断熱かつ壁充填断熱仕様及び（壁・天井）防湿フィルム付繊維系断熱材、（床・一部基礎）発泡プラスチック系断熱仕様の木造平屋・2階建て住宅をベースとしています。また、省令準耐火構造や準耐火構造及び高断熱住宅といった性能向上に特化した内容ではなく、一般的な仕様を前提としています。

春山 浩司

目次

まえがき 3

第1章 基礎工事編

001 ベタ基礎下のかぶり不足と基礎構造体欠損の防止対策
コンクリートのふかしは20mm、スペーサーは90mm以上を使う 12

002 基礎立上りのかぶり寸法と注意点
外部側のかぶり寸法と結束線処理に注意 13

003 人通口の配筋補強の工夫による効果
施工性と安全性の向上のためにスラブ補強とする 14

004 アンカーセットの精度向上のための工夫
クランクタイプと専用支持金具を使用する 15

005 コンクリートの構造体強度補正ルールと冬期対策
構造体強度補正と養生期間と供試体のルールを決める 16

006 コンクリートの品質管理
配合計画と生コン打設前〜打設時〜打設後の注意点 17

007 浴室・脱衣室床下の断熱方式と考え方
浴室と脱衣室の床下は連続した基礎断熱とする 18

第2章 木工事編

001 土台・大引の納め方による床鳴り抑制対策
土台と大引きの井桁組の上に剛床工法とする 20

002 ゆか束の固定と取付ピッチ
変成シリコン系ネダボンドを使用する 21

003 各種ねこ土台の設置範囲と注意点①
換気用と気密用のねこ土台を使い分ける 22

004 各種ねこ土台の設置範囲と注意点②
床下の換気と屋内の気密の理屈を理解する 23

005 床断熱材の施工性向上の工夫①
断熱材一枚当たりの受材金物の個数と位置・寸法を決める 24

006 床断熱材の施工性向上の工夫②
土台と大引きは同サイズとし断熱材を正方形にする 25

007 浴室廻りの基礎断熱施工の注意点と工夫
床断熱材と基礎断熱材は連続させる 26

008 床合板と野地板の釘打ちと注意点
床鳴り抑制と釘ピッチ決めと打ち損じチェックをする 27

009 棟換気部と雨押え部の野地板開口の参考例
換気開口はプレカット工場加工とする 28

---

010 下屋ルーフィング立上り下地施工と注意点（漏水対策）
防水材押さえのため300mm程度下地合板を立ち上げる 29

011 下屋ルーフィング立上り下地施工と注意点（結露対策）
立上り下地部の外壁通気層は狭くなるため胴縁を厚くする 30

012 上棟時にしかできない雨漏り予防対策（棟違い屋根）
先張りルーフィングを差込むため下地の縁を切る 31

013 上棟時にしかできない雨漏り予防対策①
先張りルーフィングを差込むための隙間を設ける 32

014 上棟時にしかできない雨漏り予防対策②
先張りルーフィングを差込む 33

015 上棟時にしかできない雨漏り予防対策（軒ゼロ住宅①）
先張り透湿防水シートを垂下げる 34

016 上棟時にしかできない雨漏り予防対策（軒ゼロ住宅②）
先張り透湿防水シートの上に通気破風下地を取付ける 35

017 雨漏り及び結露予防のための工夫（軒ゼロ住宅）
通気破風下地の役割を理解し加工依頼をする 36

018 軒有 - 軒先の標準納まりの設定①（水上側①）
下地-天井断熱・屋根断熱共通：先張り透湿防水シートを垂下げる 37

019 軒有 - 軒先の標準納まりの設定②（水上側②）
仕上げ-天井断熱・屋根断熱共通：外壁通気と小屋裏を一体化させる 38

020 軒有 - 軒先の標準納まりの設定③（水下側①）
下地-天井断熱・屋根断熱共通：先張り透湿防水シートを垂下げる 39

021 軒有 - 軒先の標準納まりの設定④（水下側②）
仕上げ-天井断熱・屋根断熱共通：外壁通気と小屋裏を一体化させる 40

022 軒有 - 軒先の標準納まりの設定⑤（けらば側①）
下地-天井断熱・屋根断熱共通：先張り透湿防水シートを垂下げる 41

023 軒有 - 軒先の標準納まりの設定⑥（けらば側②）
仕上げ-天井断熱・屋根断熱共通：外壁通気と小屋裏を一体化しない 42

024 軒ゼロの場合の小屋裏の防火構造と通気・換気の両立
防火構造として屋内側の石膏ボードはどこまで張延ばすのか 43

025 軒ゼロ - 軒先の標準納まりの設定①（水上側①）
下地-天井断熱：棟木上端より先張り透湿防水シート①を垂下げる 44

026 軒ゼロ - 軒先の標準納まりの設定②（水上側②）
仕上げ-天井断熱：**外壁通気と小屋裏を一体化させる** 45

027 軒ゼロ - 軒先の標準納まりの設定③（水下側①）
下地-天井断熱：**通気破風下地（タイプA）を取付ける** 46

028 軒ゼロ - 軒先の標準納まりの設定④（水下側②）
仕上げ-天井断熱：**外壁通気と小屋裏を一体化させる** 47

029 軒ゼロ - 軒先の標準納まりの設定⑤（けらば側①）
下地-天井断熱：**母屋間の中間部より先張り透湿防水シート①を垂下げる** 48

030 軒ゼロ - 軒先の標準納まりの設定⑥（けらば側②）
仕上げ-天井断熱：**外壁通気と小屋裏を一体化させる** 49

031 軒ゼロ - 軒先の標準納まりの設定⑦（水上側①）
下地-屋根断熱：**棟木上端より先張り透湿防水シートを垂下げる** 50

032 軒ゼロ - 軒先の標準納まりの設定⑧（水上側②）
仕上げ-屋根断熱：**外壁通気と屋根通気を一体化させる** 51

033 軒ゼロ - 軒先の標準納まりの設定⑨（水下側①）
下地-屋根断熱：**通気破風下地（タイプB）を取付ける** 52

034 軒ゼロ - 軒先の標準納まりの設定⑩（水下側②）
仕上げ-屋根断熱：**外壁通気と屋根通気を一体化させる** 53

035 軒ゼロ - 軒先の標準納まりの設定⑪（けらば側①）
下地-屋根断熱：**野地板から先張り透湿防水シートを垂下げる** 54

036 軒ゼロ - 軒先の標準納まりの設定⑫（けらば側②）
仕上げ-屋根断熱：**外壁通気と屋根通気を一体化しない** 55

037 床下空間からの気密処理
合板の隙間にはシーリングもしくは気密テープを貼る 56

038 筋交い金物取付の参考例と注意点
予備穴以外の穴に全て専用ビスで固定する 57

039 垂木留めビス施工の注意点と工夫
ビス留め済の目印として目視確認用プレートを取付ける 58

040 かすがい金物取付の注意点
かすがい金物は垂直に接合かつ2ヶ所留めとする 59

041 木質ボードを用いた耐力壁の施工方法①
大壁工法の壁倍率取得ルールを整理する 60

042 木質ボードを用いた耐力壁の施工方法②
真壁工法の壁倍率取得ルールを整理する 61

043 木質ボードを用いた耐力壁の施工方法③
大壁工法・真壁工法の壁倍率取得ルールを整理する 62

044 剛性・耐力壁に影響しない面材耐力壁の小開口の設け方①
開口部に該当しない小開口とする施工方法を整理する① 63

045 剛性・耐力壁に影響しない面材耐力壁の小開口の設け方②
開口部に該当しない小開口とする施工方法を整理する② 64

046 耐力壁の面材の四隅を切欠く場合の注意点
切欠き部は釘を増し打ちする 65

047 大壁耐力壁の入隅施工と目地のクリアランス基準
面材張り手順による釘仕様と伸縮・膨張対策を整理する 66

048 下屋・軒天下地部分の耐力面材の施工手順の注意点
耐力面材は垂木掛けや軒天下地施工の前に先張りをする 67

049 雨水の浸入予防のための水勾配と立上げ基準
バルコニーのFRP防水の立上げ下地は水上で250mm以上とする 68

050 防水層のクラック予防のための下地施工の工夫①
防水立上げ下地の継ぎ目を少なくする 69

051 防水層のクラック予防のための下地施工の工夫②
構造用合板と耐火野地板（不燃材）の下地は目違い張りとする 70

052 防水の立上りが低い場合の耐火野地板の施工範囲
FRP防水や防水部材の範囲以上に下地を設ける 71

053 バルコニーの掃き出し窓からの雨漏り予防対策の工夫①
窓台に水返し下地を設ける 72

054 バルコニーの掃き出し窓からの雨漏り予防対策の工夫②
サッシのフィンの裏側に先行シーリングを打つ 73

055 バルコニーの掃き出し窓からの雨漏り予防対策の工夫③
サッシ下部は断続的に側面は連続的に先行シーリングを打つ 74

056 バルコニーの掃き出し窓からの雨漏り予防対策の工夫④
サッシはFRP防水後に取付ける 75

057 腰窓からの雨漏り予防対策の工夫①
水返し一体型防水部材を使用する 76

058 腰窓からの雨漏り予防対策の工夫②
腰窓の水返し一体型防水部材の取付手順を整理する 77

059 掃き出し窓からの雨漏り予防対策の工夫
水返し一体型防水部材の下がりを予め 80mm程度までカットする
78

060 （遮熱住宅）インナーバルコニーの遮熱シートの納め方①
建物を包み込むように遮熱シートを張る
79

061 （遮熱住宅）インナーバルコニーの遮熱シートの納め方②
根太組施工の前に遮熱シートを張る
80

062 （遮熱住宅）小屋裏の遮熱シートの納め方①
屋根垂木下に遮熱シートを張る
81

063 （遮熱住宅）小屋裏の遮熱シートの納め方②
水上と水下の端部に100mm程度の隙間をあける
82

064 木下地①（カーテンレール）
取付く物の大きさと取付後の納まりより下地のサイズを決める
83

065 木下地②（壁掛けエアコン）
壁掛けエアコンの標準取付位置を決める
84

066 断熱と防湿と気密は三位一体
結露の仕組みと結露が起こす現象を整理する
85

067 充填断熱住宅の断熱ラインと防湿気密ライン
天井断熱仕様と屋根断熱仕様の違いを確認する
86

068 壁断熱施工の壁内結露予防対策①（窓廻り）
断熱材フィルムの耳を30mm以上柱や梁に被せる
87

069 壁断熱施工の壁内結露予防対策②（床取合い）
断熱材フィルムの耳を30mm以上床に巻込む
88

070 壁断熱施工の壁内結露予防対策③（筋交い）
断熱材フィルムを剥がして筋交いに被せる
89

071 壁断熱施工の壁内結露予防対策④（木下地）
下地の厚みにより納め方を選択する
90

072 壁断熱施工の壁内結露予防対策⑤（スリーブ・ダクト・電気BOX・ガスコックBOX）
断熱材フィルムをカットする部位には気密テープを貼る
91

073 エアコンスリーブ内の断熱欠損対策
エアコンスリーブ内に断熱材を詰める
92

074 下屋下天井断熱施工の注意点①
容易な例 ▷ 下屋下の小屋裏（外気側）と分離する
93

075 下屋下天井断熱施工の注意点②
難しい例 ▷ 下屋下の小屋裏（外気側）と分離する
94

076 外気に接する床の断熱施工の注意点
防湿フィルム面は室内側に向ける
95

077 天井断熱施工の小屋裏の結露予防対策
（木野縁）天井防湿フィルムの施工手順を整理する
96

078 天井断熱施工の小屋裏の結露予防対策（屋根直下の天井）
断熱材間の防湿気密処理が困難なため別張り防湿フィルムを張る
97

079 天井断熱施工の小屋裏の結露予防対策（下屋下の天井）
防湿フィルムの端部や継目に気密テープを貼る
98

080 天井断熱施工の小屋裏の結露予防対策
剛床と断熱材の間に通気層がないため別張り防湿フィルムを張る
99

081 結露予防のための気流止め①
気流止めとは…悪い参考例をまとめる
100

082 結露予防のための気流止め②
小屋裏や床下と間仕切り壁との間で空気の流出入が無いよう隙間を塞ぐ
101

083 結露予防のための気流止め③
小屋裏や床下と外壁との間で空気の流出入が無いよう隙間を塞ぐ
102

084 結露予防のための気流止め④
配線・配管の貫通部・切欠き部に気密テープ及び耐熱テープを貼る
103

085 床レベル調整増し張り合板の防虫対策
床増し張りラワン合板はラワン防虫処理合板を使用する
104

086 フローリング施工と副資材
変成シリコン系ネダボンドを使用する
105

087 クロスのひび割れを抑制するための工夫①
壁入隅・窓及び建具廻りにLGSを使用する
106

088 クロスのひび割れを抑制するための工夫②
吹抜けの壁石膏ボード継目にLGS及び目地を入れる
107

089 クロスのひび割れを抑制するための工夫③
吹抜けの壁石膏ボード継目にLGS及び幕板を取付ける
108

090 石膏ボード張りの注意点①（外壁・間仕切り壁）
壁の石膏ボードは梁まで張り上げる
109

091 石膏ボード張りの注意点②（小屋裏 - 妻壁・桁行方向の壁）
小屋裏の石膏ボードは屋外の軒天高さ以上まで張り上げる
110

092 石膏ボード張りの注意点③（垂れ壁）
先端垂れ壁の裏側に石膏ボードを張る
111

093 石膏ボードのビス留め基準の設定（壁・天井）
施工基準とする仕様書を選択する
112

094 石膏ボードのビス留めと注意点（壁）
大臣認定ビス28mmを外周・中通り共@150mm以下で留付ける
113

095 石膏ボードのビス留めと注意点（吹抜け - 壁①）
吹抜けの壁石膏ボード継目・入隅にLGSを入れる
114

6

096 石膏ボードのビス留めと注意点（吹抜け - 壁②）
吹抜けの壁石膏ボードのビス留めは中通り及び外周四方留めとする 115

097 天井下地組の工期短縮かつクロスひび割れ予防対策
（鋼製野縁）天井防湿フィルムの施工手順を整理する 116

098 鋼製野縁（LGS）の施工基準①
鋼製野縁の施工手順を整理する 117

099 鋼製野縁（LGS）の施工基準②
照明下地の施工は照明補強用フックを使用する 118

100 鋼製野縁（LGS）の施工基準③
ダウンライトの位置は事前確認し野縁を避ける 119

101 石膏ボードの張り方とビス留め基準①（天井）
石膏ボードは千鳥張りとする 120

102 石膏ボードの張り方とビス留め基準②（天井）
大臣認定ビス28mmを外周@150mm・中通り@200mm以下で留付ける 121

103 開き戸の吊元の位置決めの注意点
90度開きとするため吊元側に小壁を設ける 122

104 折れ戸の吊元の位置決めの注意点
直交する壁にカーテンが取付く場合は吊元側に小壁を設ける 123

105 壁際の引出し付きキャビネット設置の注意点
干渉防止のため木枠のチリを小さくする 124

第3章　屋根・樋工事編

001 施工基準上の各部位の寸法
重ね代と留付けピッチを整理する 126

002 下屋と壁取合いの立上りと入隅部施工の注意点
三面交点の入隅部は八千代折りにする 127

003 下屋と壁取合いの出隅部施工の注意点
三面交点の出隅部は防水部材を使用する 128

004 谷部の施工基準と注意点
先張りルーフィングは浮かないように押さえる 129

005 棟頂部の施工基準と注意点
棟部・隅棟部は増張りルーフィングをする 130

006 ルーフィングの留付け基準と損傷部の対処方法
損傷したルーフィングは張り直すか増張りをする 131

007 棟違い屋根の防水施工の工夫
三面交点は伸張性片面ブチルテープを貼る 132

008 下屋と外壁取合いの防水施工の工夫①
上棟施工時に先張りルーフィングを差込む 133

009 下屋と外壁取合いの防水施工の工夫②
後張りルーフィングの立上りは張り伸ばす・破風鼻隠しは垂らす 134

010 大屋根端部からの漏水予防対策①
先張り・後張り透湿防水シートは破風鼻隠し下端より100 ～ 150mm垂下げる 135

011 大屋根端部からの漏水予防対策②
防水・防火対策として垂下げ防水材を野地板軒先キャップで挟み込む 136

012 大屋根端部からの漏水予防対策③
野地板出隅に継目を作らない 137

013 大屋根端部からの漏水予防対策④
野地板出隅の継目にブチルテープを貼る 138

014 軒先の標準納まり①（軒有 - 水上側）
天井断熱・屋根断熱共通：下地と仕上げの納まりを決める① 139

015 軒先の標準納まり②（軒有 - 水下側）
天井断熱・屋根断熱共通：下地と仕上げの納まりを決める② 140

016 軒先の標準納まり③（軒有 - けらば側）
天井断熱・屋根断熱共通：下地と仕上げの納まりを決める③ 141

017 軒先の標準納まり④（軒ゼロ - 水上側）
天井断熱：下地と仕上げの納まりを決める① 142

018 軒先の標準納まり⑤（軒ゼロ - 水下側）
天井断熱：下地と仕上げの納まりを決める② 143

019 軒先の標準納まり⑥（軒ゼロ - けらば側）
天井断熱：下地と仕上げの納まりを決める③ 144

020 軒先の標準納まり⑦（軒ゼロ - 水上側）
屋根断熱：下地と仕上げの納まりを決める① 145

021 軒先の標準納まり⑧（軒ゼロ - 水下側）
屋根断熱：下地と仕上げの納まりを決める② 146

022 軒先の標準納まり⑨（軒ゼロ - けらば側）
屋根断熱：下地と仕上げの納まりを決める③ 147

023 緩勾配屋根の防水施工の工夫①
緩勾配屋根の漏水リスクを理解する 148

024 緩勾配屋根の防水施工の工夫②
粘着ルーフィングを使用する 149

025 緩勾配屋根の防水施工の工夫③
唐草の施工手順を替える 150

026 壁止まり部からの漏水予防対策①
壁止まりの施工手順を決める 151

027 壁止まり部からの漏水予防対策②
壁止まりの板金形状を決める 152

028 棟換気の重要性（切妻屋根）
防水性能と結露予防のための換気性能を両立させる① 153

029 下屋換気の重要性
防水性能と結露予防のための換気性能を両立させる② 154

7

030 雪止め設置によるリスク回避とトラブル回避対策
雪止め設置の条件と位置とピッチを決める　155

031 軒樋・竪樋の施工注意点
樋の支持部材間隔は1000mm程度とする　156

032 軒樋の伸縮・膨張対策
軒先から8m程度の位置に伸縮対応部材を設ける　157

033 竪樋の伸縮・膨張対策
竪樋は伸縮部材無しに両端を接着固定しない　158

第4章　外壁工事編

001 防水テープの比較と透湿防水シートとの相性
膨潤しない透湿防水シートと防水テープを採用する　160

002 窓廻りからの雨漏り予防対策手順①
3方の防水テープは工具にて十分に圧着させる　161

003 窓廻りからの雨漏り予防対策手順②
サッシ縦枠・上枠から5mm程度の隙間をあける　162

004 窓廻りからの雨漏り予防対策手順③
透湿防水シートは窓下から差込み両側はシワをつくらない　163

005 窓廻りからの雨漏り予防対策手順④
透湿防水シートは窓上でジョイントせず通し張りとする　164

006 透湿防水シートの留付け基準①
各部位の重ね代と留付けピッチを整理する　165

007 透湿防水シートの留付け基準②
損傷した透湿防水シートは張り直すか増張りか防水ブチルテープで塞ぐ　166

008 土台水切り廻りの施工と工夫と注意点
防虫・防鼠部材の使用と電食対策を図る　167

009 軒裏の透湿防水シートの張上げ範囲（平側）
透湿防水シートは垂木まで張り上げかつ50mm程度折り返す　168

010 軒裏の透湿防水シートの張上げ範囲（妻側）
透湿防水シートは野地板まで張り上げかつ50mm程度折り返す　169

011 軒裏の透湿防水シートの張上げ範囲
（バルコニー下・オーバーハング軒裏・玄関ポーチ軒裏）
透湿防水シートは軒天裏面から200mm以上張り上げる　170

012 勾配軒天の後張り透湿防水シートの納め方
胴縁面から垂木下にかけて後張り透湿防水シートを各100mm程度張り込む　171

013 FRP防水の立上り部分の透湿防水シートの納め方
通気層に浸入した雨水排水のため段差部は面をとる　172

014 バルコニー手摺天端からの雨漏り予防対策①
手摺天端の二次防水層の施工手順を決める　173

015 バルコニー手摺天端からの雨漏り予防対策②
手摺-壁の取合い用防水部材の施工手順を整理する　174

016 バルコニー手摺天端からの雨漏り予防対策③
手摺天端に防水テープを貼った上に胴縁を留付ける　175

017 バルコニー手摺壁内の結露予防対策
手摺壁内の通気経路を確保するため胴縁間は隙間を設ける　176

018 バルコニー手摺壁の露露と防水の両立①
手摺壁の標準納まり図を決める　177

019 バルコニー手摺壁の露露と防水の両立②
手摺壁天端のサイディングは表張りとする　178

020 パラペット天端からの雨漏りと結露の予防対策①
パラペット天端の二次防水層の施工手順を決める　179

021 パラペット天端からの雨漏りと結露の予防対策②
天端サイディングは表張りかつ通気経路を確保する　180

022 貫通パイプ・ダクト廻りからの雨漏り予防対策①
透湿防水シートは貫通パイプ上部でジョイントせず通し張りとする　181

023 貫通パイプ・ダクト廻りからの雨漏り予防対策②
縦の防水テープの突出しに注意。下側は防水テープを貼らない　182

024 貫通可とう電線管廻りからの雨漏り予防対策
防水部材のツバはCD管・PF管の同じ溝にかませる　183

025 外壁胴縁材の樹種選定①
防腐防蟻処理した胴縁は使用しない　184

026 外壁胴縁材の樹種選定②
耐久性区分D1の特定の樹種を使用する　185

027 外壁胴縁施工の注意点①
胴縁サイズと通気経路と留付け基準を決める　186

028 外壁胴縁施工の注意点②
外壁通気経路として胴縁間は30mm程度隙間を設ける　187

029 軒先の標準納まり①（軒有 - 水上側）
天井断熱・屋根断熱共通：下地と仕上げの納まりを決める①　188

030 軒先の標準納まり②（軒有 - 水下側）
天井断熱・屋根断熱共通：下地と仕上げの納まりを決める②　189

031 軒先の標準納まり③（軒有 - けらば側）
天井断熱・屋根断熱共通：下地と仕上げの納まりを決める③　190

032 軒先の標準納まり④（軒ゼロ - 水上側）
天井断熱：
下地と仕上げの納まりを決める① 191

033 軒先の標準納まり⑤（軒ゼロ - 水下側）
天井断熱：
下地と仕上げの納まりを決める② 192

034 軒先の標準納まり⑥（軒ゼロ - けらば側）
天井断熱：
下地と仕上げの納まりを決める③ 193

035 窯業系サイディングの切欠き施工の注意点
クラック予防のため10mm程度のシーリング目地を設ける 194

036 サッシ上枠廻り・外装シーリングジョイントからの漏水予防
窓上の目地には水抜き穴を設置し外装ジョイント目地は二面接着とする 195

037 シーリング施工の注意点
外装目地はプライマーを使用・外壁金物の下側はシーリングを打たない 196

038 シーリング材の選定①
シーリング材の主成分と特性を理解し選定する 197

039 シーリング材の選定②
将来のシーリング打替えまで想定し選定する 198

第5章　FRP 防水工事編

001 バルコニーの FRP 防水
バルコニーのFRP防水は密着工法を採用する 200

002 バルコニーのドレン廻りからの雨漏り予防対策の工夫
排水ストレーナーを目詰まりさせない 201

003 排水ドレン管・オーバーフロー管の選定
FRP防水とドレン管等は同一メーカーを採用する 202

004 防水の立上りが低い場合のFRP 防水の施工範囲
FRP防水の施工範囲を数値化する 203

005 陸屋根の FRP 防水
危険な場所のFRP防水は緩衝工法を採用する 204

第6章　内装・左官仕上工事編

001 クロス施工の注意点
パテ処理範囲や施工上必要アイテムの使用をルール化する 206

002 吹抜けのクロスのひび割れや隙間対策
先打ちボンドコークの上重ね貼りをする 207

003 水廻りのクッションフロア施工の注意点
床・壁取合いにシーリングを打つ 208

004 土間モルタルのクラック抑制
クラック抑制のため誘発目地を設ける 209

005 基礎巾木の補強
弾性樹脂塗装材を使用する 210

第7章　給排水設備工事編

001 ベタ基礎を貫通する設備配管施工と注意点①
サヤ管工法による補強筋とかぶりと定着寸法を理解する 212

002 ベタ基礎を貫通する設備配管施工と注意点②
貫通パイプ同士の離隔は各径の平均の3倍以上とする 213

003 立上り基礎を貫通する設備配管施工と注意点
スリーブ径と補強筋とかぶりと定着寸法を理解する 214

004 床下点検・メンテナンスを見据えた施工ルールを決める①
床下排水管施工の安全対策と詰まり対策と予防処置を決める 215

005 床下点検・メンテナンスを見据えた施工ルールを決める②
トイレ汚水系統は屋外まで単独排水とする 216

006 床下点検・メンテナンスを見据えた施工ルールを決める③
UB床下廻りの基礎貫通配管ルールを決める 217

007 給水給湯ヘッダーの設置及び配管施工の注意点
給水給湯ヘッダーの設置場所と分岐ルールを決める 218

008 基礎の貫通配管廻りの処置と注意点①
貫通配管廻りの穴埋め方法を決める 219

009 基礎の貫通配管廻りの処置と注意点②
重ねた配管の隙間から雨水が浸入しないようにテープで束ねる 220

010 構造材の欠損①
設備配管・電気配線の構造材の貫通・欠込み基準を決める① 221

011 構造材の欠損②
設備配管・電気配線の構造材の貫通・欠込み基準を決める② 222

012 構造材の欠損③
設備配管・電気配線の構造材の貫通・欠込み基準を決める③ 223

013 排水配管施工と工夫
屋内排水・汚水管の遮音処理と通気処理と管材選定のルールを決める 224

014 2 階からの屋外排水竪管施工の注意点
天端は通気口付きキャップを設置する 225

015 エコキュート設置の注意点
ヒートポンプユニット位置は寝室の傍を避ける 226

016 豪雨時の雨水・汚水の逆流現象対策
排水排除方式（合流式）の場合は圧力開放蓋を設置する 227

017 雨水・雑排水の排水計画・施工の注意点
排水排除方式（分流式）の場合の雑排水は雨水系統に接続しない 228

第8章 電気設備工事編

001 幹線の選定
幹線の許容電流と主幹容量（ELB）より選定する 230

002 分電盤の配列
分岐回路数・分岐回路の割当て・相の割振りを決める 231

003 TV・インターネットの配線経路①
CATV・光の配線経路を決める 232

004 TV・インターネットの配線経路②
同軸・光ケーブル引込〜端末までの配線経路と仕組みを決める 233

005 TV関連機器・同軸ケーブルの標準仕様の設定
TV分配器・TVユニットの仕様・同軸ケーブルの規格を決める 234

006 構造材の欠損④
耐力壁面材の小開口の設け方を決める 235

007 幹線の引込
幹線の貫通可とう管径の特定 236

008 断熱材に接する電線仕様①
電線・ケーブルは断熱材との直接の接触は避ける 237

009 断熱材に接する電線仕様②
断熱材に接する配線の種類及び施工ルールを決める 238

010 端末機器の電線仕様
端末機器の電線仕様及び専用配線かどうかの確認をする 239

011 屋内配線のジョイント部の処理と注意点
電線・ケーブルのジョイント部には中継・分岐用ボックスを使用する 240

012 屋外へ貫通する配線・配管施工のルール化
貫通可とう管・パイプ・ダクトは外に向けて水勾配をとる 241

013 屋外へ貫通するダクトの内部施工のルール化
防水・防湿・気密・防耐火処理の施工ルールを決める 242

014 スリーブの位置設定と下地と注意点
スリーブの標準位置決めと機器固定用のビス留め下地を設ける 243

015 エアコンスリーブ隠蔽配管の位置設定
壁掛けエアコンのACスリーブは正面左側に設ける 244

016 エアコンスリーブ隠蔽配管の断熱処理①
屋外扱いのACスリーブに断熱材を巻く 245

017 エアコンスリーブ隠蔽配管の断熱処理②
屋内扱いのACスリーブに断熱材を巻く 246

018 外壁に面するスイッチ・コンセントの防湿・気密処理
外気の侵入・空気の流入抑制のため防湿気密カバーを使用する 247

019 弱電・強電一体型コンセント施工の注意点
弱電・強電分離のための絶縁用セパレータを使用する 248

020 接地極付きコンセントとする場所と機器
将来のメンテナンス配慮かつ使用機器に応じたコンセントを選定する 249

021 24時間換気の重要性
24時間換気スイッチをOFFにしない工夫をする 250

022 屋根断熱の場合の小屋裏換気の重要性
第3種換気の場合は2室用換気扇を使用する 251

023 住宅用火災警報器の設置基準と注意点
設置場所と設置位置・距離を整理する 252

024 屋内局所換気扇と外部フード選定と組合せ
気密性能とメンテナンスを配慮した組合せを選定する 253

025 シーリング施工の注意点
外壁取付金物は3方シーリングとし下側は水抜きとする 254

あとがき 255

第1章 基礎工事編

・かぶり確保の工夫
・施工の効率化と工夫と注意点
・コンクリート配合と強度の重要性
・アフターメンテナンスの事前対策

1-001 ベタ基礎下のかぶり不足と基礎構造体欠損の防止対策

コンクリートのふかしは20mm、
スペーサーは90mm以上を使う

床付け面の土や砕石の不陸や施工時の踏み込みによりスペーサーが沈み込み、かぶり不足になったことはないだろうか？
「**計画かぶり**」及び「**基礎構造体の厚み**」を確保するために、予め想定されるリスクを加味した計画をすることが重要だ。

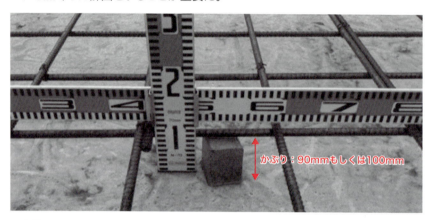

かぶり：90mmもしくは100mm

＜基礎の外周形状＞
※最低基準：GL-120mm以上かつ凍結深度以上
①外周根入れ：150mm＋**ふかし分20mm**
②底板部分根入れ：130mm＋**ふかし分20mm**
　※上記のふかし20mmは、著者推奨値として設定
　※この著者推奨値の条件は、凍結深度の設定がない場合に限る。
　※**ふかしの20mm**は、基礎下の砕石レベルの**不陸**による**基礎構造体欠損**を**防止**するため
　　かつ施工時の踏み込みでスペーサーの**沈み込み**による**かぶり不足**を**防止**するため
　※コンクリート製スペーサー 90mmもしくは100mmを使用（910mmピッチに配置）
③**掘削床付け**を**同レベルに設定**し、基礎の底面の形状は砕石と捨てコンで調整する。
　※施工性を容易にし、深堀り位置の間違いを防止するため。

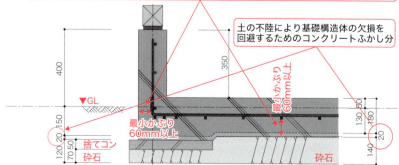

1-002 基礎立上りのかぶり寸法と注意点

■外部側のかぶり寸法と結束線処理に注意

基礎立上りの外周部と内部の**かぶり厚さ**と**管理するポイント**を整理。
特に**外周部**の**外側**の考え方についてよく理解をしてほしい。

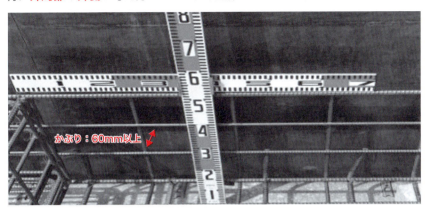

<かぶり不足によるリスク>
・コンクリートの中性化により鉄筋が錆付き、**基礎の強度低下**の原因となる。

<かぶりの管理するポイント>
・土に接しない立上りの設計かぶり厚さは**40mm以上**(最小かぶり厚さ:**30mm**)だが、外周部の外側に関しては、土に接する基礎からの立上りとなるため、実質は土に接する部分の最小かぶり厚さの**60mm以上**となる。
・結束線についても、鉄筋と同様かぶりの対象となるため、内側に折り曲げる等の配慮が必要。 ※結束線が錆付き、鉄筋まで錆を到達させないため。

<立上がり配筋かぶり>
・外周部の**外**側：**60mm以上**   ・内部側：**40mm以上**
・外周部の**内**側：**40mm以上**

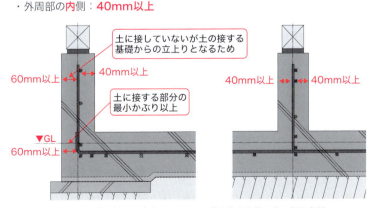

※「基礎を貫通する設備配管」の内容については、「給排水設備工事」編を参照

13

1-003 人通口の配筋補強の工夫による効果

施工性と安全性の向上のために
スラブ補強とする

人通口の配筋補強の考え方一つで、施工効率や効果が全く異なってきます。最も効果的な手法の一つが**スラブ補強**。

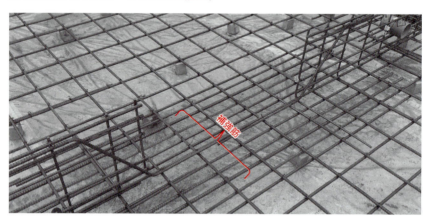

＜人通口のスラブ補強について＞
人通口を設ける場合は、一般的に土を深堀りしベタ基礎の下に構造上の梁の扱いとして補強をするが、根切り工事の段階で深堀位置を特定することが難しい。

（注意点）
スラブ補強を選択するにも、構造計算による根拠が必要。

（その他の効果）
①根切り工事が、**容易**になる。
②残土処分の土量が少なくなり**コストダウン**にもなる。
③足元の段差が無くなるため**安全性**が上がる。（災害リスクが小さくなる。）

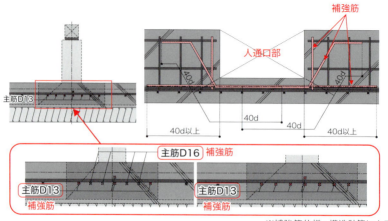

※補強筋仕様：構造計算による。

1-004 アンカーセットの精度向上のための工夫

■クランクタイプと専用支持金具を使用する

基礎立上り配筋の位置精度により、一般的なアンカーボルトだと土台芯へ配置できない場合が想定される。その対策としてクランクタイプのアンカーボルトを使用する。

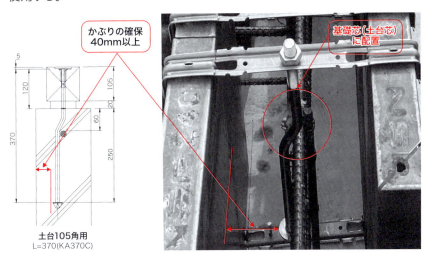

＜クランクタイプのアンカーボルトの選択＞
- Zマーク同等認定品又は性能試験済の商品を使用
- クランクタイプを使用すれば、土台芯への配置が容易。
- 埋込長さも小さくなる。
- コストUPとなるが精度を優先。
  ※鉄筋同様必ずかぶり厚は確保する。
  ※画像のようにアンカーボルトの先端は円盤上のものを推奨
  （フック状の場合は向きとかぶりの確認が必要となるため）

＜ホールダウンアンカーボルトが筋交いと干渉する場合の対策＞
- 筋交いの取付位置と反対方向に寄せて配置

＜アンカーボルト支持金具＞
- アンカーボルトは鉄筋に固定もしくはアンカーボルト専用支持金具で固定（田植え方式は厳禁）

参考例：
ホールダウンアンカーボルトをずらして配置

提供：㈱カナイのカタログ

15

1-005 コンクリートの構造体強度補正ルールと冬期対策

構造体強度補正と養生期間と供試体の ルールを決める

自社の施工エリアの28日までの期間の予想平均気温に対する**構造体強度補正値**と**補正期間**は、必ずチェックしておくことが必要。

（その地域の生コンクリート協同組合が設定している補正期間を参照するのも良い。）

＜構造体強度補正と補正期間＞

（下記表：複数の生コンクリート協同組合を県ごとに一つにまとめた参考一覧表）

・自社の施工エリアが、**複数の生コンクリート協同組合のエリアを跨いでいる場合**は、強度を間違えて施工しないためにも、各協同組合の補正期間を集約し、安全側となるように一つにまとめ、**独自の補正期間**を設定することを推奨する。また、下記のように一覧表にしておくのも有効。

品質基準強度	21N/mm²	構造体 補正強度 (N/mm²)	3	期間 (A県)	3/1 ～ 6/30・10/1 ～ 10/31
調合管理強度 ※呼び強度	24N/mm²		6		7/1 ～ 9/30・11/1 ～ 2/28(29)
調合管理強度 ※呼び強度	27N/mm²		3	期間 (B県)	3/11 ～ 6/30・9/21 ～ 11/10
※スランプ 18cm、粗骨材 20mm ～ 25mm			6		7/1 ～ 9/20・11/11 ～ 3/10

＜養生期間と養生方法と供試体＞

せき板の最小存置期間　※せき板：型枠

施工箇所		基礎・梁側・柱・壁			
存置期間中の平均気温 / セメントの種類	早強ポルトランドセメント	普通ポルトランドセメント、高炉セメントA種、シリカセメントA種、フライアッシュセメントA種	高炉セメントB種、シリカセメントB種、フライアッシュセメントB種	中庸熱ポルトランドセメント、低熱ポルトランドセメント
コンクリートの材齢による場合 (日) / 15℃以上	2	3	5	6
5℃以上	3	5	7	8
0℃以上	5	3	10	12
コンクリートの圧縮強度による場合	―	圧縮強度が5N/mm²以上となるまで		

（注）圧縮強度を圧縮強度試験により確認する場合は、工事現場における**水中養生供試体**又は封かん養生供試体の圧縮強度とする。※養生温度は、コンクリートを打ち込んだ構造体に可能な限り近い条件とする。保管場所は、直射日光の当たらない屋外とする。

出典：（一社）公共建築協会『公共建築工事標準仕様書（建築工事編）』令和4年版66頁

・せき板の存置期間：上記表の条件を満たすまで、型枠を打設時の状態で保存しておく期間

・コンクリートの打設後は、規定の**養生期間**を置いた上で脱型するか**圧縮強度5N/mm²**を確認した上で**脱型**をする。

・寒い時期の養生期間は長いため、工程上厳しくなることも想定し、予め**テストピース（共試体）**を採取する**独自基準**を設けておくのも有効である。

　　※コンクリートの材齢（養生期間）や強度の確認も無しに脱型することはNG。

・供試体の養生方法：**現場水中養生**（脱型時期の確認用の養生のため）

＜供試体採取の参考例＞　※著者推奨

　11/1 ～ 3/31までの期間：

（テストピース）3日・X各3本　計6本を採取する。

　　　　　　　X：圧縮試験日を設定しないテストピース※自由に試験日の設定が可

（養生方法）　現場水中養生

1-006 コンクリートの品質管理

配合計画と生コン打設前〜打設時〜打設後の注意点

<コンクリート配合計画書>

基礎工事の着工前に、決定した生コン工場に設計図や構造特記仕様書を基に必ず「**配合計画書**」を作成してもらい提出を受けること。

※コンクリートは建築基準法上、**日本工業規格（JIS）** に適合していなければならない。
　（注意）配合計画書を作成せずに生コン打設をした場合、JISが抹消されてしまう。
　⇒生コン納入書のJISマークに抹消印が押される。⇒建築基準法違反となる。

<配合計画書のチェックポイントと主な各調合基準>

No.	主な品質管理項目	配合・調合基準等
①	コンクリートの種類	原則「普通コンクリート」
②	呼び強度	調合管理強度（前頁の基準）
③	スランプ	8cm以上18cm以下（許容差±2.5cm） ※呼び強度27N/mm²以上かつ混和剤は高性能AE減水剤を使用する場合：±2.0cm
④	セメントの種類	原則「普通ポルトランドセメント」
⑤	空気量	4.5%以下（許容差±1.5%） ※混和剤はAE剤・AE減水剤又は高性能AE減水剤を用いる場合の条件
⑥	水セメント比	65%以下（呼び強度が上がるとセメント量が多くなるため数値は下がる。） ※（前頁の呼び強度の場合）24N/mm²：概算60%以下・27N/mm²：概算55%以下
⑦	単位数量	185kg/m³以下（可能な限り小さな値が良い。）
⑧	単位セメント量	270kg/m³以上（水セメント比の単位水量から算出される値）
⑨	粗骨材の最大寸法	25mm以下（前頁の表では20〜25mmの範囲指定）
⑩	塩化物量	塩化物イオン量0.3kg/m³以下

<コンクリート打設時の注意点>

①	各生コン運搬車の納入書の確認	配合計画書通りかどうかの確認
②	生コン練混ぜから打設終了までの時間	（外気温25℃以下）120分以内 （外気温25℃超）90分以内
③	同一区画内の生コン打継ぎ時間（打重ね時間） ※コールドジョイントを発生させないための目安	（外気温25℃以下）目安120分 （外気温25℃超）目安90分

<コンクリート打設後の養生>

・透水性の小さいせき板や水密シートによる被覆及び散水や噴霧等による湿潤養生を行う。
・湿潤養生期間：5日以上
　※普通ポルトランドセメントの場合（公共建築工事標準仕様書）
　※強度を確認し、脱型（前頁参照）をした場合でも湿潤養生は継続をする。
・下記の条件かつ圧縮強度の確認ができれば湿潤養生を打ち切ることができる。
　※（JASS 5）厚み180mm以上 かつ計画共用期間：（短期・標準）10N/mm² 以上
　　　　　　　　　　　　　　　　　　　　　　　（長期・超長期）15N/mm² 以上
・直射日光、寒気、風雨などを避けるため、シート等を被せて保護（養生）をする。
　※冬期は、寒気から保護し、養生期間中は2℃以上に保たせるため
・コンクリート打設後1日間は、その上を歩行したり、重量物は載せてはならない。

17

1-007　浴室・脱衣室床下の断熱方式と考え方

▌浴室と脱衣室の床下は連続した基礎断熱とする

浴室下のみを基礎断熱とする住宅会社も多いが、気密処理やアフター点検やメンテナンスが困難なため、**脱衣室まで基礎断熱**をすることを推奨する。但し、脱衣室に**床下点検口**の設置は必須。

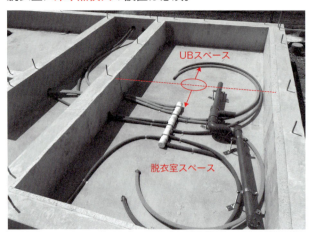

- 断熱材の厚み：**目標のUa値（外皮平均熱還流率）** による。
- **高気密高断熱仕様** の場合の注意点　※**基礎断熱部分**の**床下換気の重要性**

　　基礎コンクリートには**水分**が含まれており、打設後**約1〜2年間**は**水蒸気**として蒸散される。
　　一般的な住宅の場合で、約1t（1,000リットル）もの**水蒸気**が時間をかけて徐々に蒸散される。
　　但し、時間と共に蒸散量が減るため、**1年目**が**要注意**。※**結露の原因**となるため**換気**が必須。
　（**第一種換気**もしくは**全館空調システム**を採用している場合）
　　屋根断熱仕様の小屋裏同様、**基礎断熱**としている**床下空間**に**排気ダクト**を降ろし、**床**に**給気グリル**を設け、床下を**換気**し、**湿気**の**排出**を計画することを推奨する。
　（**第三種換気**を採用している場合）
　　床に**給気用**と排気用の**グリル**を各々に設け、**床下換気**を促す計画とすることを推奨する。
　　　（床下の**結露対策**　※基礎断熱範囲が浴室下のみも同様）
　　　※「小屋裏換気」の内容については「**電気設備工事**」編を参照

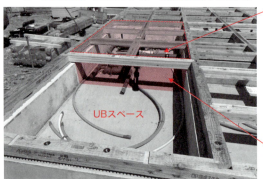

脱衣室スペース

人通口付き断熱材（点検口）
（UB下のみ基礎断熱とする場合）
提供：城東テクノ㈱

立上り壁を設けないため
脱衣室の床下点検口から
UB下全体を**目視確認**が可能。

第 2 章　木工事編

・アフターメンテナンスの事前対策
・施工の効率化と工夫と注意点
・構造耐力・耐久性の確保
・防耐火対策
・換気・通気の重要性
・漏水予防対策
・結露予防対策
・断熱・気密・防湿の重要性と施工の
　注意点
・遮熱施工の考え方と注意点
・防虫対策
・材料選定のポイント

2-001　土台・大引の納め方による床鳴り抑制対策

■ 土台と大引きの井桁組の上に剛床工法とする

床鳴りの原因となる可能性に一つづつ対策を講じていく。ここでは土台と大引きと床合板対策をチェックしよう。

・床鳴りの抑制対策
　①土台と大引を井桁状に組む。
　②土台と大引きの接合部を釘N75x2本打ちにて固定
　　（蟻掛けで接合しているが木材の伸縮膨張によるきしみ等の原因を防ぐ）
　③厚み24mm以上の構造用合板にて剛床工法とする。

釘N75×2本打ち

埋込式座金

・埋込式座金：剛床が浮かないように、座金上端を土台と同面にする。
　※埋込みすぎないように注意（座彫り式埋込座金だと土台の欠損が大きくなるため、金物メーカーによっては、削込み式の埋込座金を販売しているので、そちらを採用することを推奨する。）

20

2-002 ゆか束の固定と取付ピッチ

■変成シリコン系ネダボンドを使用する

床鳴りの原因となる可能性に一つづつ対策を講じていく。ここではゆか束対策をチェック。また施工性と品質を考慮したゆか束の選定に注意。

- ゆか束設置間隔：**910mmピッチ（1,000mm以内）**
- ゆか束と大引の固定：**L=65mm以上の釘**または**L=32mm程度以上のビス4本で固定**

※大引きの下面から固定する束を選定（側面固定タイプだと床断熱材と干渉する恐れがあるため）

＜変成シリコン系ネダボンドを使用する＞

- ゆか束の足元固定：**束用ボンド**にて固定（**束・フロア兼用ネダボンドかつ変成シリコン系ボンドを推奨**）

※余ったボンドをフロア用に使用できる等の経済性、かつ変成シリコン系とすることでフロア施工時の拭き取り性や万が一の張替え等のメンテナンス性に優れているため

※ネダボンドが固まるまで仮止めとしてコンクリート釘を打つ場合もあるが、ベタ基礎の欠けや鉄筋と干渉する可能性があるため推奨しない。（鉄筋までの水道（みずみち）となる可能性⇒鉄筋が錆付き基礎の強度低下を招く可能性）

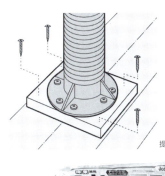

提供：城東テクノ㈱

提供：城東テクノ㈱

2-003 各種ねこ土台の設置範囲と注意点①

■ 換気用と気密用のねこ土台を使い分ける

気密用と換気用を使い分ける**品質上の役割**と将来までの**メンテナンス性**を加味して決める。

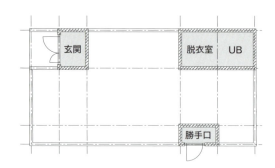

<前提>
①UB・脱衣室廻り及び勝手口土間、玄関土間等のペイント範囲：**基礎断熱とする（屋内扱い）**
②上記①以外の範囲：**床断熱とする（床下：屋外扱い）**

<注意するべきこと>
・上記の屋外範囲②と屋内範囲①との間で**気流の流出入**を発生させないための対策が必要。（屋内の**気密性を確保**する必要がある。）
・上記の屋外範囲②は、床下に**結露**、土台・大引に**カビ**等を発生させないため、**床下換気**をする必要がある。

<対策>
①UB・脱衣室廻り及び勝手口、玄関等の上記図の斜線部：**気密用**のねこ土台
②上記①以外の基礎立上り部：**換気用**のねこ土台

　※脱衣室については、床断熱としている住宅会社も多い。その場合はUBと脱衣室との間を基礎の立上り＋気密用ねこ土台で縁を切り、脱衣室床下を屋外扱いとする。
　※ねこ土台は、施工性の観点から各メーカーが販売するロングタイプを推奨する。

換気用ねこ土台：キソパッキンロング

気密用ねこ土台：気密パッキンロング

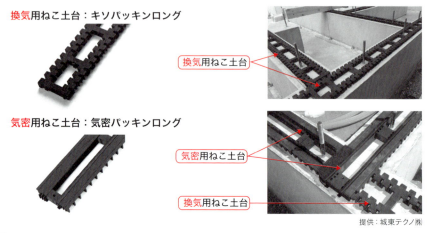

提供：城東テクノ㈱

2-004 各種ねこ土台の設置範囲と注意点②

■ 床下の換気と屋内の気密の理屈を理解する

床下は基礎の立上りで入り組んでおり湿気が籠りやすいため、室内に湿気を浸入させない。かつ床下は工事中から換気乾燥させる必要があるため要所でチェックをすること。

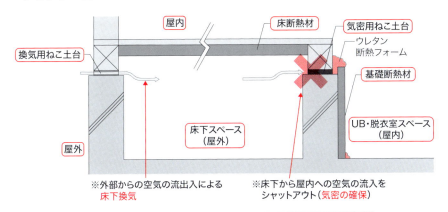

<前頁の前提内容>
①UB・脱衣室廻り及び勝手口土間、玄関土間等の範囲：基礎断熱とする（屋内扱い）
②上記①以外の範囲：床断熱とする（床下：屋外扱い）

<注意するべきこと>
・上記の屋外範囲②と屋内範囲①との間で気流の流出入を発生させないための対策が必要。
（気密性を確保する必要がある。）
・上記の屋外範囲②は床下に結露や土台・大引・床合板にカビを発生させないため、床下換気をする必要がある。
※主に新築後3年程度は基礎コンクリートから水蒸気の放出や屋内の湿気の透湿等により床下に湿気が溜まり、結露やカビの発生の原因となりやすい。

<対策>
①UB・脱衣室廻り及び勝手口、玄関等：気密用のねこ土台
②上記①以外の基礎立上り部：換気用のねこ土台

2-005 床断熱材の施工性向上の工夫①

断熱材一枚当たりの受材金物の個数と位置・寸法を決める

断熱材が薄いと**床下空間**が**広く**なる。かつ配線や配管による**断熱欠損のリスク**も**下がる**。また、断熱材が下がらないよう確実にピン固定をすること。

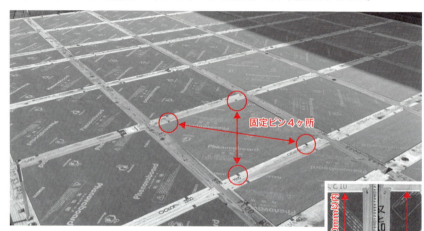

＜床断熱＞
フェノールフォーム（804×804）

＜固定ピン＞
・固定ピンの数：**4ヶ所**（2方向）
・断熱材端部より：**200mm程度（300mm以内）**
・ピン同士の間隔：**600mm以内**
　※床断熱材を受ける**専用金物**を使用する

＜メリット＞
・XPS等よりも厚みを**薄く**できる。
・給排水配管や電気配管による断熱材の**欠損を最小限**にできる。
・床下の懐が数cmでも広くなるため、**メンテナンススペースの確保**ができる。

＜デメリット＞
・EPSやXPSとは違い端材のリサイクルができず、**産廃**となる。

(EPS)
ビーズ法ポリスチレンフォーム
（発泡スチロール）
(XPS)
押出し法ポリスチレンフォーム
※上記いずれもプラスチック系断熱材

フェノールフォーム45mmの場合、同性能だとXPS65mmとなり、**20mm**広くなる。

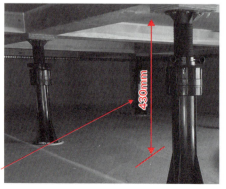

2-006 床断熱材の施工性向上の工夫②

■土台と大引きは同サイズとし断熱材を正方形にする

コストの抑制を優先するばかりに、複雑な断熱材の加工や施工となり、ミスが起きてしまっては逆にコストもかかる。場合によっては瑕疵となる可能性もある。若干のコストUPであればシンプルな仕様としたい。

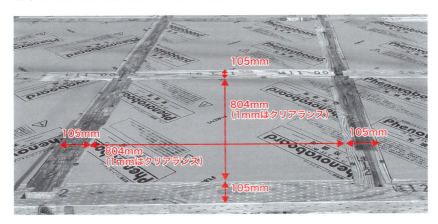

＜床断熱材の施工性向上の工夫＞
①土台と大引きを同サイズとする（105mm×105mm）

（メリット）
尺モジュールであれば、断熱材サイズが804mm×804mmの正方形となり、サイズ種類が少なくなるため、施工性や断熱材の加工も向上する。（間崩れ等の役物は除く）

（デメリット）
大引きを90mm×90mmとする場合も多いが、105mm×105mmサイズにすると材積が増えるためコストUPとなる。
⇒（対策）大引きは床合板受けのため構造強度は関係ない。よって強度等級が小さい材の供給が可能であれば、コストUPの吸収や抑制が可能。（例：集成材であれば強度等級E75-F270 ※反る材はNG）

②土台105mm×105mmに対し、大引き90mm×90mmとする場合

（メリット）
90角の大引き材のm^3単価は105角の大引き材のm^3単価より高くはなるが、大引き全体の材積が105角よりも少なくなるため、トータルではコストメリットはでる。

（デメリット）
床断熱材のサイズ種類が多くなる。X方向：土台-土台間、土台-大引き間、大引き-大引き間の3種類にY方向も同様3種類となるため、間崩れ等の役物を除いても計9種類となり、施工性や断熱材の加工も複雑になる。
※若干のコスト差であれば、建物の品質を優先したい。よって施工の容易性を考慮すると上記①を推奨する。

2-007　浴室廻りの基礎断熱施工の注意点と工夫

■ 床断熱材と基礎断熱材は連続させる

基礎立上り部のコンクリート面を露出させない。また断熱材の継目から湿気が浸入し、コンクリート面で**結露する可能性**があるため、**隙間**をつくらない。

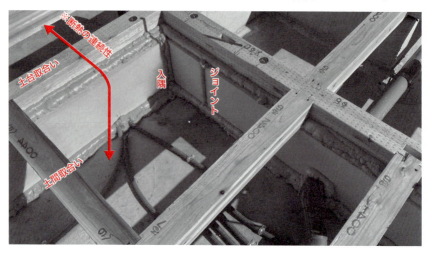

＜基礎断熱＞ ※立上りのみ基礎断熱（UB・脱衣室周り）

- 押出法ポリスチレンフォーム（基礎天端**+30mm**程度貼り上げる）
- 土台と断熱材の隙間：**ウレタン断熱フォーム**吹付け（基礎が露出しないよう注意）
  ※脱衣室下は床合板を伏せる前に施工することが必須
- 断熱材の土間及び入隅取合い：**ウレタン断熱フォーム**吹付け
- 断熱材のジョイント：**ウレタン断熱フォーム**吹付け
  ※床断熱材と基礎断熱材を**連続**させることが重要
  ※基礎CONの打継や設備配管の貫通部からの**白蟻の侵入**を予防するため**防蟻対応**のウレタン断熱フォームを推奨。（貫通部は基礎の穴埋め後に断熱欠損部への断熱補充）
  ※「給排水設備工事」編を参照

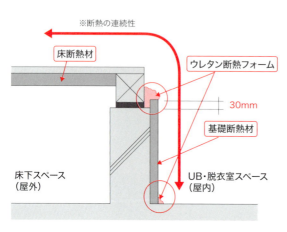

2-008 床合板と野地板の釘打ちと注意点

■ 床鳴り抑制と釘ピッチ決めと打ち損じチェックをする

トラブル回避のための管理上・品質上の対策や床合板や屋根の野地合板の釘打ちの重要性をチェックしよう。

※点線：外周、一点鎖線：中通り

＜1・2階床合板＞
・24mm床合板（実無し）※梁と合板受材を井桁組にする。
・(1・2階共) 外周：四周打ち　釘：N75@150mm以下　中通り：釘N75@200mm以下

※構造図を必ず確認すること
※床鳴り抑制として、剛床工法かつ梁と合板受け材を井桁組にし、実無し合板敷きを推奨。

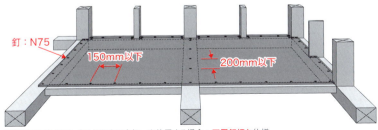

※実加工を施さない「JAS構造用合板」を使用する場合：四周釘打ち仕様

＜屋根野地合板＞

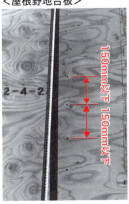

・釘：N50@150mm以下
・釘の打ち損じが無いかのチェックは必須
　①打ち損じた釘はカット
　②打ち損じがあれば必ず増し打ちをする。
　③増し打ち部は、写真を撮り記録に残す。
　　※建築主とのトラブル回避のため

2-009　棟換気部と雨押え部の野地板開口の参考例

換気開口はプレカット工場加工とする

小屋裏の結露や熱ごもりによる室内の不快感を防止するため、**換気**はとても重要である。そのため、**換気開口**は施工上重要ポイントである。

<棟換気：切妻屋根>

- **棟換気開口**：採用メーカーの**棟換気金物用の開口サイズ**を**プレカット工場**でカット（屋根形状の代表として切妻屋根にて表記）

  ※小屋裏の結露予防対策となるため、**目視確認**は必須（ルーフィング施工後も同様）

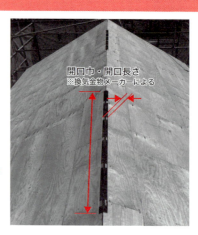

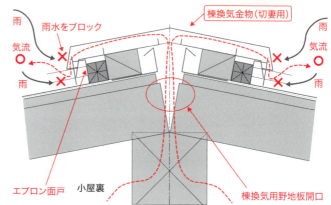

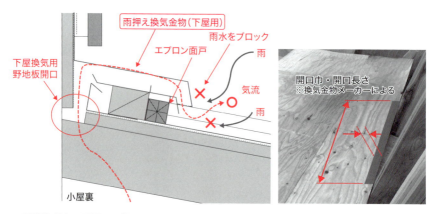

<雨押え換気：下屋ノシ部>

- **下屋換気開口**：採用メーカーの下屋**換気金物用の開口サイズ**を**プレカット工場**でカット

  ※下屋の小屋裏の**結露予防対策**となるため、**目視確認**は必須（ルーフィング施工後も同様）

2-010 下屋ルーフィング立上り下地施工と注意点（漏水対策）

防水材押さえのため300mm程度下地合板を立ち上げる

ルーフィング敷き（屋根工事）の施工性を良くすることが漏水予防に繋がるため、そのための下地施工の工夫がとても重要である。

＜躯体が耐力面材仕様ではない場合の下屋の納まりの注意点＞
・（下屋）ルーフィング立上り下地張り：合板（9mm）（高さ300mm程度）
　※立上り下地が無いと背面の押さえが効かないため、ルーフィングの立上りが上手く納まらない。
　（ふくらみ・よれ・タッカーが効かない・重ね部のジョイント処理不良等）⇒漏水の原因

29

2-011 下屋ルーフィング立上り下地施工と注意点（結露対策）

■ 立上げ下地部の外壁通気層は狭くなるため胴縁を厚くする

ルーフィング敷き（屋根工事）の防水施工性を良くすることが、反面外壁工事での結露リスクを高める結果となる。そのため通気層の確保をするための工夫が必要になる。

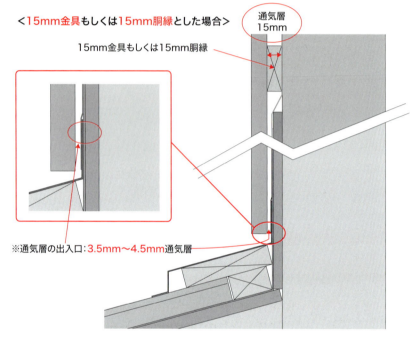

<15mm金具もしくは15mm胴縁とした場合>
15mm金具もしくは15mm胴縁
通気層 15mm
※通気層の出入口：3.5mm〜4.5mm通気層

<前頁のルーフィング立上り下地施工時の注意点> ※耐力面材仕様ではない場合
・防水上、前頁の立上り下地施工は必須だが、外壁通気層の厚みの確保に注意が必要。

（懸念点）
上記の立上り下地9mm＋ルーフィングの厚み約1mm
（重ねも考慮すると2mm前後）＋水切り
板金の厚み0.5mm＝10.5〜11.5mm前後となる。
⇒外壁胴縁が15mmとした場合、通気層の出入口が4.5mm〜3.5mmとなる。
⇒通気層内の空気の流れが悪くなる。
⇒結露の原因

（対策）
①外壁胴縁を厚くする。（著者推奨）ヒノキ胴縁21mm（特注）を設定
②外壁仕様が金具留めのサイディングの場合は、18mm（15mm）胴縁の上に5mmの専用金具とする。（胴縁＋金具）
※耐力壁（木質ボード）9mmを大壁張りする場合は、段差解消を考慮し金具留めでも耐力壁ではない外壁には、21mm（推奨）か18mmとしたい。※「外壁工事」編参照

2-012 上棟時にしかできない雨漏り予防対策（棟違い屋根）

■ 先張りルーフィングを差込むため下地の縁を切る

棟違い屋根の交差部分は防水上の弱点の一つである。その弱点を克服するために上棟工事から対策が必要になる。

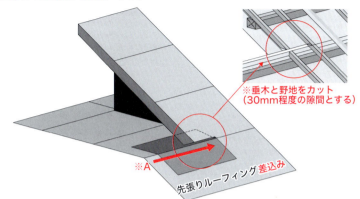

- 上側の棟からの垂木と野地を下側の棟の手前でカットし、ルーフィングを差込めるようする。
  ※先張りルーフィング（大工工事）
- ルーフィングを2枚差込むため、破風と野地板と30mm程度のクリアランスを設ける。
- 下側の棟の棟木と母屋は455mm程度の間隔とする。
  それを超える場合は母屋を追加する。（垂木と野地のたわみ等の強度を補強するため）

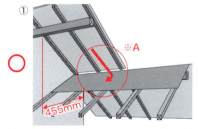

①上側の棟からの垂木が下側の棟を貫通する部分と野地をカットし、ルーフィングが差込まれている。（雨漏り対策）

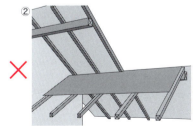

②上側の棟からの垂木が下側の棟を貫通する部分のルーフィングの納まりが上手くいかない。三面交点の箇所も出てくるため、漏水リスクが非常に高い。
③野地の裏側に侵入した雨水が屋内に浸入する。

2-013 上棟時にしかできない雨漏り予防対策①

■ 先張りルーフィングを差込むための隙間を設ける

躯体と下屋の取合いの端部は防水上の弱点の一つである。その弱点を克服するために上棟工事から対策が必要になる。

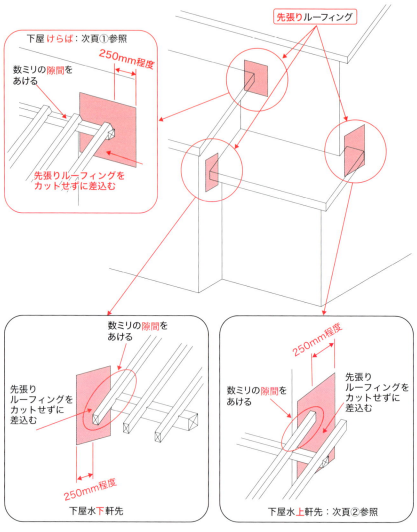

- 躯体と下屋の取り合い部は野地板施工前にルーフィングを差し込む。（大工工事）
  ※ルーフィングは、カットせずに躯体と下屋の取合いの隙間から差込む。
  ※差込みができないと破風・鼻隠しとの取合いから雨水が浸入し、透湿防水シートの裏側にまわるリスクが高くなる。

2-014 上棟時にしかできない雨漏り予防対策②

■先張りルーフィングを差込む

先張りルーフィングは、破風鼻隠し下地と野地板の施工前に差込むか、先に破風鼻隠下地と野地板を**壁より数mm隙間を設けて**施工し、**後**から先張りルーフィングを差込む。

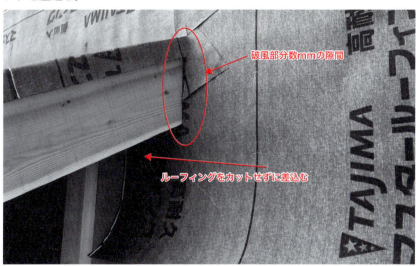

＜前頁①：下屋けらば＞

＜前頁②：下屋水上軒先＞

- 躯体と下屋の取り合い部は野地板施工前にルーフィングを差し込む方が施工性が良い。(**大工工事**)
  - ※ルーフィングは、**カットせず**に躯体と下屋の取合いの**隙間**から差込む。
  - ※差込みができないと破風・鼻隠しとの取合いから**雨水が浸入**し、透湿防水シートの裏側にまわるリスクが高くなる。

2-015 上棟時にしかできない雨漏り予防対策（軒ゼロ住宅①）

■先張り透湿防水シートを垂下げる

軒ゼロの場合は、屋根と壁の取合いが防水上の弱点の一つである。その弱点を克服するために上棟工事から対策が必要になる。

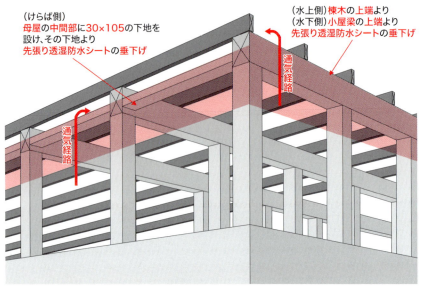

（けらば側）
母屋の中間部に30×105の下地を設け、その下地より
先張り透湿防水シートの垂下げ

（水上側）棟木の上端より
（水下側）小屋梁の上端より
先張り透湿防水シートの垂下げ

通気経路

通気破風下地

① けらばの母屋中間部に30×105の下地を施工（先張り透湿防水シート・通気破風下地・屋内側石膏ボード用下地）※この納まりの考え方：「2-024 軒ゼロの場合の小屋裏の防火構造と通気・換気の両立」の項目参照
② 通気破風下地の施工前に先張り透湿防水シートを施工
③ 先張り透湿防水シートの上に通気破風下地を施工
※防水と防露の両立施工

2-016 上棟時にしかできない雨漏り予防対策（軒ゼロ住宅②）

■先張り透湿防水シートの上に通気破風下地を取付ける

軒ゼロの場合の屋根と壁の取合いからの漏水予防と外壁通気を妨げない対策を講じる工夫が必要。
①②通気破風下地の施工前に先張り透湿防水シートを施工
③先張り透湿防水シートの施工後に通気破風下地を施工

①防水対策
（けらば）母屋中間部に設けた30×105の下地から垂下げ

②防水対策
（水上）棟木・（水下）軒桁の上端から垂下げ

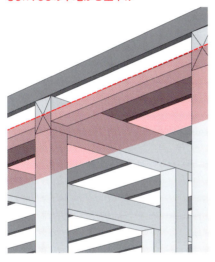

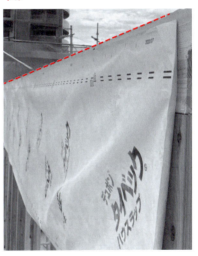

③結露対策 ※外壁通気確保
通気破風下地の取付

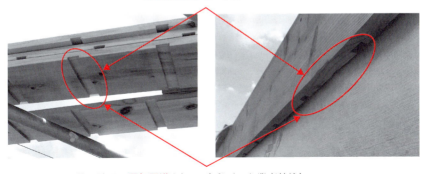

捨て破風に通気用溝を加工（プレカット業者特注）
W30mm×D8mm@227.5mm（上記画像はタイプA）

2-017 雨漏り及び結露予防のための工夫（軒ゼロ住宅）

■ 通気破風下地の役割を理解し加工依頼をする

軒ゼロの場合の外壁通気を妨げない対策として、天井断熱の場合と屋根断熱の場合で使い分ける工夫をしている。

＜タイプA＞通気経路：**上下**のみ

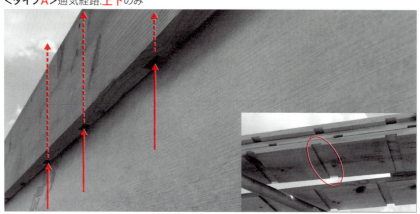

＜タイプB＞通気経路：**上下**かつ**前後**

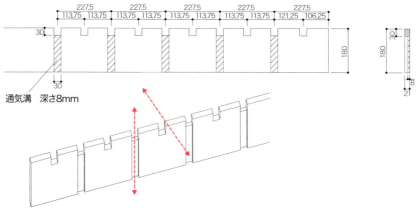

通気破風下地：捨て破風に**通気用溝**を加工（構造プレカット業者特注）
※（下記の参考例）下地の厚さ：**21mm**（著者推奨の外壁胴縁と同じ）

＜タイプA＞
　※**軒ゼロ**かつ**天井断熱**用**縦溝**のみ（W30mm×D8mm@227.5mm ※外壁通気を小屋裏空間と連結）

＜タイプB＞
　※**軒ゼロ**かつ**屋根断熱**かつ**軒ゼロ用通気見切り**を使用する場合
　縦溝＋**上部表裏**を貫通（縦溝：W30mm×D8mm@227.5mm・表裏貫通：W30mm@113.75mm）
　※外壁通気と屋根通気を連結し、かつ通気見切にて通気をとる

2-018 軒有 - 軒先の標準納まりの設定①（水上側①）

下地-天井断熱・屋根断熱共通：
先張り透湿防水シートを垂下げる

軒の出が**小さい**場合も軒ゼロと同様に**漏水リスクが高い**ため、各部の納まりルールを決め、大工・屋根工・外壁工を跨ぐ納まりになるが、**大工工事**の**役割**をしっかりと押さえておこう。

＜天井断熱仕様・屋根断熱仕様　共通＞

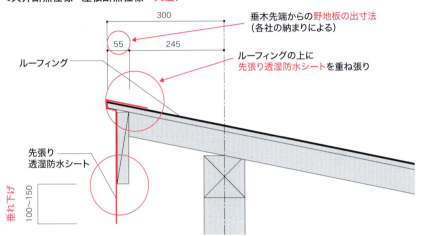

＜水上側の施工手順＞
①全体ルーフィング（屋根工事）
②**先張り透湿防水シート**をルーフィングに被せるように重ね張りをし、破風下地の下端より**100〜150mm**程度垂下げる。（**大工工事**もしくは屋根工事）
※先張り透湿防水シートのルーフィングへの留め付け：ステープル留め
※軒の出300mmまでは軒ゼロと同様のリスク対策をとる。（先張り透湿防水シートの垂下げ）

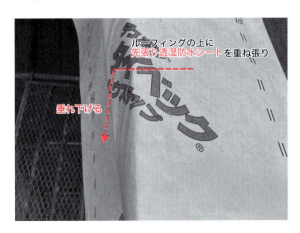

2-019 軒有 - 軒先の標準納まりの設定②（水上側②）

仕上げ-天井断熱・屋根断熱共通：
外壁通気と小屋裏を一体化させる

軒の出が**小さい**場合も軒ゼロと同様に**漏水リスク**が**高い**ため、各部の納まりルールを決め、大工・屋根工・外壁工を跨ぐ納まりになるが、この納まりとする**目的**と**効果**をチェックしよう。

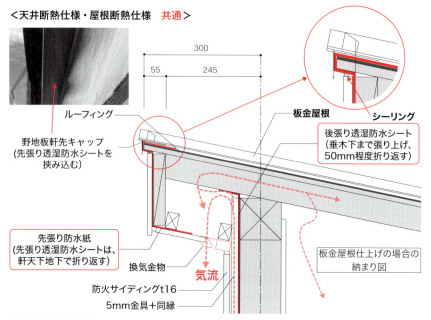

＜天井断熱仕様・屋根断熱仕様　共通＞

＜水上側の各対策＞
（防火対策）（屋根工事）
・**野地板軒先キャップ**で**先張り透湿防水シート**を挟み込む。
　※野地板軒先キャップをすることで、野地板の下側を**不燃材**で**覆う**こともできる。

（防水対策）（外壁工事）
・軒天下地組後に垂下げた**先張り透湿防水シート**を折り上げ、軒天仕上げ材で挟み込む。
・**後張り透湿防水シート**を垂木下まで張り上げ、**50mm**程度折り返す。
・**野地板軒先キャップ**と**破風材**間に**シーリング**を打つ。
　※野地板軒先キャップをすることで外装材取合いのシーリングの**接着性**をあげる。

（防露対策）
・**外壁通気層**と**小屋裏空間**もしくは**屋根通気層**を連続させ一体的に**換気・通気経路**とする。
・換気は下記の方法のいずれかとする。
　① （屋根が**2寸程度以下**の緩勾配の場合）**軒裏換気金物**より換気
　② （**2.5寸程度以上**の屋根勾配の場合）**棟換気金物**より換気
　※上記は①の参考図
　※換気金物：片流れ屋根水上の軒天金物は、メーカー基準にて使用OKなものを選定。

2-020 軒有 - 軒先の標準納まりの設定③（水下側①）

下地-天井断熱・屋根断熱共通：
先張り透湿防水シートを垂下げる

軒の出が**小さい**場合も軒ゼロと同様に**漏水リスク**が**高い**ため、各部の納まりルールを決め、大工・屋根工・外壁工を跨ぐ納まりになるが、**大工工事**の**役割**をしっかりと押さえておこう。

＜天井断熱仕様・屋根断熱仕様　共通＞

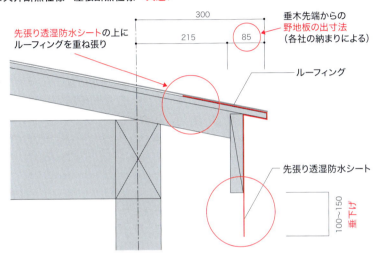

＜水下側の施工手順＞
① 水下の鼻先に**先張り透湿防水シート**を張り、鼻隠し下地の下端より**100〜150mm**程度垂下げる。（**大工工事**）
② ルーフィングを**先張り透湿防水シート**に被せるように重ね張りをする。（屋根工事）
※唐草はルーフィングの下に差込むかルーフィング敷きの**前**に施工。
　（**2寸以下**の屋根勾配の場合は、唐草はルーフィングの**上**に施工※屋根工事編参照）
※先張り透湿防水シートに重ね張りをしたルーフィングへの留め付け：ステープル留め
※軒の出**300mm**までは軒ゼロと同様のリスク対策をとる。（先張り透湿防水シートの垂下げ）

2-021 軒有 – 軒先の標準納まりの設定④（水下側②）

仕上げ-天井断熱・屋根断熱共通：
外壁通気と小屋裏を一体化させる

軒の出が小さい場合も軒ゼロと同様に漏水リスクが高いため、各部の納まりルールを決め、大工・屋根工・外壁工を跨ぐ納まりになるが、この納まりとする目的と効果をチェックしよう。

＜天井断熱仕様・屋根断熱仕様　共通＞

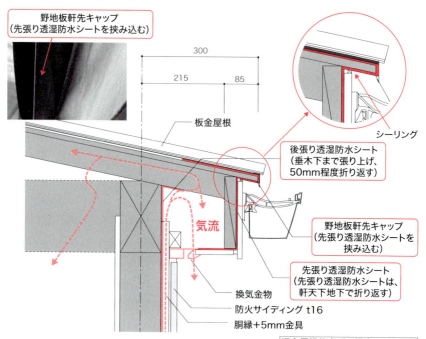

板金屋根仕上げの場合の納まり図

＜水下側の各対策＞

（防火対策）（屋根工事）
・野地板軒先キャップで先張り透湿防水シートを挟み込む。
　※野地板軒先キャップをすることで、野地板の下側を不燃材で覆うこともできる。
　※唐草はルーフィングの下に差込むかルーフィング敷きの前に施工。
　（2寸以下の屋根勾配の場合は、唐草はルーフィングの上に施工　※屋根工事編参照）

（防水対策）（外壁工事）
・軒天下地組後に垂下げた先張り透湿防水シートを折り上げ、軒天仕上げ材で挟み込む。
・後張り透湿防水シートを垂木下まで張り上げ、50mm程度折り返す。
・野地板軒先キャップと鼻隠し材間にシーリングを打つ。
　※野地板軒先キャップをすることで外装材取合いのシーリングの接着性をあげる。

（防露対策）
・外壁通気層と小屋裏空間もしくは屋根通気層を連続させ一体的に換気・通気経路とする。
・軒裏換気金物より換気。

2-022 軒有 - 軒先の標準納まりの設定⑤（けらば側①）

下地-天井断熱・屋根断熱共通：
先張り透湿防水シートを垂下げる

軒の出が**小さい**場合も軒ゼロと同様に**漏水リスクが高い**ため、各部の納まりルールを決め、大工・屋根工・外壁工を跨ぐ納まりになるが、**大工工事**の**役割**をしっかりと押さえておきましょう。

＜天井断熱仕様・屋根断熱仕様　共通＞

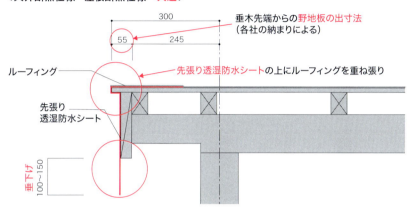

＜けらば側の施工手順＞

①けらばの鼻先に**先張り透湿防水シート**を貼り、破風下地の下端より**100 〜 150mm**程度垂下げる。（**大工工事**）
②ルーフィングを**先張り透湿防水シート**に被せるように重ね張りをする。（屋根工事）

※唐草はルーフィングの下に**差込む**かルーフィング敷きの**前**に施工。
（**2寸以下の屋根勾配の場合は**、唐草はルーフィングの上に施工※屋根工事編参照）
※先張り透湿防水シートに重ね張りをしたルーフィングへの留め付け：ステープル留め
※軒の出**300mm**までは軒ゼロと同様のリスク対策をとる。（先張り透湿防水シートの垂下げ）

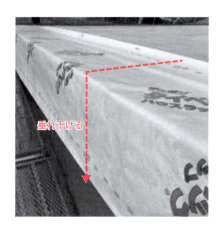

先張り防水シートの上に
ルーフィングを重ね張り

2-023 軒有 - 軒先の標準納まりの設定⑥（けらば側②）

仕上げ-天井断熱・屋根断熱共通：
外壁通気と小屋裏は一体化しない

軒の出が**小さい**場合も軒ゼロと同様に**漏水リスク**が**高い**ため、各部の納まりルールを決め、大工・屋根工・外壁工を跨ぐ納まりになるが、この**目的**と**効果**をチェックしよう。

＜天井断熱仕様・屋根断熱仕様　共通＞

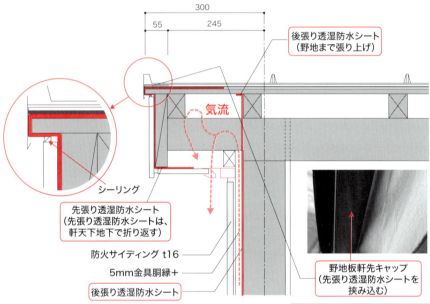

板金屋根仕上げの場合の納まり図

＜けらば側の各対策＞

（防火対策）（屋根工事）
・**野地板軒先キャップ**で**先張り透湿防水シート**を挟み込む。
　※野地板軒先キャップをすることで、野地板の下側を**不燃材**で覆うこともできる。
　※唐草はルーフィングの下に**差込む**かルーフィング敷きの**前**に施工。
　（**2寸以下**の屋根勾配の場合は、唐草はルーフィングの**上**に施工※屋根工事編参照）

（防水対策）（外壁工事）
・軒天下地組後に垂下げた**先張り透湿防水シート**を折り上げ、軒天仕上げ材で挟み込む。
・**後張り透湿防水シート**を野地まで貼り上げ、**50mm**程度折り返す。
・**野地板軒先キャップ**と**破風材**間に**シーリング**を打つ。
　※野地板軒先キャップをすることで外装材取合いのシーリングの**接着性**をあげる。

（防露対策）
・**外壁通気層**と**軒裏空間**を連続させ一体的に**換気・通気経路**とする。
・**軒裏換気金物**より換気。
　※換気金物：**けらば**の軒天金物は、**メーカー基準**にて使用OKなものを選定。

2-024 軒ゼロの場合の小屋裏の防火構造と通気・換気の両立

防火構造として屋内側の石膏ボードは
どこまで張延ばすのか

軒ゼロの場合、(準)防火構造と屋根通気や小屋裏換気の結露対策との両立を可能にするための理屈を押えよう。（延焼のおそれのある部分を前提とする。）

・(準)防火構造の理屈だと、納まりによっては通気や換気経路が取れない場合がある。建築主事や確認申請機関も申請図面だけでは読み取れないため、最終は設計者判断とされている。防火構造違反と指摘されないためにも設計者や施工者は説明ができるように施工基準を決めておく必要がある。本書の「軒ゼロの納まり」は、この頁の解釈を前提としている。

<軒有の場合>
・軒裏は、「防火（準耐火）構造30分」以上
 ⇒屋内側の石膏ボードは軒天高さ以上まで張り上げる。
・破風・鼻隠しは不燃材（屋根扱い）

<軒ゼロで外壁胴縁を野地板まで延した場合>
・下記のような軒ゼロ納まりの場合
 (準)防火構造の解釈上、野地板までが壁扱いとなり、屋内側の石膏ボードも野地板まで必要となる。

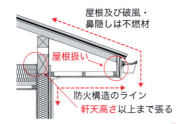

石膏ボードで塞がれ通気・換気ができない。
⇒結露の原因となる。（水下の納まりも同様）

上記の(準)防火構造壁と通気・換気を両立するために、次のような解釈をする。
※この解釈は、著者が確認申請機関でも矛盾もなく全て理解を得た内容である。
①破風・鼻隠しは「屋根扱い」のため破風有りの軒ゼロ納まりは防火上許容される。
②破風有り納まりは、破風と壁との段差部が防火上の弱点にもなるため、破風下地を設け、かつ外壁胴縁と同じ厚みにすることで、外壁材を野地板まで連続させる。
 ⇒段差部の弱点が無くなりかつ更に防火上有効となる。
 ⇒破風下地を設けることで、破風下地の下端までが「屋根扱い」になり、屋内側の石膏ボードも破風下地の下端以上まで張ることで、上記の(準)防火構造や通気・換気の懸念も払拭される。
 ※破風下地は通気破風下地とし、断熱仕様によりタイプAかタイプBを使用することが必須。

※軒有の場合の屋内側の石膏ボード張りの詳細は、「2-091石膏ボード張りの注意点②」を参照

2-025 軒ゼロ - 軒先の標準納まりの設定①（水上側①）

下地-天井断熱：
棟木上端より先張り透湿防水シート①を垂下げる

軒ゼロは漏水リスクが非常に高いため、各部の納まりルールを決め、大工・屋根工・外壁工を跨ぐ納まりになるが、**大工工事**の**役割**をしっかりと押さえておこう。

＜**天井断熱仕様**の場合＞

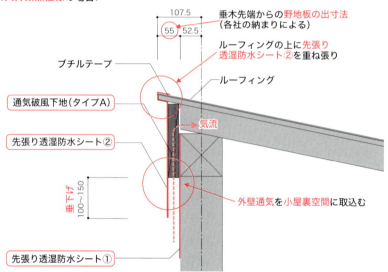

＜水上側の施工手順＞ ※①②は上棟時に施工
①棟木上端より**先張り透湿防水シート①**を垂下げる。（**大工工事**）
②**通気破風下地（タイプA）**を施工（**大工工事**）
③全体ルーフィング
④**先張り透湿防水シート②**をルーフィングに被せるように重ね張りをし、**通気破風下地**の下端より100～150mm程度垂下げる。（**大工工事**もしくは屋根工事）
※先張り透湿防水シート②のルーフィングへの留め付け：ステープル留め

① （防水対策）
棟木上端から垂下げ

② （結露対策※外壁通気確保）
通気破風下地（タイプA）の取付

③④ （防水対策）
通気破風下地より垂下げ

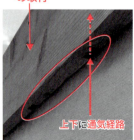

2-026 軒ゼロ - 軒先の標準納まりの設定②（水上側②）

仕上げ-天井断熱：外壁通気と小屋裏を一体化させる

軒ゼロは漏水リスクが非常に高いため、各部の納まりルールを決め、大工・屋根工・外壁工を跨ぐ納まりになるが、**目的**と**効果**をチェックしよう。

<天井断熱仕様の場合>

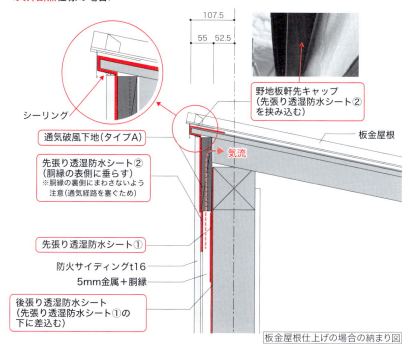

板金屋根仕上げの場合の納まり図

<水上側の各対策>

（防火対策）（屋根工事）
・**野地板軒先キャップ**で**先張り透湿防水シート②**を挟み込む。
　※野地板軒先キャップをすることで、野地板の下側を**不燃材**で**覆う**こともできる。

（防水対策）（外壁工事）
・**後張り透湿防水シート**を**先張り透湿防水シート①**の下に**差込む。**
・**野地板軒先キャップ**と外装材間に**シーリング**を打つ。
　※野地板軒先キャップをすることで外装材取合いの**接着性**をあげる。

（防露対策）
・**外壁通気層**と**小屋裏空間**を連続させ一体的に**換気・通気経路**とする。
・換気は下記の方法の**①のみ**もしくは**②のみ**もしくは**①②の併用**とする。
①（小屋裏の懐が大きい場合）小屋裏から妻壁の外部フードより**妻換気**。
②**棟換気金物**より換気　※上記図は①の参考図

2-027 軒ゼロ - 軒先の標準納まりの設定③（水下側①）

下地-天井断熱：通気破風下地（タイプA）を取付ける

軒ゼロは漏水リスクが非常に高いため、各部の納まりルールを決め、大工・屋根工・外壁工を跨ぐ納まりになるが、**大工工事**の**役割**をしっかりと押さえておこう。

＜天井断熱仕様の場合＞

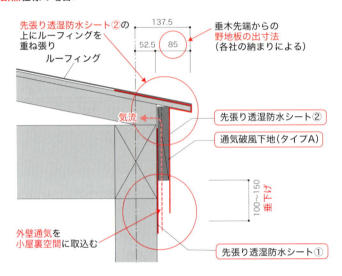

＜水下側の施工手順＞ ※①②は上棟時に施工
① 軒桁上端より**先張り透湿防水シート①**を垂下げる。（**大工工事**）
② **通気破風下地（タイプA）**を施工（**大工工事**）
③ **先張り透湿防水シート②**を**通気破風下地**の下端より**100～150mm程度**垂下げる。（**大工工事**）
④ ルーフィングを**先張り透湿防水シート②**に被せるように重ね張りをする。（屋根工事）
※唐草はルーフィングの下に**差込む**かルーフィング敷きの前に施工。
（2寸以下の屋根勾配の場合は、唐草はルーフィングの上に施工 ※屋根工事編参照）
※先張り透湿防水シート②に重ね張りをしたルーフィングへの留め付け：ステープル留め

① （防水対策）
軒桁上端から垂下げ

通気経路

② （結露対策※外壁通気確保）
通気破風下地（タイプA）の取付

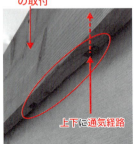

上下に通気経路

③④ （防水対策）
通気破風下地より垂下げ

垂れ下げ

2-028 軒ゼロ - 軒先の標準納まりの設定④（水下側②）

仕上げ-天井断熱：外壁通気と小屋裏を一体化させる

軒ゼロは漏水リスクが非常に高いため、各部の納まりルールを決め、大工・屋根工・外壁工を跨ぐ納まりになるが、この目的と効果をチェックしよう。

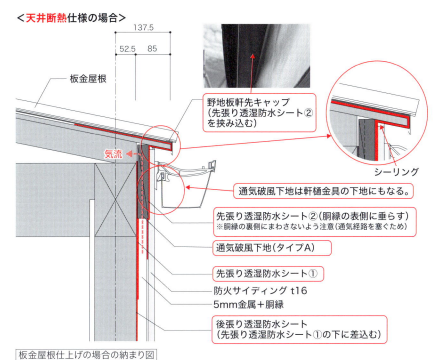

板金屋根仕上げの場合の納まり図

＜水下側の各対策＞

（防火対策）（屋根工事）
- 野地板軒先キャップで先張り透湿防水シート②を挟み込む。
  ※野地板軒先キャップをすることで、野地板の下側を不燃材で覆うこともできる。
  ※唐草はルーフィングの下に差込むかルーフィング敷きの前に施工。
  （2寸以下の屋根勾配の場合は、唐草はルーフィングの上に施工※屋根工事編参照）

（防水対策）（外壁工事）
- 後張り透湿防水シートを先張り透湿防水シート①の下に差込む。
- 野地板軒先キャップと外装材間にシーリングを打つ。
  ※野地板軒先キャップをすることで外装材取合いの接着性をあげる。

（防露対策）
- 外壁通気層と小屋裏空間を連続させ一体的に換気・通気経路とする。
- 換気は下記の方法の①のみもしくは②のみもしくは①②の併用とする。
  ① （小屋裏の懐が大きい場合）小屋裏から妻壁の外部フードより妻換気。
  ② 棟換気金物より換気

2-029 軒ゼロ - 軒先の標準納まりの設定⑤（けらば側①）

下地-天井断熱：
母屋間の中間部より先張り透湿防水シート①を垂下げる

軒ゼロは漏水リスクが非常に高いため、各部の納まりルールを決め、大工・屋根工・外壁工を跨ぐ納まりになるが、**大工工事**の**役割**をしっかりと押さえておこう。

<天井断熱仕様の場合>

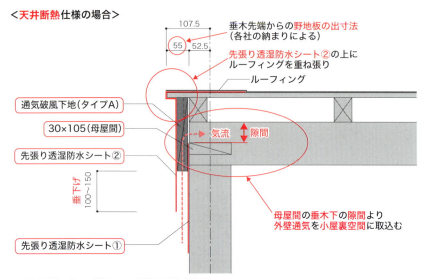

<けらば側の施工手順> ※①②は上棟時に施工

①母屋の中間部に設けた30×105の下地より、先張り透湿防水シート①を垂下げ（大工工事）
　※母屋間の垂木下に隙間を設け、外壁通気層と小屋裏空間を連続させる。
②通気破風下地（タイプA）を施工（大工工事）
③先張り透湿防水シート②を通気破風下地の下端より100～150mm程度垂下げる。（大工工事）
④ルーフィングを先張り透湿防水シート②に被せるように重ね張りをする。（屋根工事）
　※唐草はルーフィングの下に差込むかルーフィング敷きの前に施工。
　　(2寸以下の屋根勾配の場合は、唐草はルーフィングの上に施工 ※屋根工事編参照)
　※先張り透湿防水シート②に重ね張りをしたルーフィングへの留め付け：ステープル留め

①（防水対策）
母屋の中間部に設けた30×105の下地から垂下げ

②（結露対策 ※外壁通気確保）
通気破風下地（タイプA）の取付

③④（防水対策）
通気破風下地より垂下げ

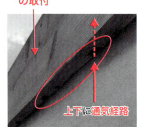

2-030 軒ゼロ - 軒先の標準納まりの設定⑥（けらば側②）

仕上げ-天井断熱：外壁通気と小屋裏を一体化させる

軒ゼロは漏水リスクが非常に高いため、各部の納まりルールを決め、大工・屋根工・外壁工を跨ぐ納まりになるが、この目的と効果をチェックしよう。

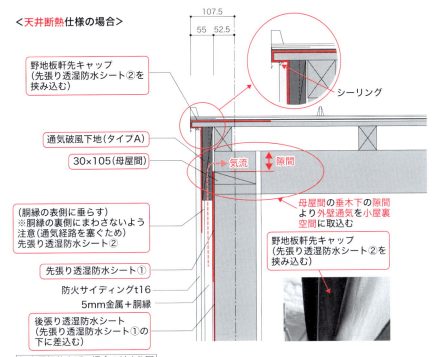

板金屋根仕上げの場合の納まり図

＜けらば側の各対策＞

（防火対策）（屋根工事）
・野地板軒先キャップで先張り透湿防水シート②を挟み込む。
※野地板軒先キャップをすることで、野地板の下側を不燃材で覆うこともできる。
※唐草はルーフィングの下に差込むかルーフィング敷きの前に施工。
　（2寸以下の屋根勾配の場合は、唐草はルーフィングの上に施工※屋根工事編参照）

（防水対策）（外壁工事）
・後張り透湿防水シートを先張り透湿防水シート①の下に差込む。
・野地板軒先キャップと外装材間にシーリングを打つ。
　※野地板軒先キャップをすることで外装材取合いの接着性をあげる。

（防露対策）
・外壁通気層と小屋裏空間を連続させ一体的に換気・通気経路とする。
・換気は下記の方法の①のみもしくは②のみもしくは①②の併用とする。
①（小屋裏の懐が大きい場合）小屋裏から妻壁の外部フードより妻換気。
②棟換気金物より換気

2-031 軒ゼロ - 軒先の標準納まりの設定⑦（水上側①）

下地-屋根断熱：
棟木上端より先張り透湿防水シートを垂下げる

軒ゼロかつ屋根断熱は漏水リスクが更に高いため、各部の納まりルールを決め、大工・屋根工・外壁工を跨ぐ納まりになるが、大工工事の役割をしっかりと押さえておこう。

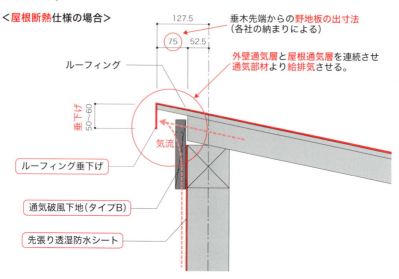

＜屋根断熱仕様の場合＞

<水上側の施工手順＞ ※①②は上棟時に施工
①棟木上端より先張り透湿防水シートを垂下げる。（大工工事）
②通気破風下地（タイプB）を施工（大工工事）
③全体ルーフィング
　※水上ルーフィングの先端を50〜60mm程度垂下げる。（屋根工事）

①（防水対策）
棟木上端から垂下げ

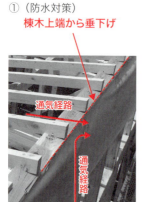

②（結露対策※外壁通気確保）
通気破風下地（タイプB）の取付

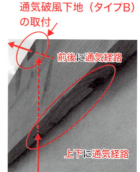

③④（防水対策）
水上ルーフィングを垂下げ

2-032 軒ゼロ - 軒先の標準納まりの設定⑧（水上側②）

仕上げ-屋根断熱：外壁通気と屋根通気を一体化させる

軒ゼロかつ屋根断熱は漏水リスクが更に高いため、各部の納まりルールを決め、大工・屋根工・外壁工を跨ぐ納まりになるが、この目的と効果をチェックしよう。

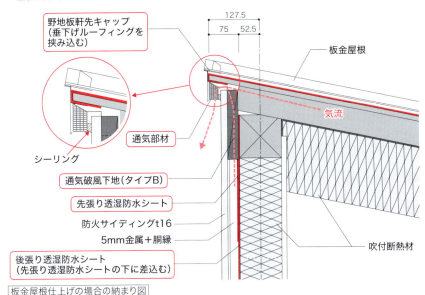

＜屋根断熱仕様の場合＞

板金屋根仕上げの場合の納まり図

提供：田島ルーフィング㈱の「とりあいルーフィングF施工例」

＜水上側の各対策＞

（防水対策①）（屋根工事）
- 野地板軒先キャップで曲げにくいルーフィングを曲げて挟み込む。
- 万が一鼻先から雨水が浸入しても野地板軒先キャップが捨て水切りの役割をし、また折り曲げたルーフィングで野地板まで雨水を到達させない。
  ※ルーフィングは、合成繊維不織布で構成されている冬の寒い時期でも曲げても割れにくいものを推奨

（防水対策②）（外壁工事）
- 後張り透湿防水シートを先張り透湿防水シートの下に差込む。
- 通気部材と外装材間にシーリングを打つ。

（防露対策）
- 外壁通気層と屋根通気層を連続させ一体的に通気経路とし、通気部材より給排気させる。
- （注意点）棟換気を使用する場合：垂木が空気の横移動を妨げるため、垂木間ごとに設けるならば良いがコストもかかる。そのため横移動が可能となるよう垂木に穴をあけ、棟換気まで通気経路を連続させる考えもあるが、空気の横移動をするよりも空気がこもることのほうが懸念されるため、あまりお勧めはできない。

51

2-033 軒ゼロ – 軒先の標準納まりの設定⑨（水下側①）

下地−屋根断熱：通気破風下地（タイプB）を取付ける

軒ゼロかつ屋根断熱は漏水リスクが更に高いため、各部の納まりルールを決め、大工・屋根工・外壁工を跨ぐ納まりになるが、大工工事の役割をしっかりと押さえておこう。

＜屋根断熱仕様の場合＞

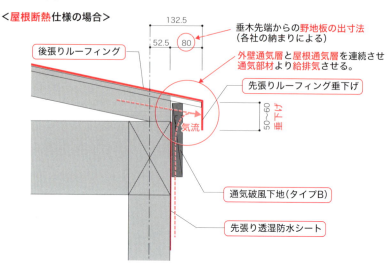

＜水下側の施工手順＞ ※①②は上棟時に施工
①軒桁上端より先張り透湿防水シートを垂下げる。（大工工事）
②通気破風下地（タイプB）を施工（大工工事）
③先張りルーフィングの先端を50〜60mm程度垂下げる。（屋根工事）
④後張り全体ルーフィングを先張りルーフィングの上に被せるように重ね張りをする。
　（屋根工事）
　※野地板軒先キャップと唐草は後張りルーフィングの下に差込むか後張りルーフィング敷きの前に施工。
　（2寸以下の屋根勾配の場合は、唐草は後張りルーフィングの上に施工 ※屋根工事編参照）

① （防水対策）
軒桁上端から垂下げ

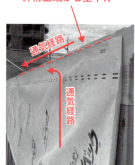

② （結露対策）※外壁通気確保
通気破風下地（タイプB）の取付

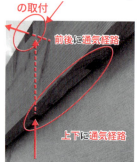

③ （防水対策）
ルーフィングを垂下げ

2-034 軒ゼロ - 軒先の標準納まりの設定⑩（水下側②）

仕上げ-屋根断熱：外壁通気と屋根通気を一体化させる

軒ゼロかつ屋根断熱は漏水リスクが更に高いため、各部の納まりルールを決め、大工・屋根工・外壁工を跨ぐ納まりになるが、この目的と効果をチェックしよう。

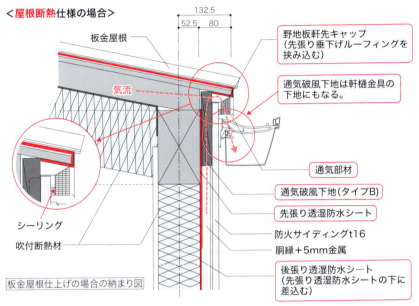

＜屋根断熱仕様の場合＞
板金屋根仕上げの場合の納まり図

提供：田島ルーフィング㈱の「とりあいルーフィングF施工例」

＜水下側の各対策＞
（防水対策①）（屋根工事）
・野地板軒先キャップで曲げにくいルーフィングを曲げて挟み込む。
・万が一鼻先から雨水が浸入しても野地板軒先キャップが捨て水切りの役割をし、また折り曲げたルーフィングで野地板まで雨水を到達させない。
　※ルーフィングは、合成繊維不織布で構成されている冬の寒い時期でも曲げても割れにくいものを推奨
　※野地板軒先キャップと唐草は後張りルーフィングの下に差込むか後張りルーフィング敷きの前に施工。
　（2寸以下の屋根勾配の場合は、唐草は後張りルーフィングの上に施工）
　※屋根工事編参照

（防水対策②）（外壁工事）
・後張り透湿防水シートを先張り透湿防水シートの下に差込む。
・通気部材と外装材間にシーリングを打つ。

（防露対策）
・外壁通気層と屋根通気層を連続させ一体的に通気経路とし、通気部材より給排気させる。

53

2-035 軒ゼロ - 軒先の標準納まりの設定⑪（けらば側①）

下地-屋根断熱：
野地板から先張り透湿防水シートを垂下げる

軒ゼロかつ屋根断熱は漏水リスクが更に高いため、各部の納まりルールを決め、大工・屋根工・外壁工を跨ぐ納まりになるが、大工工事の役割をしっかりと押さえておこう。

＜屋根断熱仕様の場合＞

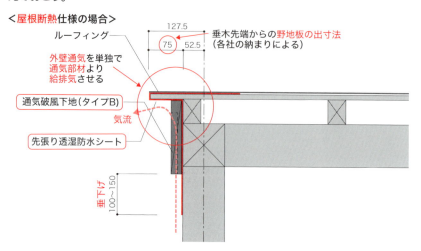

＜けらば側の施工手順＞ ※①②は上棟時に施工

①先張り透湿防水シートを通気破風下地の下端より150 〜 200mm程度となるよう垂下げる。（大工工事）
②通気破風下地（タイプB）は、先張り透湿防水シートを通気破風下地の裏側に回し、挟み込むように施工（大工工事）
③ルーフィングを先張り防水シートに被せるように重ね張りをする。（屋根工事）
※野地板軒先キャップと唐草はルーフィングの下に差込むかルーフィング敷きの前に施工。
（2寸以下の屋根勾配の場合は、唐草はルーフィングの上に施工 ※屋根工事編参照）
※先張り透湿防水シートに重ね張りをしたルーフィングへの留め付け：ステープル留め

①（防水対策）
先張り透湿防水シートを垂下げ

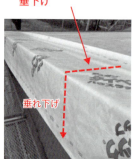

②（結露対策 ※外壁通気確保）
通気破風下地（タイプB）の取付

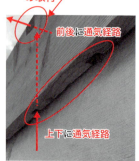

③（防水対策）
ルーフィングを重ね貼り

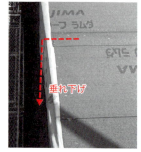

2-036 軒ゼロ - 軒先の標準納まりの設定⑫（けらば側②）

仕上げ-屋根断熱：外壁通気と屋根通気を一体化しない

軒ゼロかつ屋根断熱は漏水リスクが更に高いため、各部の納まりルールを決め、大工・屋根工・外壁工を跨ぐ納まりになるが、この目的と効果をチェックしよう。

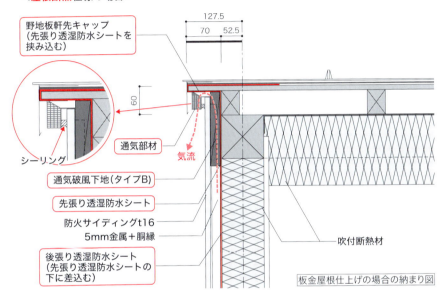

＜屋根断熱仕様の場合＞

板金屋根仕上げの場合の納まり図

提供：田島ルーフィング㈱の「とりあいルーフィングF施工例」

＜けらば側の各対策＞

（防水対策①）（屋根工事）
- 野地板軒先キャップで先張り透湿防水シートを挟み込む。
- 万が一鼻先から雨水が浸入しても野地板軒先キャップが捨て水切りの役割をし、また折り曲げた先張り透湿防水シートで野地板まで雨水を到達させない。

　※野地板軒先キャップと唐草は後張りルーフィングの下に差込むか後張りルーフィング敷きの前に施工。
　（2寸以下の屋根勾配の場合は、唐草は後張りルーフィングの上に施工※屋根工事編参照）

（防水対策②）（外壁工事）
- 後張り透湿防水シートを先張り透湿防水シートの下に差込む。
- 通気部材と外装材間にシーリングを打つ。

（防露対策）
- 外壁通気層のみを通気経路とし、通気部材より給排気させる。

　※外壁通気層は屋根通気層と連続しない。（先張り透湿防水シートを回しているため）

2-037 床下空間からの気密処理

合板の隙間にはシーリングもしくは
気密テープを貼る

床下との気密を取るための処理方法を整理しておこう。その対策が後に出てくる気流止めにも繋がる。

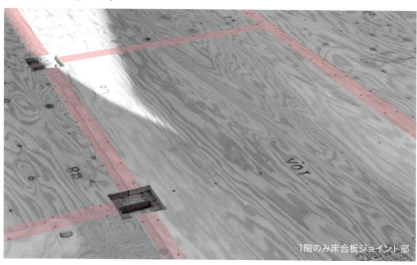

1階のみ床合板ジョイント部

＜気密処理＞
- 1階のみ床合板ジョイント部：気密テープ貼り
  ※実付き合板の場合：実部のジョイント目地は、気密テープは不要。
- 柱廻り合板カット部：気密テープもしくはシーリング処理
- ホールダウン部：気密テープもしくはシーリング処理
  ※床下からの気流止めにも効果あり

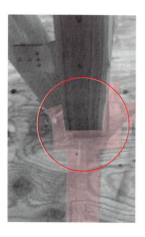

2-038 筋交い金物取付の参考例と注意点

■ 予備穴以外の穴に全て専用ビスで固定する

筋交い金物の留め方とホールダウンとの干渉の防ぎ方をチェックしよう。

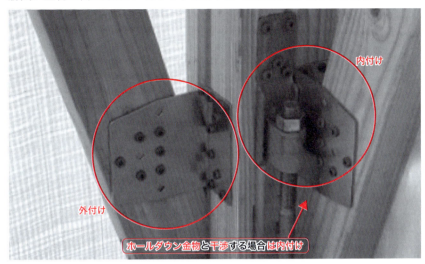

外付け
内付け
ホールダウン金物と干渉する場合は内付け

＜筋交い金物取付の向き＞
- **外付け**：柱に取り付く筋交い金物プレートを筋交いの**外**側に取付ける方法
- **内付け**：柱に取り付く筋交い金物プレートを筋交いの**内**側に取付ける方法

＜注意点＞
- **全てのビス**をバランスよく留める。（打ち損じ・打ち忘れ・打ち間違いはNG）

  ※本数はメーカーによって異なる場合があるため、メーカー指定の本数で留付ける。
  ※予備穴がある金物でも910mm間の筋交いの場合は、予備穴への留付けはしない。
  （**予備穴以外**の穴は**全て**留付ける。）

- 構造計算で指定された**金物の専用のビス**にて固定する。
- **ホールダウン金物**と**干渉**する場合は**内付け**とする。
- **内付け**とする場合、ビスを**すべて**留めれるよう施工手順に注意。

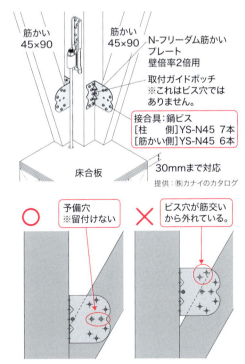

筋かい 45×90
筋かい 45×90
N-フリーダム筋かいプレート
壁倍率2倍用
取付ガイドポッチ
※これはビス穴ではありません。
接合具：鍋ビス
[柱　　側]YS-N45 7本
[筋かい側]YS-N45 6本
30mmまで対応
床合板
提供：㈱カナイのカタログ

〇 予備穴
※留付けない

✕ ビス穴が筋交いから外れている。

2-039 垂木留めビス施工の注意点と工夫

ビス留め済の目印として
目視確認用プレートを取付ける

垂木留めビスは、その他の垂木止め金物と比べ施工性が良いが、野地板を伏せると後から目視確認ができない。その対策と施工上の注意点をチェックしよう。

◯ 頭部を垂木と同面とする

✕ 頭部を沈みこませ過ぎないこと

＜垂木留めビス＞
・こちらで紹介する「垂木留めビス」とは、公式に耐力試験を行い、Zマークのひねり金物と同等以上の耐力が確認されたものをいう。
・風圧で屋根が吹き上げられることがないように垂木と軒桁・母屋・棟木を接合するためのビス。
・ひねり金物の代わりにビス1本で垂木留めを可能とする製品。

垂木に対し、垂直に取付ける
垂木留めのビス
桁
垂木
ネジ部全体が桁にかかるように取付ける

＜メリット＞
・ビス1本の施工のため、施工時間が短縮される。
・施工時間の短縮により、ルーフィング施工を早めることができる。
・特殊な刃先のため、木割れを防ぐ。

＜デメリット＞
・野地板を伏せると後から目視確認ができない。
　（対策）小屋裏から目視確認が可能となるよう「目視確認用プレート」を使用する。
　※原則は、現場監督がビス留め状況の工事写真を撮り、必ず記録に残す。
　※建築主や構造検査の検査員が確認する際の目安にもなる。

目視確認用プレート

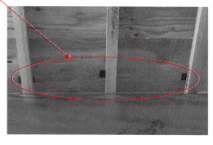

2-040 かすがい金物取付の注意点

■ かすがい金物は垂直に接合かつ2ヶ所留めとする

かすがい金物は、木材同士をつなぎ合わせ固定するための接合金物。斜め留めがNGの理由と対策をチェックしよう。

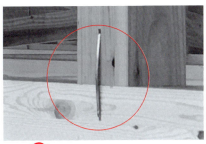

○ 小屋束の中心に合わせて取付
※片寄らないよう注意

× 斜めに取付けるのはNG

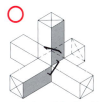

・小屋梁が十字で直行する場合
（両面ハの字：2ヶ所打ち）

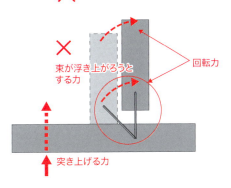

× 束が浮き上がろうとする力　回転力　突き上げる力

・地震等で地面から突き上げられた場合、束が浮き上がろうとする力にかすがい金物がその反力となり、束が浮き上がるのを防ぐ効果もある。しかし、かすがい金物が斜めに接合されてる場合は、突き上げられた力に対する反力が生まれず、かすがい金物が垂直になるまで束に回転力が加わり、束が浮き上がるのを防ぐ効果が得られない。但し、裏側のかすがい金物が表側のかすがい金物とハの字に接合されてる場合は、この限りではない。

＜かすがい金物：2ヶ所留めを推奨＞

・小屋梁が十字で直行する場合の
　NG例

・小屋梁が単独の場合

・小屋梁がT字で直行する場合

× 片面天端斜め
：1ヶ所打ち

× 両面同方向斜め
：2ヶ所打ち

○ 両面垂直
：2ヶ所打ち

○ 片面垂直：1ヶ所打ち
片面斜め：1ヶ所打ち

2-041 木質ボードを用いた耐力壁の施工方法①

■大壁工法の壁倍率取得ルールを整理する

釘の種類・長さ・留付け間隔及び位置によって壁倍率が異なるため、整理しておこう。

<構造用MDF・構造用パーティクルボード>

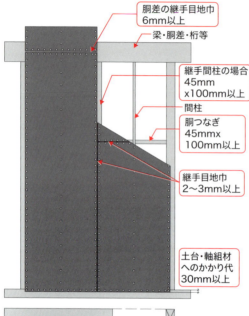

<大壁-壁勝ち>
昭和56年建設省告示第1100号
・壁倍率4.3
　耐力面材：9mm以上
　釘：N50（四周打ち）
　釘ピッチ：
　　[外周] @75mm以下
　　[中通り]@150mm以下
・壁倍率2.5
　耐力面材：9mm以上
　釘：N50（四周打ち）
　釘ピッチ：
　　[外周] @150mm以下
　　[中通り]@150mm以下

<大壁-床勝ち>
昭和56年建設省告示第1100号
・壁倍率4.3
　耐力面材：9mm以上
　釘：N50（四周打ち）
　釘ピッチ：
　　[外周] @75mm以下
　　[中通り]@150mm以下
　受材：（床取合）
　　厚30mm×巾60mm以上
　受け材釘・ピッチ：
　　N75・@120mm以下
・壁倍率2.5
　耐力面材：9mm以上
　釘：N50（四周打ち）
　釘ピッチ：
　　[外周] @150mm以下
　　[中通り]@150mm以下
　受材：（床取合）
　　厚30mm×巾40mm以上
　受材・釘・ピッチ：
　　N75・@200mm以下

2-042 木質ボードを用いた耐力壁の施工方法②

真壁工法の壁倍率取得ルールを整理する

釘の種類・長さ・留付け間隔及び位置によって壁倍率が異なるため、整理しておこう。

＜構造用MDF・構造用パーティクルボード＞

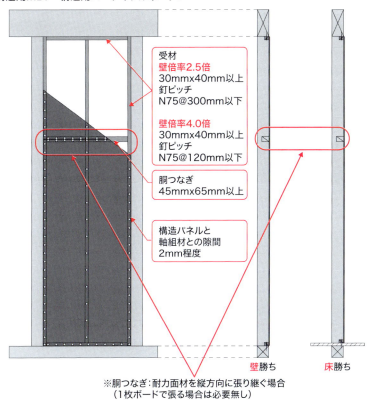

※胴つなぎ：耐力面材を縦方向に張り継ぐ場合
（1枚ボードで張る場合は必要無し）

＜真壁-壁勝ち・床勝ち共＞ 昭和56年建設省告示第1100号

- 壁倍率4.0
  釘：N50（四周打ち）
  釘ピッチ：[外周] @75mm以下
  　　　　　[中通り] @150mm以下
  受　材：(四方取合)
  　　　　厚30mm×巾40mm以上
  受け材釘・ピッチ：
  　　　　N75・@120mm以下

- 壁倍率2.5
  釘：N50（四周打ち）
  釘ピッチ：[外周] @150mm以下
  　　　　　[中通り] @150mm以下
  受　材：(四方取合)
  　　　　厚30mm×巾40mm以上
  受け材釘・ピッチ：
  　　　　N75・@300mm以下

61

2-043 木質ボードを用いた耐力壁の施工方法③

■ 大壁工法・真壁工法の壁倍率取得ルールを整理する

釘の種類・長さ・留付け間隔及び位置によって壁倍率が異なるため、整理しておこう。

＜構造用MDF・構造用パーティクルボード＞
＜大壁工法＞

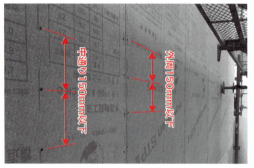

※上記画像は耐力壁というよりは、大壁モノコック工法の参考画像
※壁倍率2.5の場合の釘ピッチの参考例

＜真壁工法＞

※すべて、壁倍率2.5の場合の釘ピッチの参考例

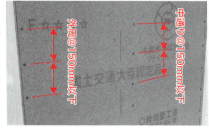

2-044 剛性・耐力壁に影響しない面材耐力壁の小開口の設け方①

開口部に該当しない小開口とする施工方法を整理する①

開口部に該当しない小開口の考え方の根拠を整理した。下記団体や工業会のいずれも国交省からの技術的助言に基づいている。

＜構造用MDF・構造用パーティクルボード＞

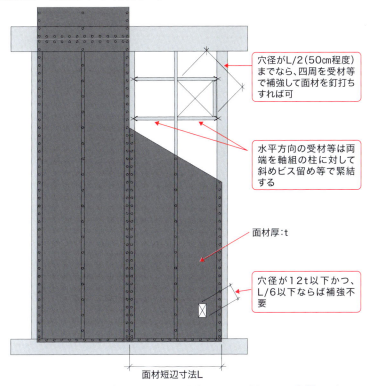

- 真壁の場合：柱間の内法寸法を面材の短辺寸法Lとする。(上記図は大壁の図)
  ※通称「グレー本」基準参照
- 「開口部に該当しないもの」として取り扱うことのできる小開口の条件
  「木造の耐力壁について、周囲の軸組から離して設ける径50cm程度の換気扇用の孔は、同様に、本規定第3号の「開口部を設けない場合と同等以上の剛性及び耐力を有する」(「開口部」に該当しない)ものとして取り扱うことができる。」
  ※国土交通省住宅局建築指導課長から都道府県建築主務部長宛の技術的助言(国住指第1335号。平成19年6月20日)より引用
- 公益財団法人日本住宅・木材技術センターが企画発行している「木造軸組工法住宅の許容応力度設計(2017年度版)」、通称「グレー本」も上記の「技術的助言(国住指第1335号)」に基づいている。
- 日本繊維板工業会も上記の「グレー本」に基づいているため、結果として、こちらも「技術的助言(国住指第1335号)」に基づいていると言える。

2-045 剛性・耐力壁に影響しない面材耐力壁の小開口の設け方②

開口部に該当しない小開口とする施工方法を整理する②

耐力壁に開口する場合は、構造の瑕疵に繋がらないよう予め施工の制限を確認しておくこと。

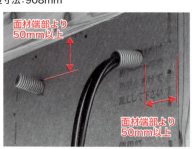

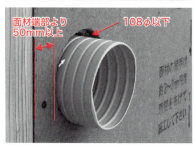

＜構造用MDF・構造用パーティクルボード＞
・（参考）上記面材短辺寸法 L=（大壁）908mm（真壁）803mm・t=9mmの場合の開口寸法と著者推奨値
　　※著者推奨値：各専門書及びメーカーのマニュアルを参考にして決めた推奨基準

＜開口目的＞
・（想定される開口）換気扇・自然給気口・キッチン換気ダクト・外部電源用CD管及びコンセント
・開口位置：ボード端部より50mm以上離す。
・100φ開口：換気扇・自然給気口等に該当（開口補強必要無し）
・150φ（108mm超）開口：キッチンのレンジフード等が該当（開口補強を設ける。もしくは、この壁を耐力壁としない。）
　　※電気配管開口も上記に準ずる。

※「柱・梁・土台の欠損」（構造材の欠損①～③）の内容については、「給排水設備工事」編を参照

2-046 耐力壁の面材の四隅を切欠く場合の注意点

■切欠き部は釘を増し打ちする

耐力壁を切欠く場合が想定される部位と対策をまとめた。また構造の瑕疵に繋がらないよう予め施工の制限を確認しておこう。

＜構造用MDF・構造用パーティクルボード＞

- ・直交する梁がある場合は、面材を切欠く。※切欠きは最小とすること
- ・面材の欠損により、打てなくなった釘と同数以上の釘を近傍に増し打ちをする。

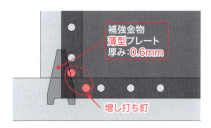

- ・補強金物（山形プレート）により面材を被せると浮き上がるため、面材を切欠く。
- ・面材の欠損により、打てなくなった釘と同数以上の釘を近傍に増し打ちをする。

- ・補強金物が0.6mmの薄型プレートのため、面材を切欠く必要は無し。
  ※各金物メーカーの仕様に準ずる。
- ・釘が補強金物と干渉する場合は、打てなくなった釘と同数以上の釘を近傍に増し打ちをする。

2-047 大壁耐力壁の入隅施工と目地のクリアランス基準

面材張り手順による釘仕様と伸縮・膨張対策を整理する

耐力壁の入隅施工の基準が各機関によって異なるため、その対処方法を決める。

＜構造用MDF・構造用パーティクルボード＞
＜大壁耐力壁の入隅施工基準＞

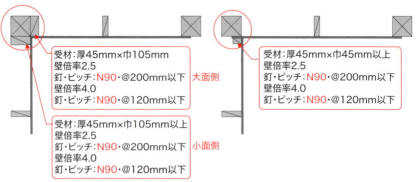

両方の面材を受材に張る方法　　片方の面材を柱に直張りする方法

受材：厚45mm×巾105mm
壁倍率2.5
釘・ピッチ：N90・@200mm以下 大面側
壁倍率4.0
釘・ピッチ：N90・@120mm以下

受材：厚45mm×巾45mm以上
壁倍率2.5
釘・ピッチ：N90・@200mm以下
壁倍率4.0
釘・ピッチ：N90・@120mm以下

受材：厚45mm×巾105mm以上
壁倍率2.5
釘・ピッチ：N90・@200mm以下 小面側
壁倍率4.0
釘・ピッチ：N90・@120mm以下

・入隅や出隅等で柱に直接面材が張れない場合、柱に受材を取付け施工するが、この場合は、高倍率大壁の壁倍率4.3ではなく、高倍率真壁の壁倍率4.0が適用される。
・柱に直張りができない分だけ、面材が短くなる。よって面材の上下端には柱芯々間距離を基準とした所定の釘打ち本数を満たすように増し打ちをする。

※入隅の施工については、国交省からの技術的助言（国住指第1335号）・通称「グレー本」・日本繊維板工業会の施工基準・各メーカーの施工基準のいずれも仕様及び施工方法が異なる。よって、上記すべての基準をクリアする安全側で設定した著者推奨基準。

＜目地のクリアランス基準＞

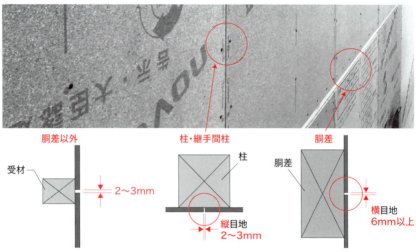

胴差以外　　柱・継手間柱　　胴差
受材　　　　　柱　　　　　　胴差
　2〜3mm　　縦目地　　　　横目地
　　　　　　2〜3mm　　　　6mm以上

※突付けで張るのはNG。⇒面材の伸縮・膨張により割れの原因

2-048 下屋・軒天下地部分の耐力面材の施工手順の注意点

耐力面材は垂木掛けや軒天下地施工の前に先張りをする

下屋や軒天等外壁と取合う部分の耐力面材の施工手順をチェックしよう。

＜構造用MDF・構造用パーティクルボード＞

※下記は下屋下部分の画像

- （注意）耐力面材は下屋下地や軒天下地施工の前に先張りする。
- （注意）垂木掛けは、耐力面材張りの後に施工すること

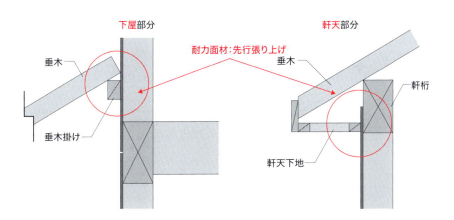

2-049 雨水の浸入予防のための水勾配と立上げ基準

バルコニーのFRP防水の立上げ下地は水上で250mm以上とする

バルコニーの防水下地の**各部位**の**寸法**や**勾配寸法**を整理する。FRP防水施工にも影響するためチェックしておこう。

・バルコニー**床勾配**根太施工・**防水立上げ下地**施工

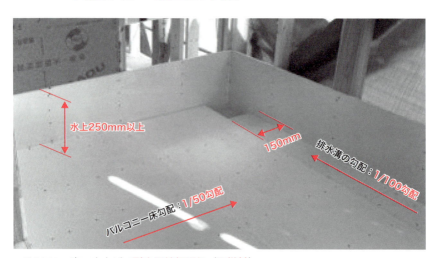

・バルコニー床・立上げ：**耐火野地板張り（不燃材）**
・バルコニー床勾配：**1/50勾配**を付ける
・排水溝の勾配：**1/100勾配**を付ける
・ＦＲＰ防水の立上げ下地：**水上で250mm以上**
・排水溝の幅：**150mm**

2-050 防水層のクラック予防のための下地施工の工夫①

■ 防水立上げ下地の継ぎ目を少なくする

バルコニーのFRP防水は下地の動きに追従しきれない場合は、**下地**の**継目**から**クラック**が入り、**漏水の原因**となる。よって**継目**を**少なくする工夫**が必要である。

- バルコニーの防水立上げ下地は**横張り**とする。
  ※防水層に最もクラックが入りやすい部位：防水下地の**継ぎ目**（ボードジョイント）。
  ⇒ボードのジョイントは**極力少なくなるように**施工。
- 建物が**大壁**や**真壁**で面材が施工されている場合の工夫

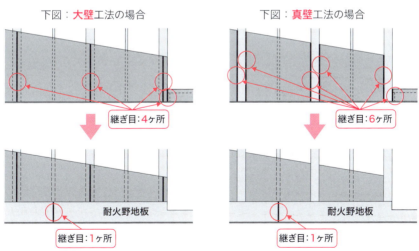

※（原則）防水の立上りに耐火野地板の増し張りは特に必須ではない。
（工夫）
①面材施工の場合は、**下地**の**継ぎ目**は多くなる。よって継ぎ目を**減らす**ため、あえて**横張り**で、耐火野地板を**増し張り**することで、**クラックの発生**とそこからの**漏水リスク**を**低減**させる。
②**面材**の継ぎ目と**耐火野地板**の継ぎ目を**ずらす**。（**目違い張り**）
③継ぎ目の留付けは、**千鳥打ち**とする。（間柱：**巾45mm**に予め変更する必要あり）

69

2-051 防水層のクラック予防のための下地施工の工夫②

構造用合板と耐火野地板（不燃材）の下地は目違い張りとする

防水下地の耐火野地板の継目施工の注意点をチェックしよう。

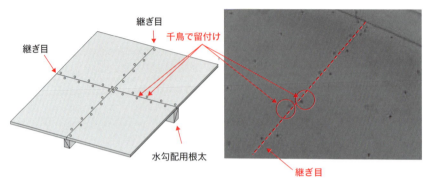

・下地の継目：浮き・隙間・不陸が生じないよう根太に留付ける。

・釘の留付け：スクリュー釘等を使用する。
※根太の割れを防止するため千鳥に留付ける。

・構造用合板と耐火野地板の継ぎ目：**303mm以上**ズラし留付ける。（根太間でズラす）
※前後左右共目違い張りとする（必須）。（防水層のクラック予防のため）

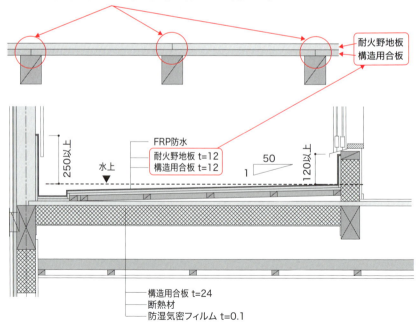

2-052 防水の立上りが低い場合の耐火野地板の施工範囲

■FRP防水や防水部材の範囲以上に下地を設ける

防水の立上りが低い場合のFRP防水の範囲を決めておくことで下地の範囲も決まる。

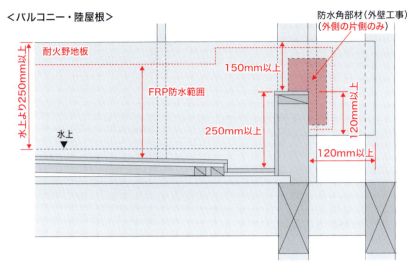

- バルコニーの立上り天端が水上より立上げ250mmより低い場合は立上り天端より150mm以上耐火野地板を張り上げる。
- バルコニーの立上り天端にも耐火野地を張る。
- 耐火野地板は、防水角部材のサイズより外側へ及び下側へ張り延ばす。
（立上り外側より外側へ120mm以上、立上り天端より下側へ120mm以上）

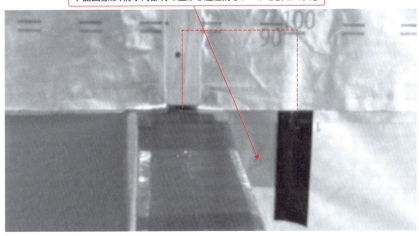

2-053 バルコニーの掃き出し窓からの雨漏り予防対策の工夫①

■ 窓台に水返し下地を設ける

掃き出し窓下端から室内への雨水の浸入を防ぐための対策を講じる。

- 立上り高さ：**120mm ～ 125mm**を確保
- バルコニー掃き出しサッシ：**窓台上端内側**に**水返し**を設置（外壁胴縁**厚み15mm×巾45mm**）

※**水返し下地天端**までFRP防水をすることで、万が一雨水が回っても**室内への侵入を防ぐ役割**を果たし、外部側へ排水させる。（防水工事）かつ**窓枠のパッキンも兼用**する。
※下記画像は、水返し天端までのFRP防水前状況

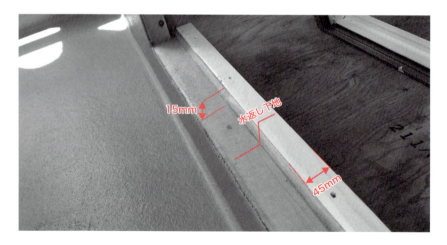

2-054 バルコニーの掃き出し窓からの雨漏り予防対策の工夫②

■ サッシのフィンの裏側に先行シーリングを打つ

サッシ周囲の**外部**からの雨水の**浸入防止**とサッシ上部の壁から浸入した雨水がサッシ**裏側**に回ってきた場合に**排水させる**という**両面**から施工手順を検討する。

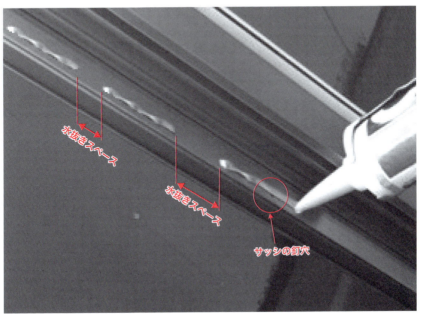

- （上記画像）サッシ**下部**のフィンの裏側に**先行シーリング**を施工（変成シリコン系）
  ①**釘穴部分**は、**必ず**シーリングを打つ。
  ②**断続的**にシーリングを打つ。（連続して打たないのは、万が一回った雨水を**排水**させるための**水抜き**とするため）

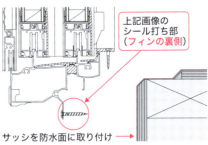

- （左記画像）
サッシ**側面**の**フィンの裏側**に先行シーリングを施工
（変成シリコン系）
①釘穴部分周辺には、必ずシーリングを打つ。
②途切れることのないよう、**連続的**に**一回**で、シーリングを打つ。
　⇒**数回**に分けて打たないこと。
　⇒**打継ぎ**をつくらないこと。

73

2-055 バルコニーの掃き出し窓からの雨漏り予防対策の工夫③

サッシ下部は断続的に側面は連続的に
先行シーリングを打つ

サッシ周囲の**外部**からの雨水の**浸入防止**とサッシ上部の壁から浸入した雨水がサッシ**裏側**に回ってきた場合に**排水させる**という**両面**から施工手順を検討する。

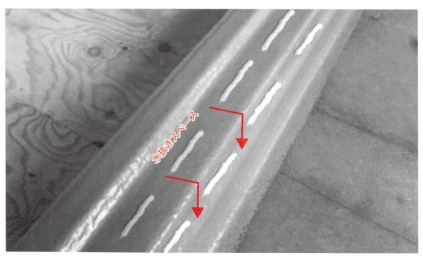

- **水返し下地天端**までFRP防水は必須施工（防水工事）
- （上記画像）サッシ**下部**の**フィンが接する部分**と**窓台**に**先行シーリング**を施工（**変成シリコン系**）
  - ①**釘穴部分周辺**には、**必ず**シーリングを打つ。
  - ②**断続的**にシーリングを打つ。（連続して打たないのは、万が一回った雨水を排水させるための水抜きとするため）

- （左記画像）サッシ**側面**の**フィンが接する部分**に**先行シーリング**を施工（**変成シリコン系**）
  - ①**釘穴部分周辺**には、**必ず**シーリングを打つ。
  - ②途切れることのないよう、**連続的**に**一回**で、シーリングを打つ。
    - ⇒**数回**に分けて打たないこと。
    - ⇒**打継ぎ**をつくらないこと。

- サッシ側面の**防水下地面**までFRP防水は必須施工（防水工事）

2-056 バルコニーの掃き出し窓からの雨漏り予防対策の工夫④

サッシはFRP防水後に取付ける

サッシ取付後にシーリング施工済かどうかの目視検査を可能とする施工基準とする。

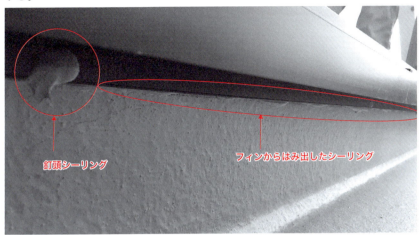

釘頭シーリング
フィンからはみ出したシーリング

- サッシ取付は、FRP防水施工後の取付けとする。（防水-先施工）
  ※（注意）サッシ取付後にFRP防水（防水-後施工）をする方法は、防水層端部とフィンの取合い施工が難。
  （バルコニー床で跳ねた雨水による浸入リスクが高まる。）
- シーリングは、サッシ枠やフィンから、はみ出るぐらいの量を打つ。
  ⇒サッシ下枠フィン／サッシ下枠窓台／サッシ縦枠フィン
- 防水面の釘打ち部には、防水層の割れを防ぐため先穴をあけ、フィンの釘穴より付属のスクリュー釘を打込み固定し、釘頭をシーリング材で覆うように打つ。（変成シリコン系）

75

2-057 腰窓からの雨漏り予防対策の工夫①

▌水返し一体型防水部材を使用する

腰窓取付時の雨水の浸入予防対策は、**施工効率**及び**コスト**等**費用対効果**を考慮した防水部材を選定する。

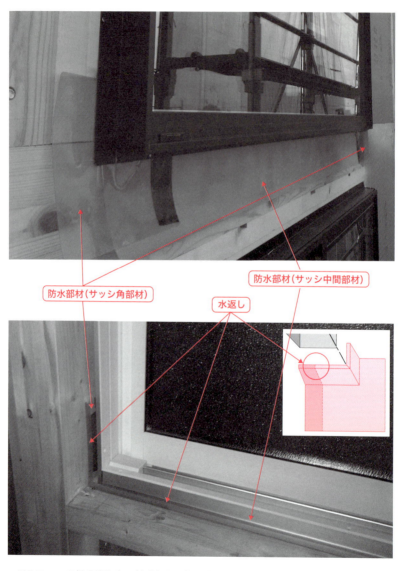

- バルコニーの掃き出し窓の納まりと同様に窓台に水返し用下地を設け、水切りシートを使用する手法もあるが、こちらでは**水返し一体型防水部材**を使用することを推奨する。
  ※**施工性も容易**かつ**防水機能性**もあり、**コストもお値打ち**なため

2-058 腰窓からの雨漏り予防対策の工夫②

腰窓の水返し一体型防水部材の取付手順を整理する

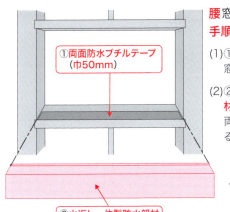

腰窓取付時に使用する**防水部材**の**施工手順**をチェックしよう。

(1) ①**両面防水ブチルテープ**（巾50mm）を窓台に貼り付ける。

(2) ②**水返し一体型防水部材**（サッシ**中間部材**）を開口部内法に合わせてカットし、①両面防水ブチルテープに貼り付け固定する。

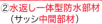

(3) ③**両面防水ブチルテープ**（巾50mm）を④防水部材（サッシ角部材）の裏面の内側端部に貼り付ける。

(4) ④**水返し一体型防水部材**（サッシ角部材）を開口部の角に合わせ、②サッシ中間部材の上にのせ、③両面防水テープを押さえ貼り付け固定する。

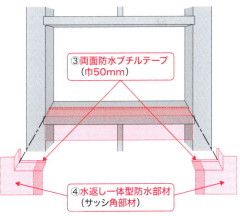

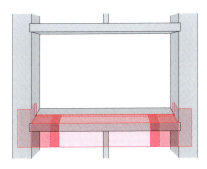

(5) サッシ取付までの**施工完了**

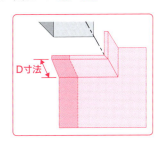

※**D寸法**は、サッシの窓台へのかかり寸法・窓種によって**使い分け**が必要なため**注意**
必ずサッシの納まりと防水部材メーカーの**D寸法を確認**し、**商品選定**をすること。

77

2-059 掃き出し窓からの雨漏り予防対策の工夫

水返し一体型防水部材の下がりを予め80mm程度までカットする

1階掃き出しサッシ取付時に使用する防水部材の施工手順をチェックしよう。

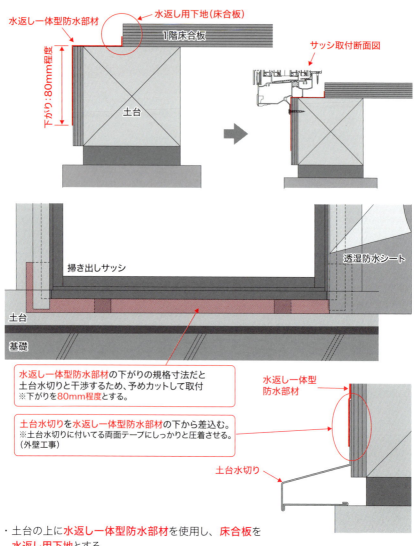

- 土台の上に水返し一体型防水部材を使用し、床合板を水返し用下地とする。
- 水返し一体型防水部材の下がり寸法が長いため、土台水切りの立上りと重なるところでカット。
- （例）105mm角土台の場合：土台天端から80mm程度を残しカット

2-060 （遮熱住宅）インナーバルコニーの遮熱シートの納め方①

■建物を包み込むように遮熱シートを張る

インナーバルコニー下の床合板に遮熱シート張りをすることによる**輻射熱**と**熱伝導**の相関イメージをチェックしよう。

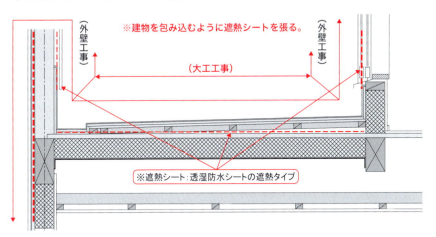

<遮熱の効果>
・（夏場）**外**からの**輻射熱（赤外線）**を反射させ、**室内への熱の侵入**を抑制する。
・（冬場）室内暖房による**屋外への熱放射**を抑制する。
　　※熱伝導の抑制

<夏場の輻射熱の反射と熱伝導のイメージ>

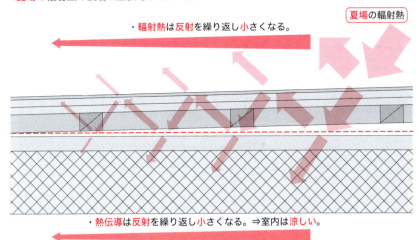

<冬場の輻射熱の反射と熱伝導のイメージ>
・**冬場**の輻射熱は、上記図とは逆に室内から入射され、輻射熱が屋外に放射されるより室内への反射が大きくなる。室内からは熱移動の障害が床合板だけのため、反射は繰り返さない。⇒室内は**暖かい**。

79

2-061 （遮熱住宅）インナーバルコニーの遮熱シートの納め方②

■ 根太組施工の前に遮熱シートを張る

遮熱シート張りは外壁工事のため、インナーバルコニーへの**先行貼り**は**大工工事**となり、見落とす可能性が高い。見落とさないようルール化が必要。

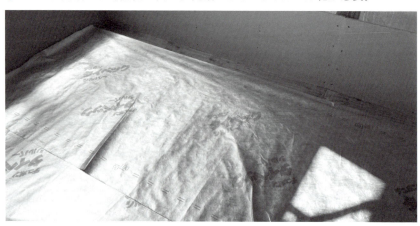

＜遮熱の効果＞
・（夏場）外からの**輻射熱（赤外線）**を反射させ、**室内への熱の侵入**を抑制する。
・（冬場）暖房により暖めた室内の熱を**屋外へ熱放散**することを**抑制**する。

・バルコニー**下**が**居室となる範囲**に遮熱シート張り。（遮熱シート：透湿防水シートの遮熱タイプ）
　①**床合板の上**に遮熱シートを張る。※**表（上）面**を**シルバー面**とする。
　②遮熱シート張り**後**に根太組施工。
　　※反射した**輻射熱**を排熱させる**通気層**は設けることができないが、室内側への**熱伝導**を**抑制**させる。

80

2-062 （遮熱住宅）小屋裏の遮熱シートの納め方①

■ 屋根垂木下に遮熱シートを張る

遮熱による**小屋裏の排熱**と**小屋裏換気**を**両立**させるための遮熱シートの**施工方法**と**気流**と**輻射熱**の**相関イメージ**をチェックしよう。

・屋根**垂木下**に遮熱シート貼り　※**屋根側**を**シルバー面**とする。
・水上部と水下部に**100mm程度**の隙間を設ける
　　※**換気経路**を確保し**小屋裏換気**をするため
　　※**遮熱**による反射熱の排熱と**小屋裏換気**を**両立**させる。

長手方向に**片流れ**の場合：
水上と水下の**中間部分**も**100mm程度**の隙間を**追加**する。

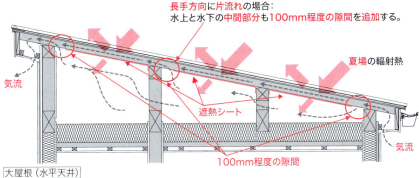

・母屋と断熱材の間に通気経路が確保できない場合
　⇒母屋間毎に水上・水下部に**100mm**程度の隙間を設ける。
　　※通気経路を確保し小屋裏換気をするため

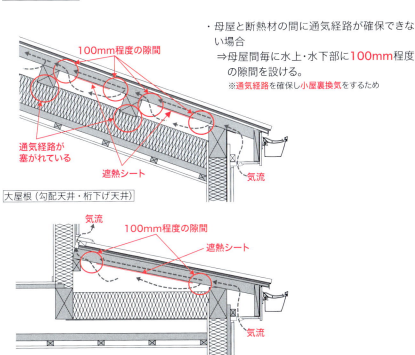

2-063 (遮熱住宅) 小屋裏の遮熱シートの納め方②

■ 水上と水下の端部に100mm程度の隙間をあける

垂木下の遮熱シート張りは、**遮熱性能**だけを考えると一面に張りたくなるが、**小屋裏換気**も同時に考える必要があるため、**端部**に**換気用**の**隙間**をあける。

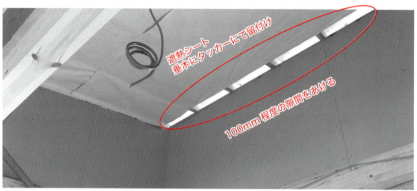

水上側

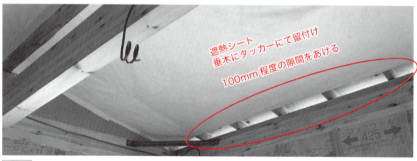

水下側

・屋根垂木下に遮熱シート貼り　※**屋根側**を**シルバー面**とする。
・水上部と水下部に**100mm程度**の隙間を設ける（**小屋裏換気**をするため）
　※上棟時に**先行**して張る場合：後で室内から**垂木**にタッカーにて留付ける。
　　（気流によるバタツキ音の**予防**と**重み**によるシートの**垂れ下がり**を**予防**するため）
　※遮熱シートに**吹付断熱**をする場合：重みで落ちないよう、**胴縁**で**補強固定**をする。

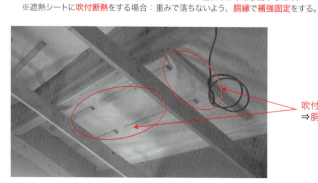

吹付断熱下地
⇒ 胴縁にて補強（落下予防）

82

2-064　木下地①（カーテンレール）

取付く物の大きさと取付後の納まりより下地のサイズを決める

窓に何を取付ける予定なのかを確認すること。それによって下地の大きさを検討する。シェードの場合は要注意。

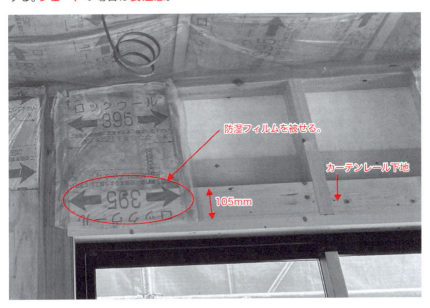

- カーテン等が取り付くサッシにはカーテンレール下地を仕込む
  ※間柱105mm×30mmを縦使いにし、下地とする。
  ※シェード等が外付けで取り付く場合は、下地のH寸法は240mm程度とする。
  ⇒シェードを上げた状態で生地が窓に被らないようにするため（推奨）
- 木下地の取付後、断熱材の防湿フィルムを被せる。（防湿・気密対策）

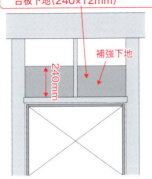

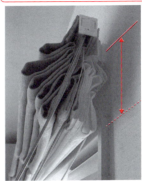

2-065　木下地②（壁掛けエアコン）

■壁掛けエアコンの標準取付位置を決める

エアコンの大きさはメーカーによって異なるため、最も大きいだろうと思われるエアコンのサイズから**下地の大きさ**や**エアコンスリーブ**も含め**エアコン**の**標準位置**を決める。

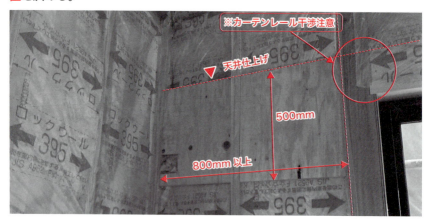

- 下地の範囲：（高さ）**天井仕上げから500mm下がり**まで
  　　　　　　（幅）　**800mm以上**
    ※**合板下地12mm**を**真壁**に納める。（12mmより厚い場合は、防湿フィルムを被せる。）
    ※断熱材の**防湿フィルム**の耳を出し、柱もしくは間柱に被せる。（被せた耳を、**タッカー留め＋気密テープ貼り**）

＜標準の取付基準＞
- エアコンは、下記の内容に配慮及び注意し、**標準的な取付位置**を決め、下地の範囲を決める。
    ①各メーカーのエアコンの**サイズ**及び**カバー**や**フラップ**の動く範囲
      ※部屋の広さに対応する機種の中で最も**大きいエアコンのサイズを基準**にする。
    ②**筋交い**　※筋交いを避けてエアコンスリーブの位置を設定
    ③**カーテンレール**　※窓からの延長分・カーテンだまり
    ④**エアコンコンセント**の**位置**　※エアコンのコンセントコード長さの確認

＜プラン時の取付追加基準＞
- プランをする際は、上記以外に更に下記の内容に配慮及び注意をする。
    ⑤**外部**に**干渉**しそうなものの**有無**
      ※外壁面に**直交する壁**や**袖壁**（エアコンスリーブやスリーブキャップが干渉しないか）・雨樋・上階からの**エアコン配管**

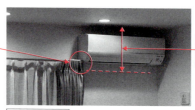

仕上げイメージ

2-066　断熱と防湿と気密は三位一体

■結露の仕組みと結露が起こす現象を整理する

結露が発生すると住まう方の健康にも建物にも悪影響を及ぼす。よって結露の仕組みや理屈を改めてしっかりと押えておこう。

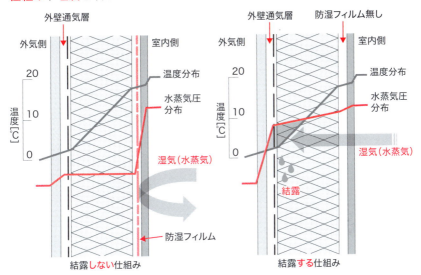

冬の結露の仕組

＜結露とは＞
・暖かい水蒸気を多く含んだ空気が冷やされ、「露点温度」を超えると余分な水蒸気が水に変わる。これが結露の発生する仕組みである。（表面結露・内部結露）

＜壁体内結露（内部結露）が発生すると起きる現象＞
①カビが繁殖する。
②上記カビ等で、構造材や羽柄材等の木材を腐らせる。
③カビが発生すると、ダニが繁殖し、アトピーや鼻炎・喘息等のアレルギーの原因となる。
③構造材や羽柄材等の木材の強度が低下する。
④水分を含んだ構造材や羽柄材で伸縮膨張や反り等が発生し、内装や外装に割れやクラックを誘発する。
⑤断熱性能低下

＜壁体内結露の予防対策＞
・【断熱】断熱性能を上げ、壁の内部に低温部分をつくらない。（外と内との温度差を小さくする。）
・【防湿】壁体内に湿気を流入させないよう断熱材の室内側に防湿フィルムを貼る。
・【気密】防湿フィルム張りをしても、隙間があると湿気は流入するため、気密テープにて塞ぐ。

2-067 充填断熱住宅の断熱ラインと防湿気密ライン

■ 天井断熱仕様と屋根断熱仕様の違いを確認する

グラスウールやロックウール等繊維系断熱材は**防湿フィルム付き**の使用を推奨する。壁内結露予防として**断熱層の室内側**に**防湿層**と**気密層**を一体とした**防湿気密層**を設ける。

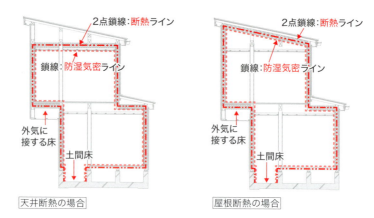

※防湿についての基準は、省エネ基準における全国の各地域区分や住宅性能等級によって異なるため、この頁では、防湿層の必要性と考え方について明記する。性能についての明記は控える。

＜防湿気密層＞
・**防湿気密ライン**には、**防湿フィルム**を設ける。
　※15μm以上の防湿フィルム・JIS A 6930に規定する住宅用プラスチック系防湿フィルム

＜主な断熱材における防湿フィルムの必要性＞
・**繊維系断熱材**（グラスウール・ロックウール・セルロースファイバー）は、防湿フィルムは必須。
・JIS A 9521に規定する**吹付硬質ウレタンフォームA種3**は、**防湿フィルム**は**必須**。
（**吹付硬質ウレタンフォームA種1**と**A種2は必須ではない**。）
（**屋根断熱**の場合は、繊維系断熱材ではなく、**ウレタンの吹付断熱**が一般的である。）
・その他の断熱材は、各メーカーに確認

＜防湿層を省略できる主な要件の抜粋＞
　※下記の詳細は住宅性能表示資料を参照のこと
①**地域区分**が**8地域**の場合　※「住宅の省エネルギー基準」における地域区分より
②**透湿抵抗比**の数値が、各地域区分の各断熱性能に規定された**数値以上**の場合
　※透湿抵抗比=（室内側の透湿抵抗の和）／（外気側の透湿抵抗の和）
③上記と**同等以上の措置**が講じられていることが確かめられた場合
　※よく使用する例として、**結露計算**（**一次定常計算**）による**結露判定**

＜ウレタンフォーム吹付断熱の場合で注意しておきたいこと＞
・特に壁の場合で現場施工時に壁厚以上に膨らんだ断熱材の表面（スキン層）は削られる。
　※**スキン層**：吹付が終わった直後のツルっとした表面の層をいい、湿気を通しにくいため**防湿層**の役割を果たす。
・上記より**スキン層**を削るということは、**防湿層を破る**ことと同じため、結露計算上では省略可の判定であっても、施工の実情を踏まえると**別張りの防湿フィルム**を施工することを推奨する。

2-068 壁断熱施工の壁内結露予防対策①（窓廻り）

■断熱材フィルムの耳を30mm以上柱や梁に被せる

防湿の意味や重要性を理解した上で、**壁内結露予防**のための防湿層の納め方を決めよう。

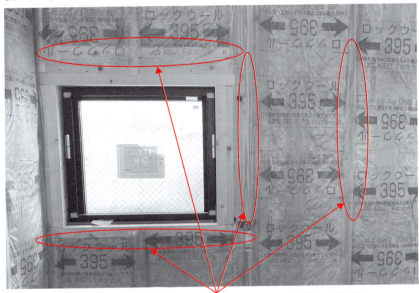

断熱材の端部・ジョイントは、梁や柱及び間柱にフィルムの耳を 30mm 以上被せる。

・断熱材の端部・ジョイントは、梁や柱及び間柱に**フィルムの耳**を**30mm以上**被せる。
・被せたフィルムにタッカー留付け（**200mmピッチ**）
・**石膏ボード**で**挟み付ける**ことで**気密処理**となる。
・断熱材の**耳が柱に掛からない**場合
　①**別張り防湿フィルム**で覆う。（JIS A 6930適合品）
　②断熱材と柱（間柱・梁）との間を隙間なく、**気密テープ**を貼る。

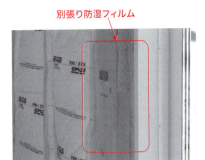

別張り防湿フィルム

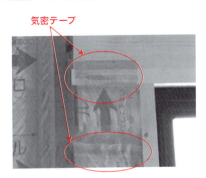

気密テープ

2-069 壁断熱施工の壁内結露予防対策②（床取合い）

■ 断熱材フィルムの耳を30mm以上床に巻込む

防湿の意味や重要性を理解した上で、**壁内結露予防**のための防湿層の納め方を決めよう。

防湿フィルムの耳を30mm以上床に巻込む

＜床取合い＞
・防湿フィルムの耳を**30mm以上床に巻込む**
・防湿フィルムを床に巻込めない場合は、隙間なく**気密テープ**を貼る。
・防湿フィルムは、**巾木下地**を覆い被せる。
・防湿フィルムは、床合板にタッカーにて留付ける。（**200mmピッチ**）
・**フローリング**と**石膏ボード**で、防湿フィルムを挟み付けることで、気密処理となる。

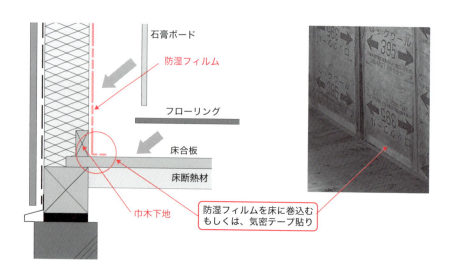

2-070 壁断熱施工の壁内結露予防対策③（筋交い）

■断熱材フィルムを剥がして筋交いに被せる

筋交いがある壁の防湿フィルムの納め方を整理したので要チェック。

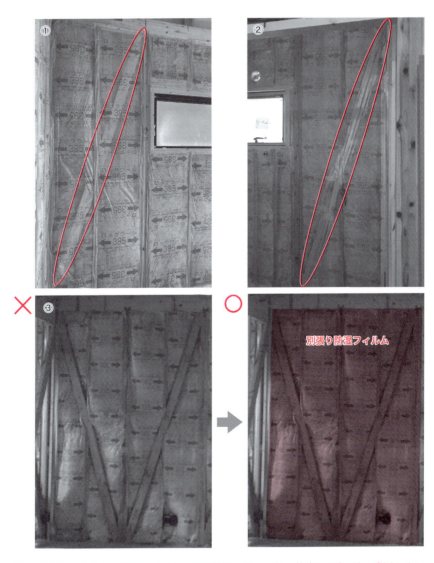

①断熱材のフィルムを剥がして、筋交い部に被せ、柱・間柱・筋交いにタッカー留め、もしくは気密テープ貼り。
②筋交いに沿ってマットに切り込みを入れ、継ぎ目に気密テープ貼り。
③切り込んだ防湿フィルムが、うまく気密処理ができないときは、別張り防湿フィルム張りも可。（JIS A6930適合品）

2-071 壁断熱施工の壁内結露予防対策④（木下地）

下地の厚みにより納め方を選択する

カーテンレール下地がある壁及びエアコン下地がある壁の防湿フィルムの納め方をチェックしよう。

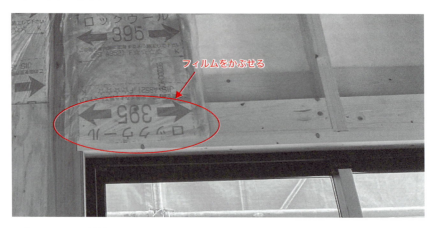

＜カーテンレール下地＞
・断熱材の防湿フィルムを剥がし、下地に被せる。（間柱の縦使い）

＜エアコン下地＞
・合板12mm下地を断熱材の上から押し込んで納める。（真壁納め）
　（12mmより厚い場合は、防湿フィルムを被せる。）
　但し、防湿フィルムの耳の重ねが30mm以下となる場合は、タッカー留め＋気密テープ貼をする。

＜その他の下地＞
・上記2点の何れかの処理をする。

2-072 壁断熱施工の壁内結露予防対策⑤
（スリーブ・ダクト・電気BOX・ガスコックBOX）

断熱材フィルムをカットする部位には
気密テープを貼る

防湿フィルムをカットする場合の**電気BOX**や**スリーブ**及び**ダクト廻り**には、必ず**気密テープ**にて隙間のないように貼ることで**気密・防湿性**を担保することになる。

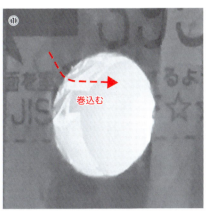

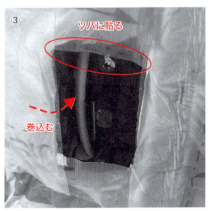

・断熱材の防湿フィルムをカットする下記の廻りには、隙間のないように**気密テープ**にて、気密処理をすること
　①**スリーブ**（エアコン・換気扇・自然給気口用）⇒気密テープの**巻込み**貼り
　②**換気ダクト**⇒気密テープの**巻込み**貼り
　③**電気BOX**⇒BOXの**ツバ**に気密テープ貼り、もしくは**巻込み**貼り
　④**ガスコックBOX**　⇒BOXの**ツバ**に気密テープ貼り
　※③④のBOX内の**配線穴**や**ガス配管の穴**も、**気密テープ**や**付属のゴムパッキン**や**パテ**等で埋め、気密処理をする。
　（電気工事）

91

2-073 エアコンスリーブ内の断熱欠損対策

■ エアコンスリーブ内に断熱材を詰める

エアコンは引渡し後すぐに取付けるとは限らないので、**スリーブ内**に**断熱材**を**詰めておきましょう**。**サーモグラフィ画像**では、断熱材を詰めていない場合は**一目瞭然**。

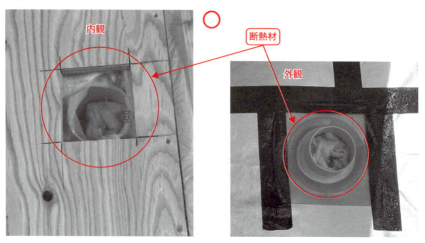

・お客様へのお引渡しまでエアコンを設置しない場合は、**エアコンスリーブ内**に**断熱材**を**詰め込む**。（**断熱欠損防止**及び**結露防止**のため）
・下の画像のようにエアコンスリーブ内に**断熱材**の**詰め込みをしなかった**場合
　⇒十分な断熱性能が確保されず、サーモグラフィ画像が**真っ赤**になっている。

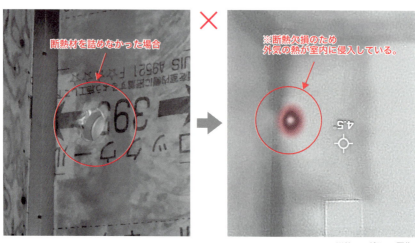

※サーモグラフィ画像

2-074 下屋下天井断熱施工の注意点①

■ 容易な例 ▷ 下屋下の小屋裏（外気側）と分離する

室内側と**外気側**を確実かつ容易に**分離**する方法と**防湿フィルム**面の**向き**をチェックしよう。

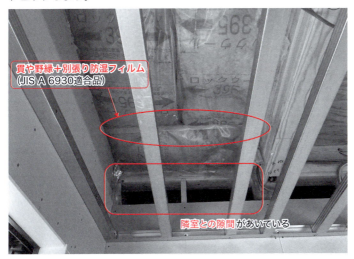

- 断熱材は、**梁下より上部**に敷き詰めている。
  ⇒ 外壁に直交している壁の石膏ボードを上部梁まで張り延ばしていないため、**隣室との隙間**があいている。よって**外気側のライン**をその隙間より上部に**上げる**必要があるため。

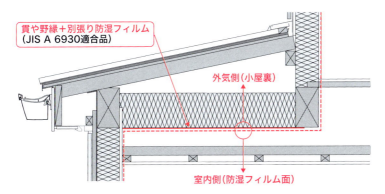

- 断熱材の防湿フィルム面を**室内側**（**下向き**）に向ける
- 断熱材は、野縁の上ではなく、**梁下合わせもしくは梁下より上部**に**貫**や**野縁**等で受材を設け、**その上**に敷き詰める。

（メリット）
①**室内側**と**外気側**（小屋裏）との確実な**分離**ができる。
②下屋下の居室の**天井野縁**を通すことができる。

93

2-075　下屋下天井断熱施工の注意点②

■ 難しい例 ▷ 下屋下の小屋裏（外気側）と分離する

室内側と外気側を分離する別方法の例をあげたが気密防湿施工が果たして可能か。下記の納まりの場合は別張り防湿フィルムはできないため、断熱材の防湿フィルムを防湿層とする前提。

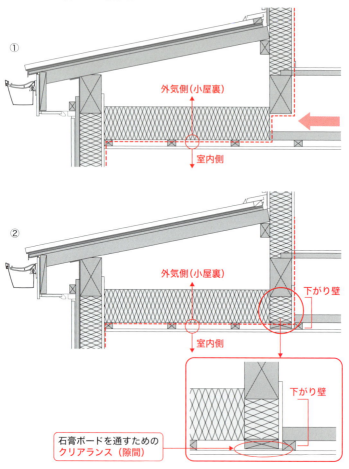

①断面図的には、室内側と外気側（小屋裏）とは分離ができているように見えるが矢印の方向から見た場合、断熱材同士の継ぎ目の気密処理が難しい。
②下がり壁を設け、野縁は縁切りをし、天井の石膏ボードのみを室内から下屋下まで通したとしても、必ず下がり壁下端と石膏ボードの裏面にクリアランス（隙間）をとるため、気密処理も難しい。

2-076 外気に接する床の断熱施工の注意点

■ 防湿フィルム面は室内側に向ける

室内側と外気側を確実かつ容易に分離する方法と防湿フィルム面の向きをチェックしよう。

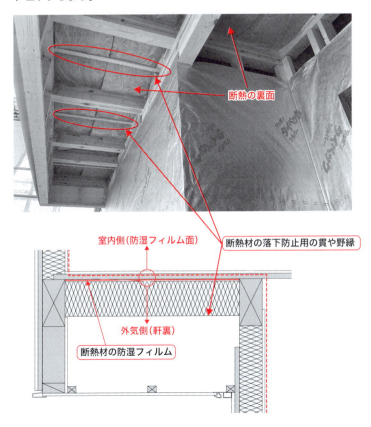

(前提) 外気に接する床の断熱材を壁と同じ防湿フィルム付き繊維系断熱材を使用する
- 防湿フィルム面を室内側（上向き）に向ける。
- 断熱材は、床合板下に隙間が生じないよう敷き詰める。
- 断熱材が落下しないよう貫や野縁等で受材を設ける。
  ※断熱材の防湿フィルム面は、常に室内側に向けるため、注意が必要。
  （例 インナーバルコニー下の断熱材の防湿フィルム面は、室内側（下向き）となる。）
  ※以上のように部位によって防湿フィルム面の向きには、注意すること。
- 高断熱仕様もしくは「外気の接する床の緩和」が使えない場合で、断熱材を2枚重ねにするような場合は、2枚目の断熱材の防湿フィルムは剥がすこと。（重ね部での結露を防止するため）
  ※「外気の接する床の緩和」：外気に接する床のうち、延床面積の5%以下については「その他の部分」とみなすことができ、断熱材の熱抵抗値又は厚みが緩和される。

2-077 天井断熱施工の小屋裏の結露予防対策

■（木野縁）天井防湿フィルムの施工手順を整理する

天井への防湿フィルム張りの施工要領及び手順の一例をチェックしよう。

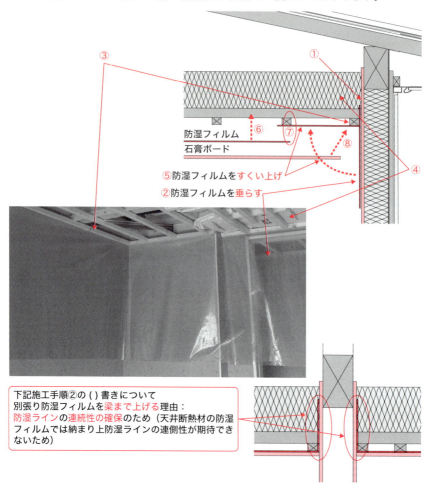

下記施工手順②の( )書きについて
別張り防湿フィルムを梁まで上げる理由：
防湿ラインの連続性の確保のため（天井断熱材の防湿
フィルムでは納まり上防湿ラインの連側性が期待でき
ないため）

＜別張り防湿フィルム施工手順＞
①壁の石膏ボードを小屋梁まで張り上げる（気流止め）。
②天井裏より壁周囲に防湿フィルムを壁の石膏ボードにテープ留めし垂らす。
　（間仕切り壁の場合は、梁にかかる部分から垂下げる。）
③野縁を組み、垂らした防湿フィルムを挟む。
④天井断熱材を敷き込む。
⑤垂らした防湿フィルムをすくい上げ、野縁に貼付ける。
⑥天井の中央部の不足部に防湿フィルムを張る。（すくい上げた防湿フィルムと重ねる。）
⑦防湿フィルムの継目は、気密テープを貼る。
⑧天井の石膏ボードを張り、防湿フィルムを押える。

2-078 天井断熱施工の小屋裏の結露予防対策（屋根直下の天井）

■断熱材間の防湿気密処理が困難なため
■別張り防湿フィルムを張る

防湿フィルム付き断熱材の天井施工では野縁の段差により気密処理が困難なため、別張り防湿フィルムを施工する。気密処理の施工要領と注意点をチェックしよう。

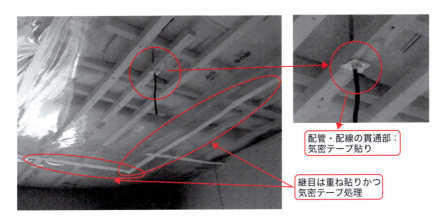

配管・配線の貫通部：
気密テープ貼り

継目は重ね貼りかつ
気密テープ処理

・別張り防湿フィルム：JIS A 6930適合品とする。
・野縁下に別張り防湿フィルムを張る。（防湿気密層）
・防湿フィルムの継目は重ね、気密テープを貼る。
・配線・配管の貫通部も気密テープ処理をする。

＜天井防湿気密層の欠損対策として注意しておきたいこと＞
・天井埋込照明による防湿層の欠損対策（埋込より直付照明が最も良い対策）
　⇒埋込ダウンライト及び埋込ベースライト等の照明器具は、室内の防湿気密の確保より「高気密SB形」及び「高気密SGI形」を選定することを推奨する。
　　※S形：建物の施工時において断熱材の施工に対し特別の注意を必要としないものであって、一般社団法人日本照明工業会規格（JIL5002）に適合するもの。
　　　⇒照明器具を断熱材で覆うことが可能。
　　※断熱材によっては使用不可のものもあるため都度確認は必要
　　※SB形：熱抵抗値6.6㎡・K/W以下の断熱施工に使用可能。
　　※SGI形：熱抵抗値6.6㎡・K/W以下のマット敷工法に使用可能。
　　※高気密SB形・SGI形：気密空間や防音空間に有効。

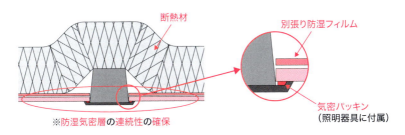

断熱材　　　　　別張り防湿フィルム

※防湿気密層の連続性の確保　　気密パッキン
（照明器具に付属）

97

2-079 天井断熱施工の小屋裏の結露予防対策（下屋下の天井）

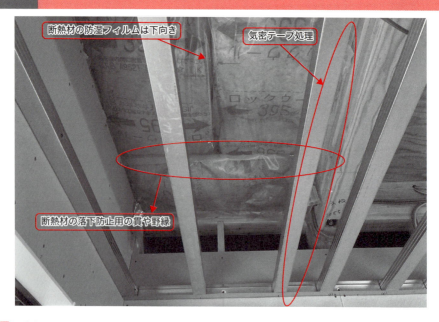

防湿フィルムの端部や継目に気密テープを貼る

下屋下天井の別張り防湿フィルム施工の注意点として、気密処理の施工要領をチェックしよう。

＜気密・防湿フィルム＞
・別張り防湿フィルム：JIS A 6930適合品とする。
・断熱材の防湿フィルム面を室内側（下向き）に向ける。
・断熱材は、野縁の上ではなく、梁下合せもしくは梁下より上部に貫や野縁等で受材を設け、その上に敷き詰める。
・断熱材の下に別張り防湿フィルムを張る。
・別張り防湿フィルムの端部及び継目には、気密テープを貼る。

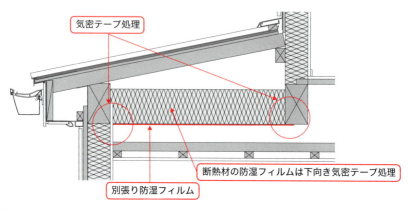

2-080 天井断熱施工の小屋裏の結露予防対策

▍剛床と断熱材の間に通気層がないため別張り防湿フィルムを張る

インナーバルコニー下天井の**別張り防湿フィルム施工**の**注意点**として、**気密処理**の施工要領をチェックしよう。

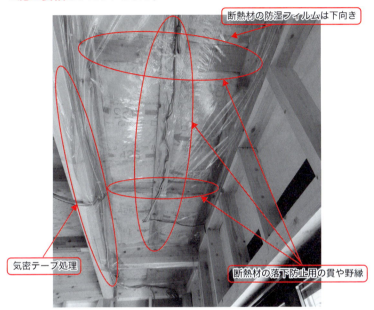

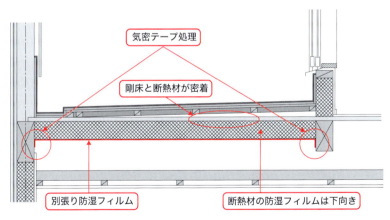

＜インナーバルコニー下の断熱施工＞
・2階の剛床に断熱材の防湿フィルム面を**下に向**け**密着**して張る。
・剛床と断熱材との間に通気層がないため、断熱材の下に**別張り防湿フィルム**を張る。
・別張り防湿フィルムの端部及び継目には、**気密テープ**を貼る。

2-081 結露予防のための気流止め①

気流止めとは…悪い参考例をまとめる

気流止めが不十分だと様々なトラブルの原因となるため、重要な工程である。

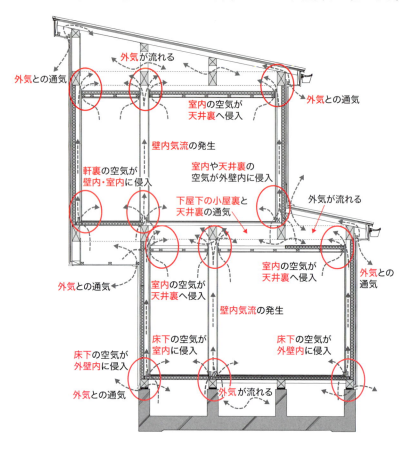

<結露の原因となる悪い参考例>
① 外気が壁内へ侵入する隙間がある（外部⇔床下・小屋裏・天井裏⇔壁内）
② 室内空気が壁内に侵入する隙間がある（室内⇔壁内⇔床下・小屋裏・天井裏）
※水蒸気（湿気）を含んだ空気が流れる（気流）経路があると結露の原因となる。（小屋裏結露・壁内結露）

この気流を止めることが結露の予防となる。
この予防処置を「気流止め」という。

2-082 結露予防のための気流止め②

小屋裏や床下と間仕切り壁との間で空気の流出入が無いよう隙間を塞ぐ

間仕切り壁と小屋裏、間仕切り壁と床下間の気流止めの施工例を整理したのでチェックしよう。気流止めをすることは防湿気密性能を上げることにもなる。

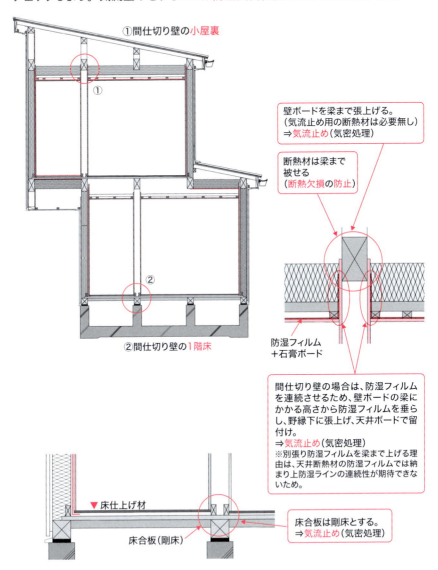

①間仕切り壁の小屋裏

壁ボードを梁まで張上げる。
（気流止め用の断熱材は必要無し）
⇒気流止め（気密処理）

断熱材は梁まで被せる
（断熱欠損の防止）

防湿フィルム
＋石膏ボード

間仕切り壁の場合は、防湿フィルムを連続させるため、壁ボードの梁にかかる高さから防湿フィルムを垂らし、野縁下に張上げ、天井ボードで留付け。
⇒気流止め（気密処理）
※別張り防湿フィルムを梁まで上げる理由は、天井断熱材の防湿フィルムでは納まり上防湿ラインの連続性が期待できないため。

②間仕切り壁の1階床

▼床仕上げ材

床合板（剛床）

床合板は剛床とする。
⇒気流止め（気密処理）

101

2-083 結露予防のための気流止め③

小屋裏や床下と外壁との間で
空気の流出入が無いよう隙間を塞ぐ

外壁と小屋裏、外壁と床下間の**気流止め**の施工例をチェックしよう。
気流止めをすることは**防湿気密性能**を上げ、**断熱性能**の**低下**を**抑制**することにもなる。

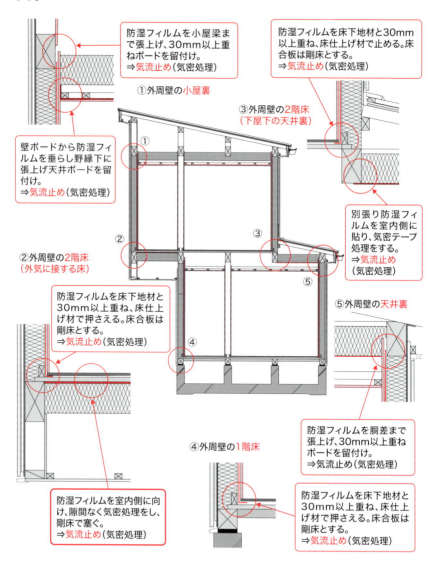

2-084 結露予防のための気流止め④

配線・配管の貫通部・切欠き部に気密テープ及び耐熱テープを貼る

外壁を貫通させることは、**防湿層**を欠損させ、**耐火被覆**を破ることになり、**気流止め**のリスクも上げることに繋がる。しっかりと対応策を理解しよう。

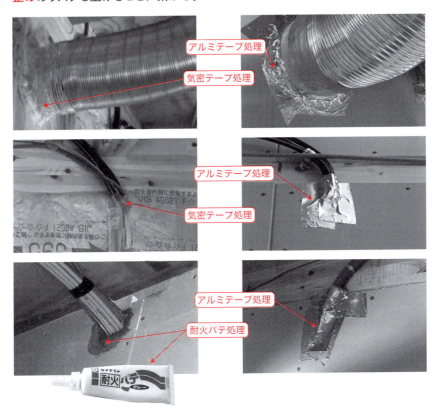

＜配線・配管廻りの処理＞
① **防湿フィルム**の切欠き及び貫通部：**気密テープ**貼り（**気密処理**）
② **石膏ボード**の切欠きや貫通部：**(耐熱) アルミテープ**貼りもしくは**耐火パテ埋め（防火処理）**

※配線・配管の貫通部や切欠き部の**気流止め**対策
※外壁の**延焼の恐れのある部分**の**防耐火**対策（**準防火構造**もしくは**防火構造**のため）
　⇒切欠き部や貫通部が(準)防火構造でない場合でも、防火処理を推奨する。
　　（施工ミス（瑕疵）や防火上の安全対策のため）
※**耐力壁**の場合は耐力面材の端部を**コの字**に切欠く：**NG**
　⇒実線を先行配線をするのではなく、**CD管**を先行配管し耐力面材に**穴**を開け、その穴にCD管を通し、後から**入線をする。**
　　（「剛性・耐力壁に影響しない面材耐力壁の小開口の設け方」項目参照）

103

2-085 床レベル調整増し張り合板の防虫対策

床増し張りラワン合板はラワン防虫処理合板を使用する

キクイムシによるラワン合板の食害は、発生し気付いた時には被害は広がっており、かつ駆除は難しいため、新築時に事前対策を講じておくことを推奨する。

防虫ラワン合板
段差3mm 以下
洗面脱衣室

防虫ラワン合板
トイレ

- 床レベル調整増し張り合板：ラワンJAS防虫処理普通合板（タイプ1/F☆☆☆☆）を使用しビス固定する。
    ※ラワンJAS防虫合板：ヒラタキクイムシ対策
    ※タイプ1：耐水性に優れている。
    ※ヒラタキクイムシは、針葉樹は食害はしないが、ラワン合板（広葉樹）は食害するため、万が一を考慮し薬剤で防虫処理したラワン合板の使用を推奨。

<トイレ・洗面脱衣室の仕上げがCF（クッションフロア）の場合の床下地>
- CFの厚み：1.8 ～ 3.5mm（住宅で使用される一般的なサイズ）
- CFの場合の下地（防虫合板）の厚み　※バリアフリーとなるよう調整
    ※CFは薄いため仕上げた際に不陸が生じないように平滑な下地を選定する。
（トイレ・洗面脱衣室の入口と繋がる居室もしくは廊下等の仕上げ）
　　①フローリングt12mmの場合：
　　　（下地防虫合板）9mm+CF1.8 ～ 3.5mm=10.8 ～ 12.5mm
　　②フローリングt15mmの場合：
　　　（下地防虫合板）12mm+CF1.8 ～ 3.5mm=13.8 ～ 15.5mm

2-086 フローリング施工と副資材

■ 変成シリコン系ネダボンドを使用する

フローリング施工は**床鳴り**のリスクが伴うため、施工マニュアルを確認し、正しい施工は必須だが、**ネダボンド**の選定で、そのリスクも大きく変わるので要注意。

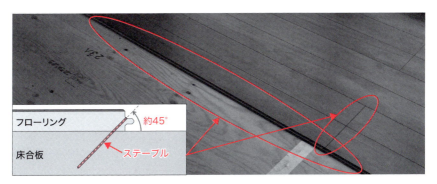

＜施工方法＞
※下記メーカーの施工マニュアル確認内容。
　①ボンドの**塗布ピッチ**及びステープルの**打ち込みピッチ**。
　②サネに塗布するボンド：**オスザネの下部**か**メスザネの内部**か。
　③ステープルの打ち込み**角度**とその**許容範囲**（大体は、約45°）

＜副資材＞
・ネダボンド：**変成シリコン系**のボンドを推奨
　※一般的にはウレタン系が主流だったが最近は変成シリコン系も増加傾向
　（変成シリコン系の特徴）
　①ボンドの**こぼれ**や**はみ出し**を時間が経っても**拭き取りが容易**
　　　⇒ウレタン系は、時間が経つと硬化し、拭き取りができない。
　②ボンドの硬化時に**発泡しない**ため、**接着不良**や**床鳴り**の原因とならない。
　　　⇒ウレタン系は、硬化時発泡するため、接着不良や床鳴りの原因となりやすい。
　③床の張替えがあった場合でも**剥がしやすい**。（リフォームにも最適）
　　※凝集破壊（ボンド部が破壊）
　　　⇒ウレタンの場合は、剥がしにくく下地合板の表面もめくれる。
　　※**下地破壊**（下地合板が破壊）
・ステープル：**巾4mm-長さ38mm**を推奨
　※フローリングメーカーによっては、長さを指定されている場合もあるため、**施工マニュアル**の確認が必須。
　※床暖房パネルの周辺等、**レベル調整材**としてインシュレーションボードや石膏ボードがフローリング下地となる場合で、ステープルが効きそうにない場合は、ステープルの**長さを50mm**にする等、**検討や確認が必要**。

ネダボンド

変成シリコン系ボンド

4mm

ステープル

38mm

特殊接着剤付

105

2-087 クロスのひび割れを抑制するための工夫①

■壁入隅・窓及び建具廻りにLGSを使用する

クロスの**ひび割れ**が起きやすい部位には、**下地**施工の段階で対策を講じる。
木下地の接合部に木工ボンドを注入し固める方法もあるが、**LGS**を使用する方が**確実性が高い**と思われる。

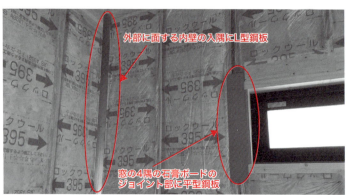

外部に面する内壁の入隅にL型鋼板

窓の4隅の石膏ボードの
ジョイント部に平型鋼板

ドア上枠の石膏ボードのジョイント部に平型鋼板

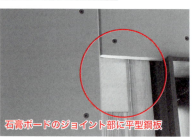

石膏ボードのジョイント部に平型鋼板

- 建物の**振動**や木材の**伸縮膨張**により石膏ボードの継目が微動し、クロス下地のパテにクラックが入ることで、クロスにも**亀裂**、**浮き**、**ヨレ**等が発生しやすくなる。
- 建具や窓廻りは、石膏ボードの継目が多くなるため、**開閉時の振動**で上記の現象が起きやすい。
  ⇒**LGS**（**亜鉛メッキ鋼板**）を使用（クロスの**亀裂・浮き・ヨレ**を予防するため）
  ※振動や木材の伸縮膨張による動きを、LGSを入れることで、石膏ボードの継目への伝達を抑える。（追従させない。）
  ※LGS：ライトゲージスチール（軽量鉄鋼下地）
  　（材質：**亜鉛メッキ鋼板**）

<LGS（壁入隅用L型鋼板・平板鋼板）の使用部位>
- **窓の4隅**の石膏ボードの**ジョイント部**
- **外部**に面する**内壁**の**入隅**
- **ドア・引戸**の横すぐの**入隅**
- **ドア廻りや引戸廻り**の**上枠**の石膏ボードの**ジョイント部**
- **間仕切壁の入隅**
- **吹抜け**や**階段室の壁の入隅**
- **吹抜け**の**胴差部**の石膏ボードの**横ジョイント部**

クロスの
ひび割れ

2-088 クロスのひび割れを抑制するための工夫②

■吹抜けの壁石膏ボード継目にLGS及び目地を入れる

吹抜けの場合は、**振動**や木材の**伸縮膨張**だけでなく、建物の**揺れ（地震**や**暴風等）**による1階と2階の**層間変位**を原因とするクロスひび割れ等（亀裂・浮き・ヨレ）を考慮する必要がある。

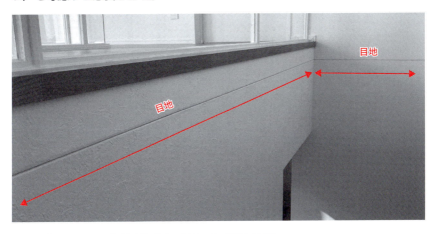

＜石膏ボード継目に目地材を使用する場合のひび割れ対策＞
　　※①⇒②の手順で施工
①**LGS**を入れる。（振動や揺れ等の**動き**が石膏ボードやクロスへ伝達されるのを**抑える**。）
　　※2階建て一般仕様の場合：必須ではなく推奨
　　※省令準耐火構造や準耐火構造の場合：**必須**（**ファイヤーストップ材**とするため。）
②**目地**を入れる。（目地部で1階と2階のクロスの**縁を切る**。）

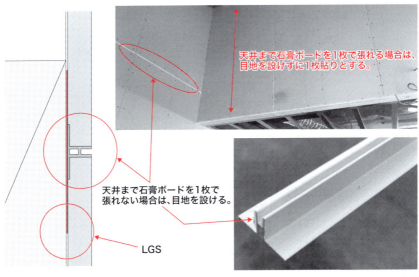

2-089 クロスのひび割れを抑制するための工夫③

吹抜けの壁石膏ボード継目にLGS及び幕板を取付ける

吹抜けの場合は、振動や木材の伸縮膨張だけでなく、建物の揺れ（地震や暴風等）による1階と2階の層間変位を原因とするクロスひび割れ等（亀裂・浮き・ヨレ）を考慮する必要がある。

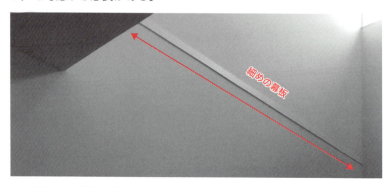

- 石膏ボードの継目に幕板を被せて取付。（ボンドと隠し釘の併用）
  （注意）細めの幕板の場合：
   ①上下の石膏ボードの片側だけに隠し釘を留付ける。
   ②隠し釘すべてを同じ側に留付け。
   ⇒幕板の巾が小さいために上下の石膏ボードの両方に留付けた場合、隠し釘の留付け位置が幕板の端部ギリギリになり、建物の動きがあった場合、幕板の隠し釘廻りが割れる可能性があるため。
   ⇒幕板をエキスパンションジョイントの役割にする。

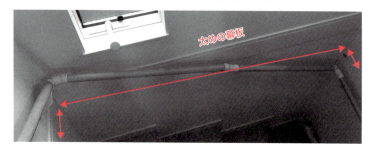

- 石膏ボードの継目に幕板を被せて取付。（ボンドと隠し釘の併用）
  （注意）太めの幕板の場合：上下の石膏ボードの両方に隠し釘を留付ける。

＜石膏ボード継目に幕板を使用する場合のひび割れ対策＞
※①⇒②の手順で施工
①LGSを入れる。（振動や揺れ等の動きが石膏ボードやクロスへ伝達されるのを抑える。）
　※2階建て一般仕様の場合：必須ではなく推奨
　※省令準耐火構造や準耐火構造の場合：必須ではなく推奨（目地材無し、かつ石膏ボードを突付けとすることで、ファイヤーブリッジとはならないため）
②幕板を取付ける。（幕板の上下でクロスの縁を切る。）

2-090 石膏ボード張りの注意点①（外壁・間仕切り壁）

■ 壁の石膏ボードは梁まで張り上げる

外壁面の石膏ボードは、**防露**と**防耐火**対策として**梁まで張り上げる**必要がある。

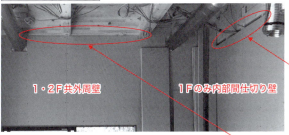

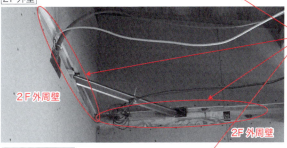

＜1F・2F共外周壁・2F内部間仕切り壁＞
・**外周壁**・**2F内部間仕切り壁**石膏ボード：梁まで**張り上げ**（かかり代**30mm以上**）。

(理由)
①**気流止め**対策のため。（「結露予防のための気流止め③」項目参照）
②上記気流止め対策が、**防火構造**もしくは**準防火構造対策**にもなる。
　※準防火構造：22条地域の延焼の恐れのある部分にある外壁が対象
　　　　　　　（防火性能：20分耐火）
　※防火構造：準防火地域の延焼の恐れのある部分にある外壁や軒裏が対象
　　　　　　（防火性能：30分耐火）

＜1F内部間仕切り壁＞
・**内部間仕切り壁**石膏ボード：梁まで**張り上げる必要無し**。
　※隙間は**OK**。（省令準耐火及び準耐火構造の場合は、隙間はNG。）
　※下屋がある場合：**気流止め**に注意
　⇒**下屋下の小屋裏と室内**との間に気流が流れないように**気密処理**が必須。

2-091　石膏ボード張りの注意点②（小屋裏 - 妻壁・桁行方向の壁）

小屋裏の石膏ボードは屋外の軒天高さ以上まで張り上げる

軒の出がある場合、小屋裏の**妻壁**及び**桁行方向**の石膏ボードは、**防火構造上**どこまで張り上げるべきかを整理したので要チェック。

※下図は、桁行方向の壁の作図例※考え方は、妻壁も桁行方向の壁も同じ。

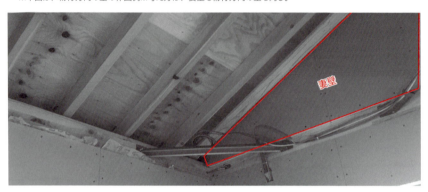

〈小屋裏-妻壁石膏ボード張り〉
- 石膏ボードの厚み：**9.5mm以上**
- **妻壁**外部の**軒天高さ以上**まで張り上げる。（**耐火被覆**）
  ※妻壁に限らず、外部に軒がある場合の**桁行方向の壁**も、**軒天高さ以上**まで張り上げる。
  ※外部の軒裏は、「**防火（準耐火）構造30分**」以上を前提
  ※連続した**軒裏**と**外壁**の**防火構造対策**

(上記の対策が必要ない場合)
- **延焼の恐れがある部分**が**ない**場合は、石膏ボード張りは**必要無し**。
  ※準耐火構造・省令準耐火構造の場合は、すべて石膏ボード張り。（室内と同じ厚み・仕様）

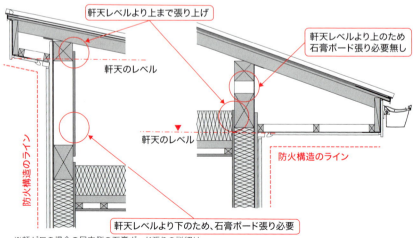

※軒ゼロの場合の屋内側の石膏ボード張りの詳細は、
「2-024軒ゼロの場合の小屋裏の防火構造と通気・換気の両立」を参照

2-092 石膏ボード張りの注意点③（垂れ壁）

■ 先端垂れ壁の裏側に石膏ボードを張る

バルコニーの手摺壁やオーバーハング外壁で垂れ壁を設ける場合の防火構造壁は、どこに設けるべきかとその意味を理解しましょう。

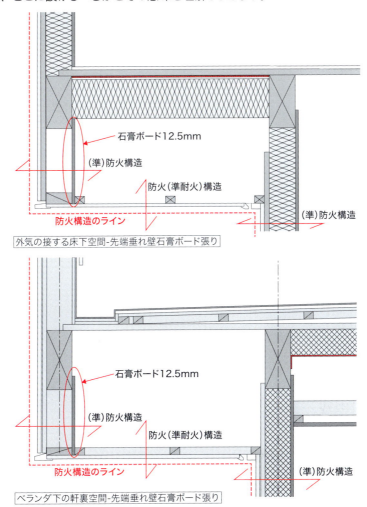

＜バルコニー下軒裏空間及び外気の接する床下空間-先端垂れ壁石膏ボード張り＞
・先端垂れ壁裏は、室内の石膏ボードと同じ厚みの石膏ボードにて施工（厚み：12.5mm以上）
・軒裏は、「防火（準耐火）構造30分」以上を前提
　※連続した軒裏と外壁の防火構造対策
（上記の対策が必要ない場合）
・延焼の恐れがある部分がない場合は、石膏ボード張りは必要無し。
　※準耐火構造・省令準耐火構造の場合は、すべて石膏ボード張り。（室内壁と同じ厚み・仕様）

2-093 石膏ボードのビス留め基準の設定（壁・天井）

■施工基準とする仕様書を選択する

団体によっては基準が異なるため、どこの基準を優先し採用するかを決めることは必須。

石膏ボード工業会

部位	工法	工法	留付具	留付間隔	
				周辺部	中間部
壁	在来軸組工法	一般壁	釘・ねじ	200mm以下	300mm以下
		省令準耐火仕様	釘・ねじ	1枚目：150mm以下 / 2枚目：200mm以下	1枚目：150mm以下 / 2枚目：200mm以下
		上記共通	釘長さ	木下地の場合：ボード厚の2.5～3倍の長さ	
			ねじ長さ	ボード厚+15mm以上	

公共建築工事標準仕様書

部位	工法	留付具	留付間隔	
			周辺部	中間部
壁	木下地	ねじ	200mm以下	300mm以下

住宅金融支援機構の木造住宅工事仕様書

部位	工法	工法	留付具	留付間隔	
				周辺部	中間部
壁	在来軸組工法	一般壁	釘	100mm内外	150mm内外
			ねじ	150mm以下	150mm以下
		省令準耐火仕様	釘・ねじ	1枚目：150mm以下 / 2枚目：200mm以下	1枚目：150mm以下 / 2枚目：200mm以下
		一般壁・省令準耐火(1枚目)	釘長さ	GNF40以上	
			ねじ長さ	28mm以上	
		省令準耐火(2枚目)	釘長さ	GNF50以上	
			ねじ長さ	40mm以上	

石膏ボード工業会

部位	工法	工法	留付具	留付間隔	
				周辺部	中間部
天井	在来軸組工法	一般天井	釘・ねじ	150mm以下	200mm以下
		省令準耐火仕様	釘・ねじ	1枚目：300mm以下 / 2枚目：200mm以下	1枚目：300mm以下 / 2枚目：200mm以下
		上記共通	釘長さ	木下地の場合：ボード厚の2.5～3倍の長さ	
			ねじ長さ	ボード厚+15mm以上	
	LGS	軽量鉄骨下地	ねじ	150mm以下	200mm以下
			ねじ長さ	鋼製下地の裏面に10mm以上の余長	

公共建築工事標準仕様書

部位	工法 LGS	留付具	留付間隔	
			周辺部	中間部
天井	木下地・軽量鉄骨下地	ねじ	150mm以下	200mm以下

住宅金融支援機構の木造住宅工事仕様書

部位	工法	工法	留付具	留付間隔	
				周辺部	中間部
天井	在来軸組工法	一般天井	釘	100mm内外	150mm内外
			釘・ねじ	150mm以下	200mm以下
		省令準耐火仕様	釘・ねじ	1枚目：300mm以下 / 2枚目：150mm以下	1枚目：300mm以下 / 2枚目：200mm以下
		一般天井・省令準耐火(1枚目)	釘長さ	GNF40以上	
			ねじ長さ	28mm以上	
		省令準耐火(2枚目)	釘長さ	GNF50以上	
			ねじ長さ	40mm以上	

※上記以外の仕様書の他に、日本建築学会「建築工事標準仕様書JASS」もある。
出典：（一社）石膏ボード工業会石膏ボード施工マニュアル木製下地・鋼製下地編平成25年度版 20頁
　　　（一社）公共建築協会公共建築工事標準仕様書（建築工事編）令和4年版 361頁
　　　（独）住宅金融支援機構木造住宅工事仕様書2023年度版 219頁 298頁

＜基準となる仕様書の設定＞ ※①の決定後、②・③を設定
① 上記のように基準となる仕様は、監修団体によって異なる。⇒住宅ローンの「フラット35」もあることから、「住宅金融支援機構の木造住宅工事仕様書」をここでは優先する。
②（壁）石膏ボードの留付けにビスを使用。⇒「一般壁・省令準耐火仕様の1枚貼り」の仕様を採用する。
③（天井）石膏ボードの留付けにビスを使用。⇒下地の野縁として「木下地」と「軽量鉄骨下地」の2パターンで設定する。
　（1）木下地：「一般天井・省令準耐火仕様の1枚貼り」の仕様をここでは採用する。
　（2）軽量鉄骨下地（LGS）：上記の木下地と同様の仕様とする。
　※石膏ボード工業会及び公共建築工事標準仕様書の「軽量鉄骨下地」の仕様も同じである。
　※留付けビスは、「国土交通大臣認定」のビスを使用する。

2-094 石膏ボードのビス留めと注意点（壁）

大臣認定ビス28mmを外周・中通り共@150mm以下で留付ける

一般壁：川の字留め
ビス間隔：150mm以下ピッチ

腰壁・垂壁共：川の字打ち＋横方向打ち
ビス間隔：150mm以下ピッチ

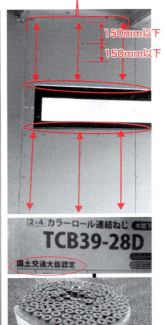

＜ボードビス＞
・木・軽天兼用ビス
※天井と同じビスを使用
※壁用と天井用のビスを使い分けるのは、ロスが多くなるため

ボードビスの**長さ**と**間隔**は**安全側**（**厳しい側**）でルールを決めることを推奨する。
- 壁石膏ボード貼：**12.5mm**
- ビス：**国土交通大臣認定品**
- ビスピッチ：（一般壁）**外周・中通り共@150mm以下川の字**留め（著者推奨）
  　　　　　　（腰壁・垂壁）同上 ※但し、**開口部側**は、**横方向**にも留付ける。
- ビス長さ：**28mm**
  ※上記設定は、一般壁用基準としているが、省令準耐火構造基準合わせ
  ※準耐火構造の場合は別途基準があるため注意のこと
  ※防火構造とする防火認定書におけるビスピッチは、外周：150mm以下、中通り：200mm以下が多いが、更に安全側の基準を著者推奨とした。但し、その時の仕様による**防火構造及び耐力壁の壁倍率**の認定書による**ビス仕様**と**留付け仕様**は、必ず認定書の確認をする必要がある。
  ⇒上記の著者が推奨する仕様より厳しい場合は、その認定仕様に従う。

2-095 石膏ボードのビス留めと注意点（吹抜け - 壁①）

吹抜けの壁石膏ボード継目・入隅にLGSを入れる

吹抜け壁の場合はクロスや石膏ボードの**ひび割れ**を**予防**するために、**継目**や**入隅**に**LGS**を入れるのと併せて**ビス**の留付けを多くし、石膏ボードをできるだけ固める。

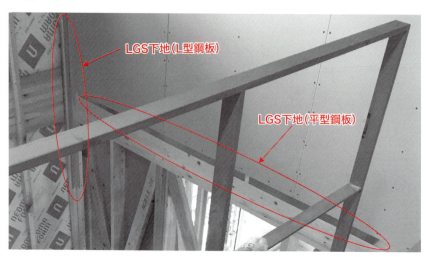

＜吹抜け壁の石膏ボード張り＞
（LGS下地）※LGS：ライトゲージスチール（軽量鉄鋼下地）（材質：**亜鉛メッキ鋼板**）
・1階-2階の石膏ボード**ジョイント**（**胴差部**）：LGS（平型鋼板）を使用
　※**目透かし目地**や**幕板**を取付ける場合：LGS（平型鋼板）入れは推奨
・床〜吹抜け天井までの壁**入隅**：LGS（L型鋼板）を使用
（石膏ボード張り）
・ビス：**中通り+四方留め**（壁は、通常は川の字留めだが補強として四方留め）
・ビスピッチ：**外周・中通り共@150mm以下**

2-096 石膏ボードのビス留めと注意点（吹抜け - 壁②）

吹抜けの壁石膏ボードのビス留めは
中通り及び外周四方留めとする

吹抜け壁の場合はクロスや石膏ボードのひび割れを予防するために、継目や入隅にLGSを入れるのと併せてビスの留付けを多くし、石膏ボードをできるだけ固める。

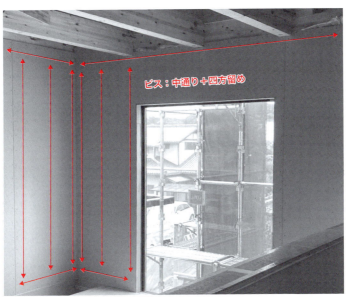

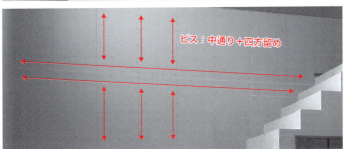

＜吹抜け壁の石膏ボード張り＞
（LGS下地）※LGS：ライトゲージスチール（軽量鉄鋼下地）（材質：亜鉛メッキ鋼板）
・1階-2階の石膏ボードジョイント（胴差部）：LGS（平型鋼板）を使用
　※目透かし目地や幕板を取付ける場合：LGS（平型鋼板）入れは推奨
・床～吹抜け天井までの壁入隅：LGS（L型鋼板）を使用
（石膏ボード張り）
・ビス：中通り+四方留め（壁は、通常は川の字留めだが補強として四方留め）
・ビスピッチ：外周・中通り共@150mm以下

2-097 天井下地組の工期短縮かつクロスひび割れ予防対策

■（鋼製野縁）天井防湿フィルムの施工手順を整理する

天井への防湿フィルム張りの施工要領及び手順の一例をチェックしよう。

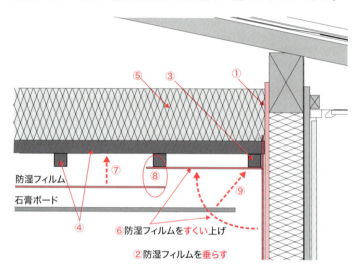

<天井下地組の施工手順>
①壁の石膏ボードを小屋梁まで張り上げる（気流止め）
②天井裏より壁周囲に防湿フィルムを壁の石膏ボードにテープ留めし垂らす
③ランナー及び壁際スタッド取付け、垂らした防湿フィルムを挟む。
④鋼製野縁（LGS）を組む※野縁（スタッド）は先に全本数ランナーに差込後ピッチ調整
⑤天井断熱材を敷き込む
⑥垂らした防湿フィルムをすくい上げ、野縁に貼付ける。
⑦天井の中央部の不足部に防湿フィルムを貼る。（すくい上げた防湿フィルムと重ねる。）
⑧防湿フィルムの継目は、気密テープを貼る
⑨天井の石膏ボードを張り、防湿フィルムを押える。

　※鋼製野縁：LGS（ライトゲージスチール：軽量鉄骨下地）（材質：亜鉛メッキ鋼板）
　※鋼製野縁はプレカットがされてるため、木下地組よりは施工が早い。（工期短縮）
　※木と違い伸縮膨張や反りや捻りがないため、ボード継目の切れからのクロスのひび割れは大幅に抑制される。（アフター・メンテナンス対策）

2-098 鋼製野縁（LGS）の施工基準①

■鋼製野縁の施工手順を整理する

鋼製野縁は木野縁と違い**伸縮膨張**や**反り**等がないため、仕上げのクロスの**ひび割れ**等の**抑制**になる。また工場にて**プレカット**するため施工も早く、ゴミもでないため環境にも貢献。

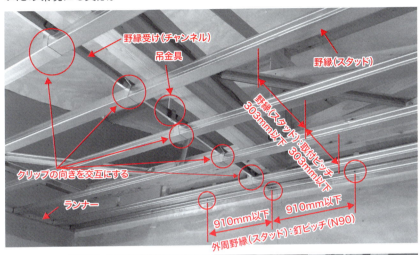

＜鋼製野縁（LGS）の施工基準＞
- 野縁（スタッド）：（取付間隔）@303mm以下
- 野縁受け（チャンネル）：（取付間隔）@1820mm以下
- 吊金具：（取付間隔）@910mm以下
- ランナー：（留付）釘N50以上@455mm以下
- 外周野縁（スタッド）：（留付）釘N90以上
  @910mm以下
  ※壁石膏ボード**先張り**の場合：N90釘
  ※壁石膏ボード**後張り**の場合：N75釘
- クリップ：
  ①野縁受け（チャンネル）**ころび止め**のため、**交互**に取付ける。もしくは**3個に1個を逆から**取付ける。（同じ方向からの取付はNG）
  ②**野縁受け**（チャンネル）と**野縁**（スタッド）を接続した後、**爪を折り曲げ**固定する。

117

2-099　鋼製野縁（LGS）の施工基準②

■ 照明下地の施工は照明補強用フックを使用する

鋼製野縁は照明の位置を避ける必要があるが、照明用の下地は必要。そのため下地の設け方及び荷重による鋼製野縁の補強方法をチェックしよう。

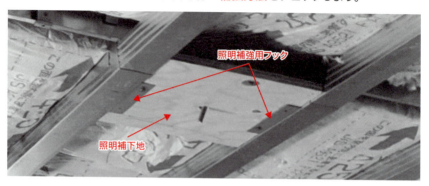

＜開口補強＞
　※上記下地に上限を超える荷重がかかる場合は開口補強（上限荷重：メーカーによる［8kgもしくは10kgまで]）

＜照明下地・下地補強＞
・照明取付場所の鋼製野縁に照明補強用フック金具をはめ込みビス固定をする。
・照明下地として、構造用合板や間柱材を金具に乗せ下面からビス固定をする。
　※この下地補強の耐荷重：メーカー基準による（8kgもしくは10kgまで）
　※上限超えの荷重がかかる場合：合板等下地両側に野縁受けを設け、吊金具を4点補強する。
　※相当の荷重がかかる場合：鋼製野縁の固定はNG。構造梁に直接固定とする。（ハンモック・鉄棒等）

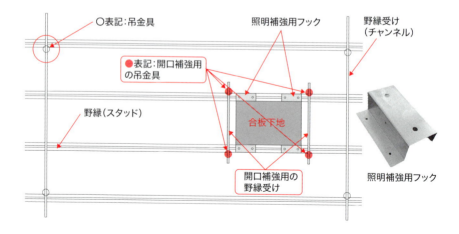

2-100 鋼製野縁（LGS）の施工基準③

■ ダウンライトの位置は事前確認し野縁を避ける

ダウンライトは埋込設置のため、施工時に**鋼製野縁**に干渉しないように注意する必要がある。また、万が一**干渉**した場合の**対処方法**をまとめたので要チェック。

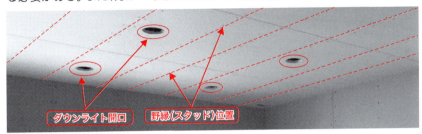

＜ダウンライト位置＞
- ダウンライトの位置は、計画段階から**モジュール**から**外した位置**で設定をする。
- **野縁受け（チャンネル）**や**野縁（スタッド）**に**干渉しない位置**で設定をする。
- 天井石膏ボード張り**前**にダウンライトの位置確認は必須（**大工工事・電気工事**）
  ※どうしても野縁（スタッド）が干渉する場合：野縁をズラし、@303mm以下になるように野縁を**1本追加**する。
  　但し、石膏ボードのジョイントもズラす。（ボードビス間隔もズレるため注意）。
  ※どうしても野縁受け（チャンネル）が干渉する場合は、野縁受けを**カット**し、カットした際に**吊金具**を追加して**補強**をする。
  ※石膏ボード張り**後**にダウンライトの穴あけ⇒もし下地と干渉した場合は石膏ボードをめくり**下地補強工事**が必要となる。⇒出戻り作業となるため、事前確認が必須。

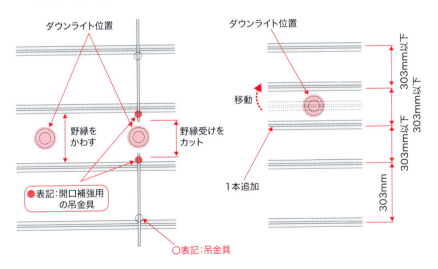

2-101 石膏ボードの張り方とビス留め基準① (天井)

■ 石膏ボードは千鳥張りとする

天井の石膏ボードの張り方をまとめたが、鋼製野縁の場合は**仕上げ**にも影響を及ぼす**注意点**があり、石膏ボード張りの**割付**から検討が必要となる。

鋼製野縁と**平行**張り

ボード長手方向(野縁と平行)

鋼製野縁と**直交**張り

ボード長手方向(野縁と直交)

- 石膏ボード張り：**千鳥張り**とする。
- 石膏ボードの**ジョイント**はクリップから両側各**100mm以内**には設けない。必ず**100mm以上**離す。
  ※**不陸**やクロスの**波打ち防止**のため

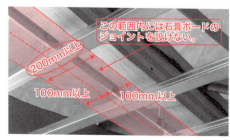

この範囲内には石膏ボードのジョイントを設けない。
200mm以上
100mm以上　100mm以上

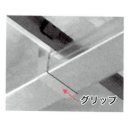

グリップ

2-102 石膏ボードの張り方とビス留め基準②（天井）

大臣認定ビス28mmを外周@150mm・中通り@200mm以下で留付ける

ボードビスの留付け基準は耐火構造基準によって異なるため、整理しておこう。

＜鋼製野縁と直交張りの場合い＞

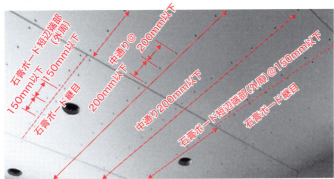

- ・天井石膏ボード張り：**9.5mm**
- ・ビス：**木・軽天兼用ビス**（国土交通大臣認定品）
- ・ビスピッチ：（外周）**@150mm以下**・（中通り）**@200mm以下・川の字**留め
- ・ビス長さ：**28mm**
　　※省令準耐火構造及び準耐火構造の場合は別途基準があるため注意のこと

＜ボードビス＞

- ・**木・軽天兼用ビス**
　　※壁と同じビスを使用
　　※壁用と天井用のビスを使い分けるのは、ロスが多くなるため

2-103 開き戸の吊元の位置決めの注意点

■ 90度開きとするため吊元側に小壁を設ける

設計図では吊元に小壁表記がなくても90度開きで必ず表記されている。しかしその通りに施工すると90度まで開かない。建築主とのトラブルの元になるため**ルール化**しておこう。

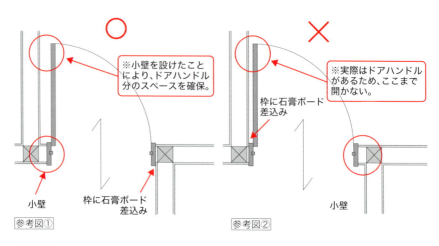

[参考図①]：
戸先側の建具枠に直交する壁の石膏ボードを差込み納めとするように**右**側に寄せ、**吊元側**に**小壁**を設けている。

[参考図②]：
吊元側の建具枠に直交する壁の石膏ボードを差込み納めとするように**左**側に寄せ、**戸先側**に**小壁**を設けている。

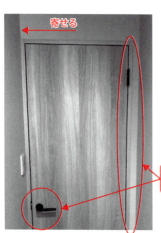

＜注意点＞
・開き戸：**吊元側**に**小壁**を設ける。（[参考図①]）
　※ドアが**90度開き**とするため
⇒[参考図②]のように図面表記上は、扉は90度に開いているが、実際は扉に**ドアハンドル**が取付されており、ドアハンドルの衝突から壁を保護するために戸当りを設けるのが一般的の納まりである。

(結果)
①**扉は90度に開かない。**
②**出入口が狭くなる。**

2-104 折れ戸の吊元の位置決めの注意点

直交する壁にカーテンが取付く場合は吊元側に小壁を設ける

吊元側に小壁を設けない場合、カーテンレールやカーテン溜まりや自然給気口があれば給気グリルとの干渉の可能性があるため、**吊元側**には**小壁**を設けよう。（下記前提の場合）

※前提：この頁の内容は、クローゼット等の**折れ戸の傍に窓を設ける**場合の注意点である。
（設計プランの段階で、折れ戸が窓に被るようなプランは避けるのが原則）

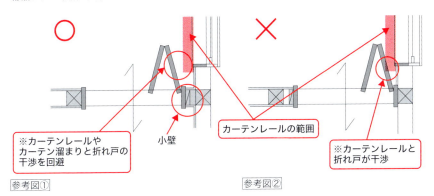

[参考図①]
戸先側の建具枠を**左**側に寄せ、**吊元**側に**小壁**を設けている。

[参考図②]
吊元側の建具枠に、直交する壁の石膏ボードを差込み納めとするように**右**側に寄せ**小壁**を**設けていない**。

＜注意点＞
・折戸：**吊元**側に**小壁**を設ける。[参考図①]
　　※**窓**があり、その**窓**と**カーテンレール**や**カーテン溜まり**が**被る**プランとなっている場合
・お客様との契約で、カーテンレールが含まれていない場合は、引渡し後にどういうものを取付けるかは分からない。
　　⇒よって、**予め想定**しておく必要がある。

2-105 壁際の引出し付きキャビネット設置の注意点

■ 干渉防止のため木枠のチリを小さくする

引出しと木枠との干渉を回避するための工夫をチェックしよう。

※上記画像いずれも壁際に引出しがある。

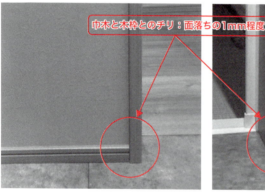
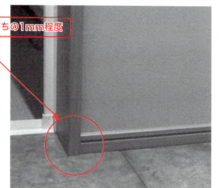

<事例>
・「洗面化粧台や収納キャビネットの引出し」と「UB入口枠や洗面脱衣室の出入口の建具枠」との干渉。
　※引出しと木枠の干渉がよく見られるのが「洗面脱衣室」。

<原因>
①壁際に引出し付きのキャビネットがある。
②引出しの出し入れの可動域に木枠がある。
③引出しを開けた際に引出しが左右に遊びがある分だけ左右に動く。
　※上記3つの要素が重なったときに、引出しと木枠が干渉する。

<対策>
・木枠のチリを小さくする。※木枠と巾木のチリを枠の面落ち（1mm程度）とする。
・キャビネットの壁際にフィラーを入れる。
　※上記枠のチリを小さくすることで、原因②の左右の遊びによる干渉をかわすためのフィラーを細くできる。

第3章 屋根・樋工事編

・換気・通気の重要性
・結露予防対策
・漏水予防対策
・施工の効率化と工夫と注意点
・緩勾配屋根の施工の工夫
・樋の伸縮膨張対策

3-001 施工基準上の各部位の寸法

■ 重ね代と留付けピッチを整理する

屋根の下葺材は、一般社団法人日本防水材料協会の認定品である**改質アスファルトルーフィング**の使用を推奨する。

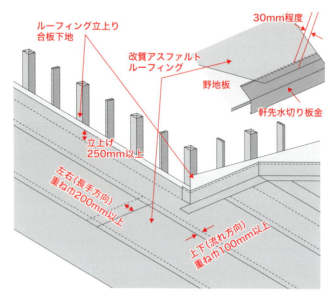

＜施工基準＞
(1)野地面上に軒先と平行に敷き込む
・上下（流れ方向）：**100mm以上**重ねる。
・左右（長手方向）：**200mm以上**重ねる。
(2)壁面との取合い部（壁面立上げ高さ）
・壁面に沿って**250mm以上**　かつ
・雨押さえ上端より**50mm以上**とする。

(3)留め付け
・重ね合わせ部は間隔**300mm内外**にて留付
・その他は要所を間隔**900mm程度**にて留付
(4)軒先水切への重ね
・軒先水切金物の上に**30mm程度**
　（水切幅の半分程度）
・**両面ブチルテープ**で金物とルーフィングを密着させる。
　※緩勾配の場合は、別途著者推奨有り。
　（「緩勾配屋根の防水施工の工夫」項目参照）

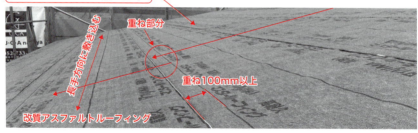

3-002 下屋と壁取合いの立上りと入隅部施工の注意点

■三面交点の入隅部は八千代折りにする

ルーフィング敷きの施工では、ふくらみ・よれ・ステープルが効かない・重ね部のジョイント処理不良・切り込み・ピンホールを防止する対策を講じる必要がある。

＜下屋と壁取合いの立上り＞
・下地立上げ高さ：**300mm以上**
・ルーフィング立上げ長さ：**250mm以上**
　※立上り下地を設けることで、背面への押さえが可能（ふくらみやその他の予防対策）

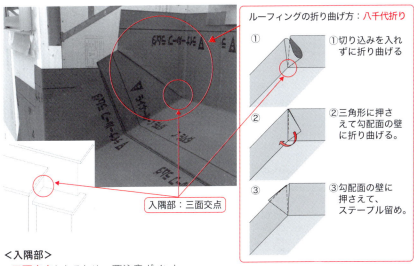

＜入隅部＞
・**三面交点**となるため、要注意ポイント。
・ルーフィングに**切り込み**を入れないこと。
・ルーフィングを**八千代折り**にして施工をする。
　※切り込みを入れ、防水テープ処理やコーキングで対応するといった施工もNG。
　※三面交点にピンホールができないよう施工する。

127

3-003 下屋と壁取合いの出隅部施工の注意点

■ 三面交点の出隅部は防水部材を使用する

出隅部の三面交点は、漏水リスクが高いため、防水部材を利用する方法や施工手順は、必ずチェックすること。

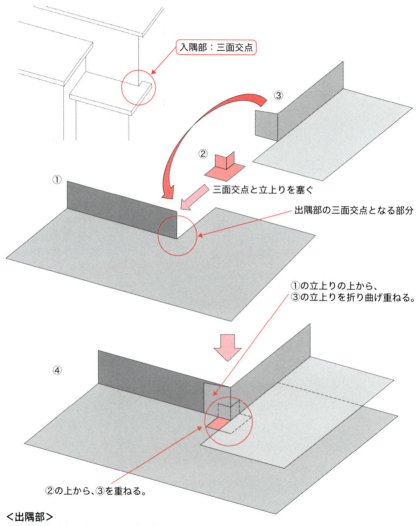

＜出隅部＞
・三面交点となるため、要注意ポイント。
・上図の①⇒②⇒③の順で重ね、④の状態にする。
　※②は、**伸張性片面ブチルテープ**にて三面交点と立上りに貼り付ける。
　もしくは、**下屋出隅用一体型防水部材＋両面ブチルテープ**を使用し、三面交点を塞ぐ。
　※**三面交点付近に**ステープル留め**はしないよう注意。**

3-004 谷部の施工基準と注意点

■先張りルーフィングは浮かないように押さえる

谷部のルーフィングが浮くと踏み抜きで破れる等漏水の原因となるため、十分に押さえ、馴染ませるようにしよう。

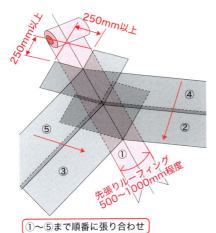

＜谷部＞
(1) 谷芯を中心に巾500～1000mm程度の先張りルーフィングを敷き込む。
(2) 谷芯より両方向へ各々250mm以上折り返す。
(3) 水下から水上へルーフィングを左右交互に張り合わせ、下地に押さえながら敷き込む。
　※しわ・たるみ・波うち等が生じないように注意。
(4) 谷底付近はステープル留めをしない。
　※谷底付近に屋根面上に雨水が集まって流れるため。⇒「漏水の原因」

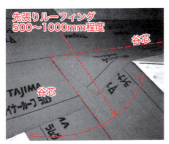

＜先張りルーフィング＞
・谷芯を中心に巾500～1000mm程度まで敷き込む。

＜後張りルーフィング＞
・水下から水上へ左右交互に張り合わせ。(①～⑦まで、順番に張り合わせ)

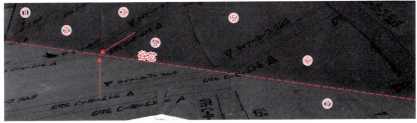

129

3-005 棟頂部の施工基準と注意点

■ 棟部・隅棟部は増張りルーフィングをする

頂部の増張りは、一般社団法人日本防水材料協会の「屋根下葺材施工要領」に準じた内容としているが、仕上げメーカーの施工マニュアルによっては、省略している場合もあるため、自社判断とする。

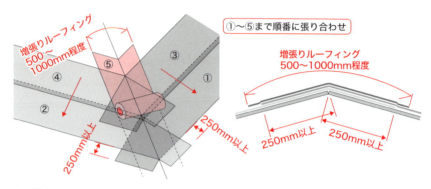

＜隅棟部＞
(1) **棟頂部**より**両方向**へ各々 **250mm**以上折り返す。
(2) 水下から水上へルーフィングは**左右交互**に張り合わせ、下地に**押さえながら**敷き込む。
　※しわ・たるみ・波うち等が生じないように注意。
　※棟頂部の野地板の角で、ルーフィングが破れないように注意。
(3) **棟頂部**を中心に**巾500 〜 1000mm**程度ルーフィングを増張りをする。
(4) **棟頂部付近**は**ステープル留めをしない**。

＜棟部・隅棟部廻りルーフィング＞
・**水下**から**水上**へ**左右交互**に張り合わせ。（①〜⑤まで、順番に張り合わせ）
・**隅棟**部には、**増張り無し**。（メーカーの施工基準合わせ）
　※⑤は、棟部の増張り
　※「フリーリッジ」とは、屋根の「棟」や「ケラバ」といった通常は板金で仕上げる部位を屋根材と同じ質感で仕上げること。

・棟部の増張り。（棟頂部を中心に巾500 〜 1000mm程度ルーフィングを増張り）

3-006 ルーフィングの留付け基準と損傷部の対処方法

■ 損傷したルーフィングは張り直すか増張りをする

各部位のステープルの留付ピッチの確認及び損傷したルーフィングの増張り方法は、万が一の場合に備えておこう。

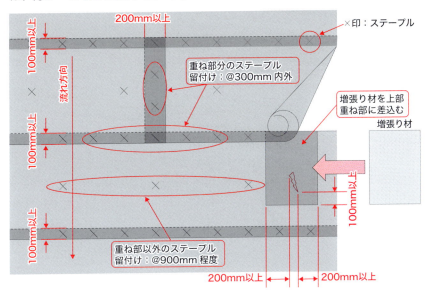

＜ルーフィングが損傷した場合の対処方法＞
①ルーフィングが損傷した場合は、原則として「張り直し」とする。
②やむを得ず張り直しができない場合は、ルーフィングを「増張り」する。
③改質アスファルトルーフィング（粘着層付タイプ）の場合は、損傷した部分の上に同材で「増張り」補修をする。

＜ルーフィングの留付け＞
・留付け：ステープル
・重ね合わせ部は間隔**300mm**内外にて留付
・その他は要所を間隔**900mm**程度にて留付

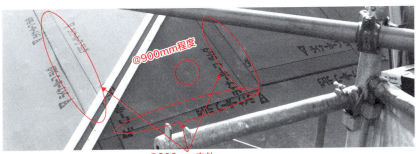

3-007 棟違い屋根の防水施工の工夫

▍三面交点は伸張性片面ブチルテープを貼る

壁に立上げるルーフィング高さは**250mm以上**が必須だが、**250mm未満**となる場合の対処方法は要チェック。※瑕疵保険法人によっては検査対象となるため

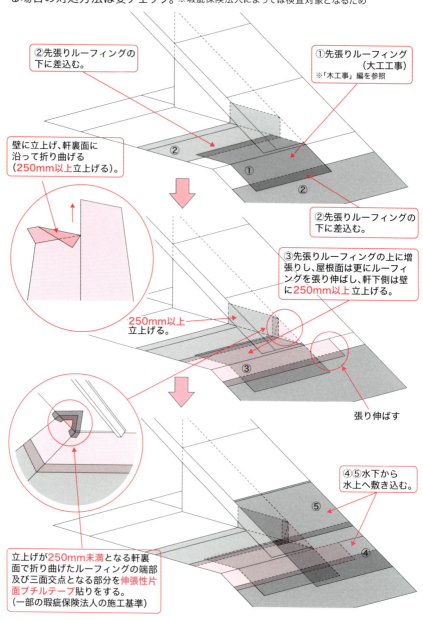

3-008 下屋と外壁取合いの防水施工の工夫①

■ 上棟施工時に先張りルーフィングを差込む

下屋の各部の**先張りルーフィング**施工は**防水上最重要ポイント**の一つため、必ずチェックしよう。

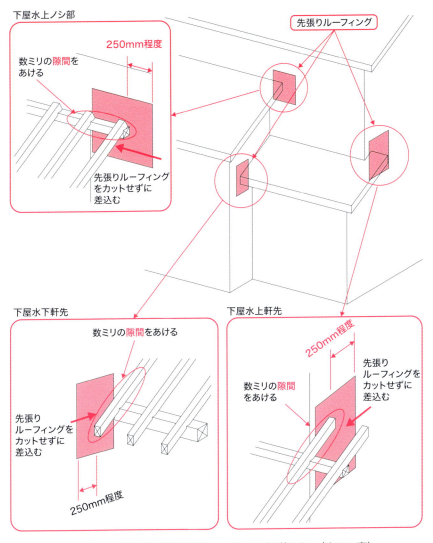

- 躯体と下屋の取り合い部は野地板施工**前**にルーフィングを差込む。（大工工事）
  ※ルーフィングは、カットせずに破風・鼻隠し・野地の**隙間**から差込むこと。
  ※差込みができないと破風・鼻隠しとの取合いから**雨水が浸入**し、透湿防水シートの裏側にまわるリスクが高くなる。

3-009 下屋と外壁取合いの防水施工の工夫②

後張りルーフィングの立上りは張り伸ばす・破風鼻隠しは垂らす

後張りルーフィング：**屋根工事**（先張りルーフィング：**大工工事**）
先張りルーフィングと後張りルーフィングとの取合い（立上げ部分）は、下記の処理をする。

※大屋根等で外壁と取合わない場合は、破風鼻隠しはルーフィングではなく先張り透湿防水シートにて垂らす。

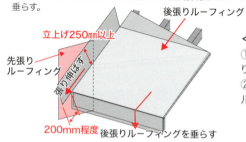

＜下屋水下軒先＞
①後張りルーフィングは、水下軒先よりも**200mm程度**張り伸ばす。
②平場の水下軒先については、後張りルーフィングを**鼻隠し面**に垂らす。

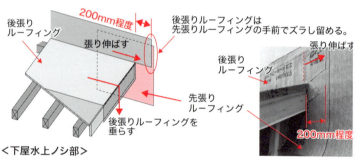

＜下屋水上ノシ部＞
①後張りルーフィングは、けらばよりも**200mm程度**張り伸ばす。
　※先張りルーフィングの端部より手前にズラし留付。
②平場のけらば側については、後張りルーフィングを**破風面**に垂らす。

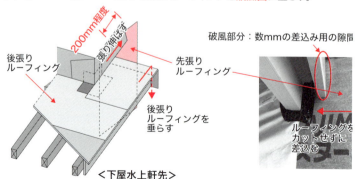

＜下屋水上軒先＞
①後張りルーフィングは、水上軒先よりも**200mm程度**張り伸ばす。
　※先張りルーフィングの端部より手前にズラし留付ける。
②平場の水上軒先については、後張りルーフィングを**破風面**に垂らす。

3-010 大屋根端部からの漏水予防対策①

先張り・後張り透湿防水シートは
破風鼻隠し下端より100〜150mm垂下げる

万が一屋根端部から雨水が浸入して**木部**を**濡らさず**に**排水**させるための処理でもある。

[水下側]
①②先張り透湿防水シート（大工工事）

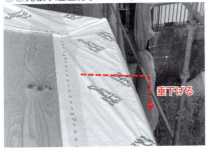

③後張りルーフィング（**屋根工事**）

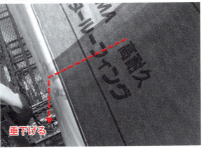

[けらば側]
①②先張り透湿防水シート（大工工事）

③後張りルーフィング（**屋根工事**）

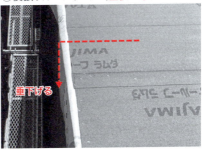

＜水下・けらば側＞
①ルーフィング施工**前**に水下・けらば側に**先張り**透湿防水シートを施工。
②水下・けらば側**先張り**透湿防水シートは破風・鼻隠し下地の下端から**100〜150mm**程度垂下げる。（①②大工工事）
③ルーフィングを**先張り**防水シートに被せるように**重ね張り**をする。（**屋根工事**）

＜（片流れ屋根）水上側＞
（①②③共**屋根工事**）
①先にルーフィングを施工。
②**後張り**防水シートをルーフィングに被せるように**重ね張り**をする。
③水上側**後張り**透湿防水シートは破風下地の下端から**100〜150mm**程度垂下げる。

[水上側]

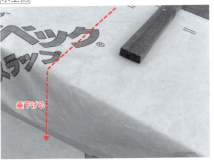

135

3-011 大屋根端部からの漏水予防対策②

防水・防火対策として垂下げ防水材を野地板軒先キャップで挟み込む

軒の出が **300mm以下** の場合は、垂下げ透湿防水シートを下記要点の理由より、**野地板軒先キャップ** にて挟み込みながら取付ける。(四方)

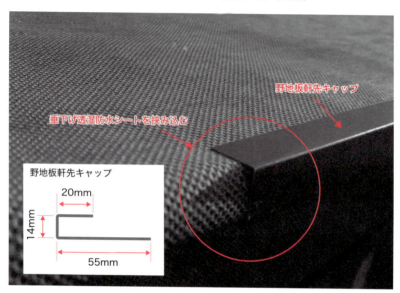

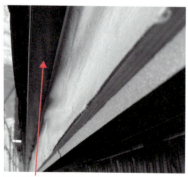

見上げ部分が不燃材（野地板は見えない）
※防火対策

野地板軒先キャップ
（上側：水下・右側：けらば）

(要点)
※垂下げ防水材：(原則) 大屋根：透湿防水シート・下屋：改質アスファルトルーフィング
※水上は、**透湿防水シート＋ルーフィング** を挟み込む
※**防水対策** のため（破風・鼻隠し取合いシーリングの付着力を確保するため）
※**防火対策** のため（見上げた際に野地が見えないように不燃材で覆うため）

3-012 大屋根端部からの漏水予防対策③

野地板出隅に継目を作らない

木部の露出は雨水の浸入口となるため、必ず隙間なく包み込む方法をとる。

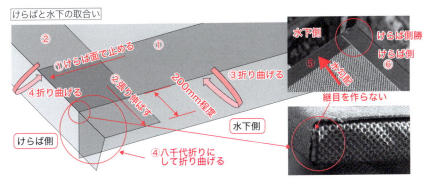

＜先張り防水材を透湿防水シートとした場合＞
① 水下側の軒先に先張り透湿防水シートを施工（野地板のけらば面で止める）
② けらば側も先張り透湿防水シートを施工（野地板の水下面より200mm程度張り伸ばす）
③ 水下側の先張り透湿防水シートを折り曲げる。
④ けらば側の先張り透湿防水シートを八千代折りにして折り曲げる。（野地板出隅に継目を作らない）
⑤ 水下側から野地板軒先キャップを取付ける。（上記③④の先張り透湿防水シート共挟み込む）
⑥ けらば側の野地板軒先キャップを取付ける。
（上記④の先張り透湿防水シートと⑤の野地板軒先キャップごと挟み込む）

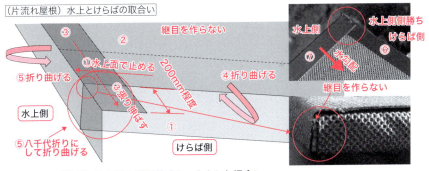

＜先張り及び後張り防水材を透湿防水シートとした場合＞
① けらば側の軒先に先張り透湿防水シートを施工（野地板の水上面で止める）
② 屋根全体に改質アスファルトルーフィングを敷く。
③ 水上側に後張り透湿防水シートを施工（野地板のけらば面より200mm程度張り伸ばす）
④ けらば側の先張り透湿防水シートを折り曲げる。
⑤ 水上側の後張り透湿防水シートを八千代折りにして折り曲げる。（野地板出隅に継目を作らない）
⑥ けらば側から板軒先キャップを取付ける。（上記④⑤の透湿防水シート共挟み込む）
⑦ 水上側の野地板軒先キャップを取付ける。
（上記⑤の後張り透湿防水シートと⑥の野地板軒先キャップごと挟み込む）

3-013 大屋根端部からの漏水予防対策④

野地板出隅の継目にブチルテープを貼る

どうしても木部が露出（継目）する場合は、必ず**防水部材**にて**隙間**を塞ぐ。

＜けらばと水下の取合い＞

⑴ 先張り防水材をルーフィングとした場合
　①**水下側**の軒先に**先張り**ルーフィングを施工（野地板の**けらば面で止める**）
　②**けらば側**も**先張り**ルーフィングを施工（野地板の**水下面で止める**）
　③**水下側**の先張り透湿防水シートを**折り曲げる**。
　④**けらば側**の先張り透湿防水シートを**折り曲げる**。
　⑤上記④の**出隅の継目**に**ブチルテープ**を貼る
　⑥**水下側**から**野地板軒先キャップ**を取付ける。
　　（上記③④の先張り透湿防水シート共挟み込む）
　⑦**けらば側**の**野地板軒先キャップ**を取付ける。
　　（上記④の先張り透湿防水シートと⑥の野地板軒先キャップごと挟み込む）

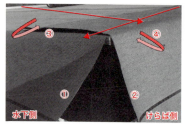
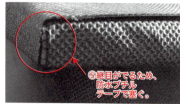
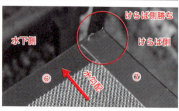

＜（片流れ屋根）水上とけらばの取合い＞

⑵ **先張り**及び**後張り**防水材を**ルーフィング**とした場合
　①**けらば側**の軒先に**先張り**ルーフィングを施工（野地板の**水上面で止める**）
　②屋根全体に**改質アスファルトルーフィング**を敷く。
　③**水上側**に**後張り**ルーフィングを施工（野地板のけらば面で止める）
　④**けらば側**の**先張り**ルーフィングを**折り曲げる**。
　⑤**水上側**の**後張り**ルーフィングを**折り曲げる**。
　⑥上記⑤の**出隅の継目**に**ブチルテープ**を貼る
　⑦**けらば側**から**野地板軒先キャップ**を取付ける。
　　（上記④⑤のルーフィング共挟み込む）
　⑧**水上側**の**野地板軒先キャップ**を取付ける。
　　（上記⑤の後張りルーフィングと⑦の野地板軒先キャップごと挟み込む）

※上記⑴-④及び⑵-⑤は、八千代折りとしない。
　（理由）野地板出隅に継目を作らないのを推奨とするが、上層のルーフィングを八千代折りし、下層のルーフィングと重ねると4層となり、野地板軒先キャップでは挟み込めないため。

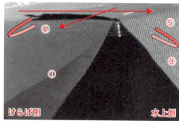
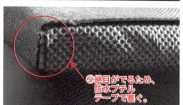
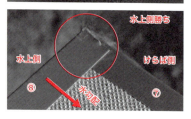

3-014 軒先の標準納まり①（軒有 - 水上側）

天井断熱・屋根断熱共通：
下地と仕上げの納まりを決める①

軒の出が小さい場合も軒ゼロと同様に漏水リスクが高いため、各部の納まりルールを決め、大工・屋根工・外壁工を跨ぐ納まりになるが、屋根工事の役割をしっかりと押さえておこう。

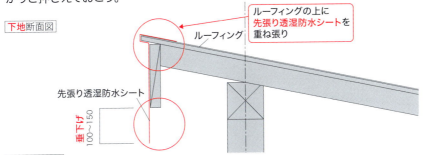

下地断面図

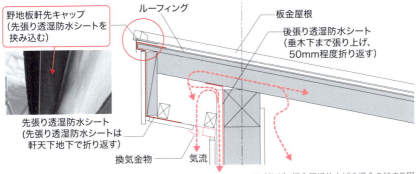

仕上げ断面図

※（参考）板金屋根仕上げの場合の納まり図

<水上側の施工手順> ※下地断面図参照
① 全体ルーフィング（屋根工事）
② 先張り防湿防水シートをルーフィングに被せるように重ね張りをし、破風下地の下端より 100～150mm程度垂下げる。（大工工事もしくは屋根工事）
　※先張り透湿防水シートのルーフィングへの留め付け：ステープル留め
　※軒の出300mmまでは軒ゼロと同様のリスク対策をとる。（先張り透湿防水シートの垂下げ）

<水上側の各対策> ※仕上げ断面図参照
（防火対策）屋根工事
・野地板軒先キャップで先張り透湿防水シートを挟み込む。
　※野地板軒先キャップをすることで、野地板の下側を不燃材で覆うこともできる。
（防露対策）
・外壁通気層と小屋裏空間もしくは屋根通気層を連続させ一体的に換気・通気経路とする。
① （屋根が2寸程度以下の緩勾配の場合）軒裏換気金物より換気（著者推奨）
② （2.5寸程度以上の屋根勾配の場合）棟換気金物より換気（著者推奨）
　※上記図は①の参考図
　※換気金物：片流れ屋根水上の軒天金物は、メーカー基準にて使用OKなものを選定。

139

3-015 軒先の標準納まり②（軒有 - 水下側）

天井断熱・屋根断熱共通：
下地と仕上げの納まりを決める②

軒の出が小さい場合も軒ゼロと同様に漏水リスクが高いため、各部の納まりルールを決め、大工・屋根工・外壁工を跨ぐ納まりになるが、屋根工事の役割をしっかりと押さえておこう。

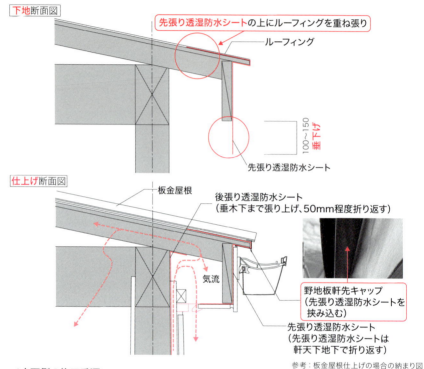

参考：板金屋根仕上げの場合の納まり図

<水下側の施工手順> ※下地断面図参照

①水下の鼻先に先張り透湿防水シートを貼り、鼻隠し下地の下端より100～150mm程度垂下げる。（大工工事）

②ルーフィングを先張り透湿防水シートに被せるように重ね張りをする。（屋根工事）
　※唐草はルーフィングの下に差込むかルーフィング敷きの前に施工。（2寸以下の屋根勾配の場合は、唐草はルーフィングの上に施工　※「緩勾配屋根の防水施工の工夫」項目参照）
　※先張り透湿防水シートに重ね張りをしたルーフィングへの留め付け：ステープル留め
　※軒の出300mmまでは軒ゼロと同様のリスク対策をとる。（先張り透湿防水シートの垂下げ）

<水下側の各対策> ※仕上げ断面図参照
（防火対策）（屋根工事）
・野地板軒先キャップで先張り防水シートを挟み込む。
　※野地板軒先キャップをすることで、野地板の下側を不燃材で覆うこともできる。
（防露対策）
・外壁通気層と小屋裏空間もしくは屋根通気層を連続させ一体的に換気・通気経路とする。
・軒裏換気金物より換気。

3-016 軒先の標準納まり③（軒有 - けらば側）

天井断熱・屋根断熱共通：
下地と仕上げの納まりを決める③

軒の出が**小さい**場合も軒ゼロと同様に**漏水リスク**が**高い**ため、各部の納まりルールを決め、大工・屋根工・外壁工を跨ぐ納まりになるが、**屋根工事**の**役割**をしっかりと押さえておこう。

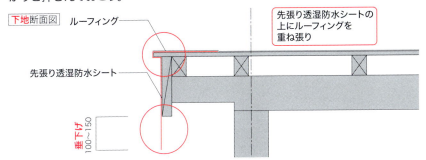

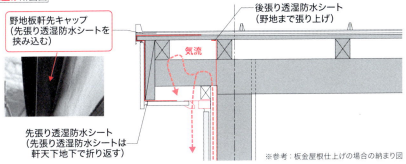

※参考：板金屋根仕上げの場合の納まり図

<けらば側の施工手順> ※下地断面図参照

①けらばの鼻先に**先張り透湿防水シート**を貼り、破風下地の下端より**100〜150mm程**度垂下げる。（大工工事）

②ルーフィングを**先張り透湿防水シート**に被せるように重ね張りをする。（**屋根工事**）
　※唐草はルーフィングの下に**差込む**かルーフィング敷きの**前**に施工。（**2寸以下**の屋根勾配の場合は、唐草はルーフィングの**上**に施工※「緩勾配屋根の防水施工の工夫」項目参照）
　※先張り透湿防水シートに重ね張りをしたルーフィングへの留め付け：ステープル留め
　※軒の出**300mm**までは軒ゼロと同様のリスク対策をとる。（先張り透湿防水シートの垂下げ）

<けらば側の各対策> ※仕上げ断面図参照
（防火対策）（**屋根工事**）
・**野地板軒先キャップ**で**先張り透湿防水シート**を挟み込む。
　※野地板軒先キャップをすることで、野地板の下側を**不燃材**で覆うこともできる。
（防露対策）
・**外壁通気層**と**軒裏空間**を連続させ一体的に**換気・通気経路**とする。
・**軒裏換気金物**より換気。
　※換気金物：けらばの軒天金物は、メーカー基準にて使用OKなものを選定。

141

3-017 軒先の標準納まり④(軒ゼロ‐水上側)

■ 天井断熱:下地と仕上げの納まりを決める①

軒ゼロは漏水リスクが非常に高いため、各部の納まりルールを決め、大工・屋根工・外壁工を跨ぐ納まりになるが、屋根工事の役割をしっかりと押さえておこう。

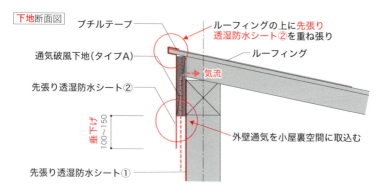

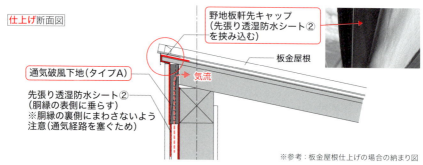

※参考：板金屋根仕上げの場合の納まり図

<水上側の施工手順> ※下地断面図参照
※①②は上棟時に施工
① 棟木上端より先張り透湿防水シート①を垂下げ、通気破風下地（タイプA）を施工（大工工事）
② 全体ルーフィング
③ 先張り防水シート②をルーフィングに被せるように重ね張りをし、通気破風下地の下端より100～150mm程度垂れ下げる。(大工工事もしくは屋根工事)
※先張り透湿防水シート②のルーフィングへの留め付け：ステープル留め

<水上側の各対策> ※仕上げ断面図参照
（防火対策）（屋根工事）
・野地板軒先キャップで先張り透湿防水シート②を挟み込む。
　※野地板軒先キャップをすることで、野地板の下側を不燃材で覆うこともできる。
（防露対策）
・外壁通気層と小屋裏空間を連続させ一体的に換気・通気経路とする。
・換気は下記の方法の①のみもしくは②のみもしくは①②の併用とする。。
　①（小屋裏の懐が大きい場合）小屋裏から妻壁の外部フードより妻換気。
　②棟換気金物より換気　※上記図は①の参考図

3-018 軒先の標準納まり⑤（軒ゼロ‑水下側）

天井断熱：下地と仕上げの納まりを決める②

軒ゼロは漏水リスクが非常に高いため、各部の納まりルールを決め、大工・屋根工・外壁工を跨ぐ納まりになるが、屋根工事の役割をしっかりと押さえておこう。

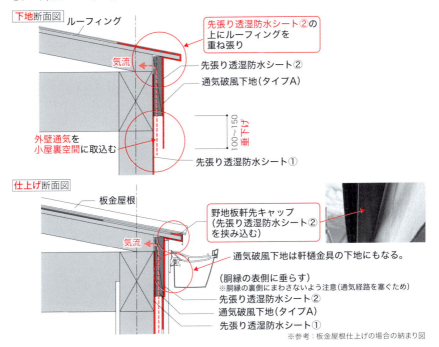

※参考：板金屋根仕上げの場合の納まり図

<水下側の施工手順> ※①②は上棟時に施工 ※下地断面図参照
①軒桁上端より先張り透湿防水シート①を垂下げ、通気破風下地（タイプA）を施工（大工工事）
②先張り透湿防水シート②を通気破風下地の下端より100～150mm程度垂下げる。（大工工事）
③ルーフィングを先張り防水シート②に被せるように重ね張りをする。（屋根工事）
　※唐草はルーフィングの下に差込むかルーフィング敷きの前に施工。
　（2寸以下の屋根勾配の場合は、唐草はルーフィングの上に施工 ※「緩勾配屋根の防水施工の工夫」項目参照）
　※先張り透湿防水シート②に重ね張りをしたルーフィングへの留め付け：ステープル留め

<水下側の各対策> ※仕上げ断面図参照
(防火対策)（屋根工事）
・野地板軒先キャップで先張り透湿防水シート②を挟み込む。
　※野地板軒先キャップをすることで、野地板の下側を不燃材で覆うこともできる。
(防露対策)
・外壁通気層と小屋裏空間を連続させ一体的に換気・通気経路とする。
・換気は下記の方法の①のみもしくは②のみもしくは①②の併用とする。
①（小屋裏の懐が大きい場合）小屋裏から妻壁の外部フードより妻換気。
②棟換気金物より換気

143

3-019 軒先の標準納まり⑥（軒ゼロ - けらば側）

天井断熱：下地と仕上げの納まりを決める③

軒ゼロは漏水リスクが非常に高いため、各部の納まりルールを決め、大工・屋根工・外壁工を跨ぐ納まりになるが、屋根工事の役割をしっかりと押さえておこう。

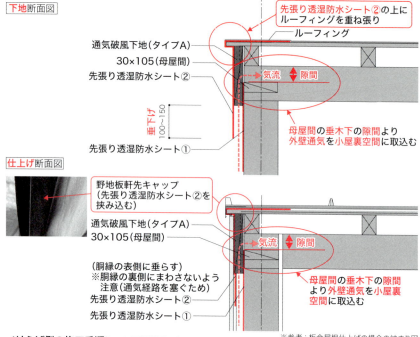

※参考：板金屋根仕上げの場合の納まり図

<けらば側の施工手順> ※下地断面図参照
　※①②は上棟時に施工

① 母屋の中間部より先張り透湿防水シート①を垂下げ、通気破風下地（タイプA）を施工（大工工事）
　※母屋間の垂木下に隙間を設け、外壁通気層と小屋裏空間を連続させる。

② 先張り透湿防水シート②を通気破風下地の下端より100～150mm程度垂下げる。（大工工事）

③ ルーフィングを先張り透湿防水シート②に被せるように重ね張りをする。（屋根工事）
　※唐草はルーフィングの下に差むかルーフィング敷きの前に施工。(2寸以下の屋根勾配の場合は、唐草はルーフィングの上に施工※「緩勾配屋根の防水施工の工夫」項目参照)
　※先張り透湿防水シート②に重ね張りをしたルーフィングへの留め付け：ステープル留め

<けらば側の各対策> ※仕上げ断面図参照
（防火対策）（屋根工事）
・野地板軒先キャップで先張り透湿防水シート②を挟み込む。
　※野地板軒先キャップをすることで、野地板の下側を不燃材で覆うこともできる。
（防露対策）
・外壁通気層と小屋裏空間を連続させ一体的に換気・通気経路とする。
・換気は下記の方法の①のみもしくは②のみもしくは①②の併用とする。
　①（小屋裏の懐が大きい場合）小屋裏から妻壁の外部フードより妻換気。
　②棟換気金物より換気

3-020 軒先の標準納まり⑦（軒ゼロ - 水上側）

■屋根断熱：下地と仕上げの納まりを決める①

軒ゼロかつ屋根断熱の場合は、屋根先端に通気部材が必要なため、漏水リスクが天井断熱の場合よりも更に高くなるため、各部の納まりルールを決め、大工・屋根工・外壁工を跨ぐ納まりになるが、屋根工事の役割をしっかりと押さえておこう。

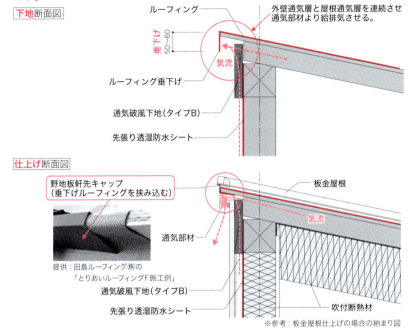

※参考：板金屋根仕上げの場合の納まり図

＜水上側の施工手順＞　※①②は上棟時に施工　※下地断面図参照
①棟木上端より先張り透湿防水シートを垂下げ、通気破風下地（タイプB）を施工（大工工事）
②全体ルーフィング
　※水上ルーフィングの先端を50～60mm程度垂下げる。（屋根工事）

＜水上側の各対策＞　※仕上げ断面図参照
（防水対策）（屋根工事）
・野地板軒先キャップで曲げにくいルーフィングを曲げて挟み込む。
・万が一鼻先から雨水が侵入しても野地板軒先キャップが捨て水切りの役割をし、また折り曲げたルーフィングで野地板まで雨水を到達させない。
　※ルーフィングは、合成繊維不織布で構成され冬の時期でも曲げても割れにくいものを推奨
（防露対策）
・外壁通気層と屋根通気層を連続させ一体的に通気経路とし、通気部材より給排気させる。
・（注意点）棟換気を使用する場合：垂木が空気の横移動を妨げるため、垂木間毎に設けるならば良いがコストもかかる。そのため横移動が可能となるよう垂木に穴をあけ、棟換気まで通気経路を連続させる考えもあるが、空気の横移動をするよりも空気がこもることのほうが懸念されるため、あまりお勧めはできない。

145

3-021 軒先の標準納まり⑧（軒ゼロ-水下側）

■屋根断熱：下地と仕上げの納まりを決める②

軒ゼロかつ**屋根断熱**の場合は、屋根先端に**通気部材**が必要なため、**漏水リスク**が天井断熱の場合よりも更に**高くなる**ため、各部の納まりルールを決め、大工・屋根工・外壁工を跨ぐ納まりになるが、**屋根工事の役割**をしっかりと押さえておこう。

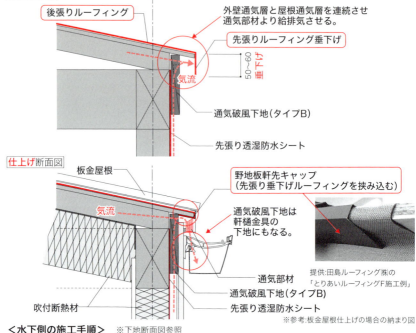

提供：田島ルーフィング㈱の「とりあいルーフィングF施工例」

※参考：板金屋根仕上げの場合の納まり図

<水下側の施工手順> ※下地断面図参照
※①②は上棟時に施工
① 軒桁上端より**先張り透湿防水シート**を垂下げ、**通気破風下地（タイプB）**を施工（大工工事）
② **先張りルーフィング**の先端を **50～60mm程度**垂下げる。（**屋根工事**）
③ **後張り全体ルーフィング**を**先張りルーフィング**の上に被せるように重ね張りをする。（**屋根工事**）
　※**野地板軒先キャップ**と唐草は後張りルーフィングの下に**差込む**か後張りルーフィング敷きの**前**に施工。（**2寸以下**の屋根勾配の場合は、**唐草**は**後張り**ルーフィングの**上**に施工　※「緩勾配屋根の防水施工の工夫」項目参照）

<水下側の各対策> ※仕上げ断面図参照
（防水対策）（**屋根工事**）
・**野地板軒先キャップ**で**曲げにくいルーフィング**を曲げて挟み込む。
・万が一鼻先から雨水が侵入しても**野地板軒先キャップ**が**捨て水切り**の役割をし、また折り曲げたルーフィングで野地板まで雨水を**到達させない**。
　※ルーフィングは、**合成繊維不織布**で構成され冬の時期でも**曲げても割れにくいもの**を推奨
（防露対策）
・**外壁通気層**と**屋根通気層**を連続させ一体的に**通気経路**とし、**通気部材**より**給排気**させる。

3-022 軒先の標準納まり⑨（軒ゼロ-けらば側）

■屋根断熱：下地と仕上げの納まりを決める③

軒ゼロかつ屋根断熱の場合は、屋根先端に通気部材が必要なため、漏水リスクが天井断熱の場合よりも更に高くなるため、各部の納まりルールを決め、大工・屋根工・外壁工を跨ぐ納まりになるが、屋根工事の役割をしっかりと押さえておこう。

下地断面図

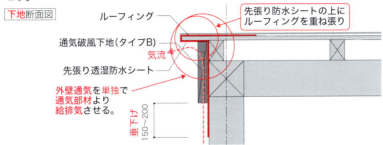

仕上げ断面図

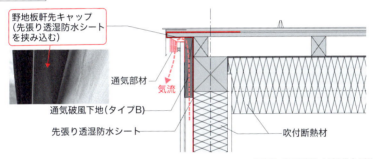

※参考：板金屋根仕上げの場合の納まり図

<けらば側の施工手順> ※①②は上棟時に施工 ※下地断面図参照
①先張り透湿防水シートを通気破風下地の下端より150～200mm程度となるよう垂下げ（大工工事）
②通気破風下地（タイプB）は、先張り透湿防水シートを裏側に回し、挟み込むように施工（大工工事）
③ルーフィングを先張り透湿防水シートに被せるように重ね張りをする。（屋根工事）
　※野地板軒先キャップと唐草はルーフィングの下に差込むかルーフィング敷きの前に施工。（2寸以下の屋根勾配の場合は、唐草はルーフィングの上に施工　※「緩勾配屋根の防水施工の工夫」項目参照）
　※先張り透湿防水シートに重ね張りをしたルーフィングへの留め付け：ステープル留め

<けらば側の各対策> ※仕上げ断面図参照
（防水対策①）（屋根工事）
・野地板軒先キャップで先張り透湿防水シートを挟み込む。
・万が一鼻先から雨水が侵入しても野地板軒先キャップが捨て水切りの役割をし、また折り曲げた先張り透湿防水シートで野地板まで雨水を到達させない。
（防露対策）
・外壁通気層のみを通気経路とし、通気部材より給排気させる。
　※外壁通気層は屋根通気層と連続しない。（先張り透湿防水シートを回しているため）

3-023 緩勾配屋根の防水施工の工夫①

▌緩勾配屋根の漏水リスクを理解する

屋根からの**漏水リスク**は、**屋根勾配**により大きく左右されます。**法的責任**を認識した上で緩勾配の採用をすること。また緩勾配の場合の**仕様**と**施工基準**を決めることは必須。

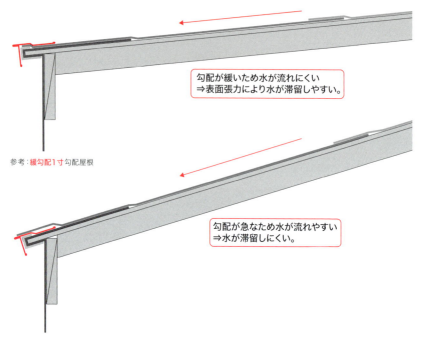

参考：**緩勾配1寸**勾配屋根

勾配が緩いため水が流れにくい
⇒表面張力により水が滞留しやすい。

勾配が急なため水が流れやすい
⇒水が滞留しにくい。

参考：**3寸**勾配屋根

＜屋根勾配＞
・屋根**仕上げ材**による**最低の勾配**は、**屋根メーカーの基準**を遵守する。

＜緩勾配の場合の屋根下葺き材＞
・改質アスファルトルーフィング（**粘着タイプ**）

＜施工基準＞
・（屋根勾配）**2寸未満**の場合は、**粘着タイプ**を推奨。（自社基準を決めておくことを推奨）
　※屋根は勾配が急な程、漏水リスクは少なくなるが近年は勾配を緩くしスクエア型に見せるデザインが多い。そのため施工基準を十分に検討し決めておかないと漏水リスクを少なくとも**品確法**の**瑕疵担保責任期間**の**10年**は抱えることになる。（**不法行責任期間**は、**20年**。）※詳細は**民法の契約不適合責任**を参照

＜緩勾配の漏水リスク＞　※次頁及び次々頁参照
①通常のルーフィングの場合は、重ね部分でくぼみができ**ステープルの穴**から**雨水が浸入**
⇒**粘着タイプ**の場合は、**ステープル留め**を**しない**ため、雨水の浸入リスクは**小さい**。
　※但し、屋根材を留める釘穴からの雨水の浸入リスクは免れない。
②**唐草**のジョイント等から**毛細管現象**による**雨水の浸入**
⇒**唐草**の**施工手順**を**工夫**することで、雨水の浸入リスクを**小さく**することが可能。

3-024 緩勾配屋根の防水施工の工夫②

■粘着ルーフィングを使用する

通常のルーフィングの場合は、**重ね部分**で**くぼみ**ができ、そこに**水が滞留**し、**ステープルの穴**から**雨水が浸入**する。しかし粘着ルーフィングの場合はどうか？

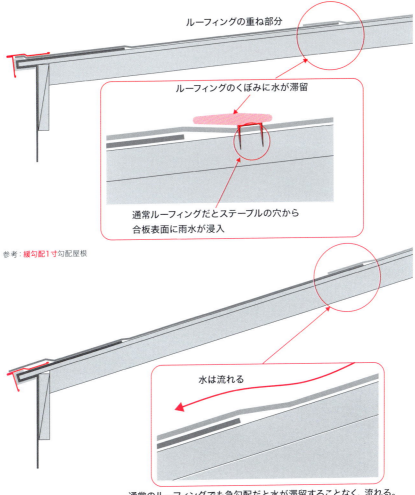

参考：緩勾配1寸勾配屋根

参考：3寸勾配屋根

・通常のルーフィングでも急勾配だと水が滞留することなく、流れる。

＜粘着タイプのルーフィングの場合＞
①**ステープル留め**は**しない**ため、雨水の浸入リスクは**小さい**。
②**滞留した水**は、ステープル穴がないため**自然蒸発**することで防水性能が発揮される。
　※但し、屋根材を留める釘穴からの雨水の浸入リスクは免れない。

3-025 緩勾配屋根の防水施工の工夫③

■唐草の施工手順を替える

緩勾配の漏水事例として、**唐草**のジョイント等から**毛細管現象**による**雨水の浸入**。
⇒**唐草**の**施工手順**を**工夫**することで、雨水の浸入リスクを**小さくする**ことが可能。

※下記⑴を推奨（著者推奨：2寸以下の屋根勾配の場合）

＜参考：緩勾配1寸勾配屋根＞

⑴ルーフィング施工**後**に**唐草**を**施工**（推奨）

①**毛細管現象**により**仕上げ**と**唐草の間**に雨水が浸入
　⇒唐草端部の**折り返し**が雨水をブロック。

②**毛細管現象**により**唐草**の**下側**に雨水が浸入
　⇒**ルーフィング**と**野地板軒先キャップ**が**ブチルテープ**で**密着**しているため雨水をブロック

③上記②の浸入した雨水は、**唐草**と**野地板軒先キャップ**の間から**排水**

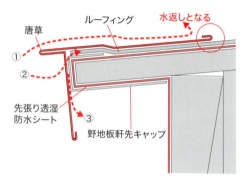

⑵唐草の施工**後**に**ルーフィングを施工**

①**唐草**と**ルーフィング**が**ブチルテープ**で**密着**しているためルーフィング下に雨水の浸入はない。

②**毛細管現象**により**唐草**の**下側**に雨水が浸入
　⇒**野地板軒先キャップ**を越えても**先張り透湿防水シート**で雨水をブロック

③上記②の浸入した雨水は、**野地板軒先キャップ**と**先張り透湿防水シート**の**間**に水が流れる。
　⇒流れ込んだ**雨水**の**出口がなく**、水が横方向に流れ、先張り透湿防水シートの**劣化部分**や**ジョイント**があれば雨水の浸入リスクが**高まる**。

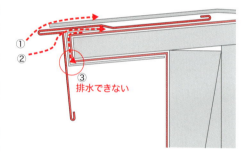

＜参考：緩勾配1寸勾配屋根＞

⑶唐草の施工**後**に**ルーフィングを施工**（一般的な施工手順）

勾配が**急**だと雨との角度から**毛細管現象が起きにくい**。たとえ起きたとしても奥まで雨水が浸入する前に唐草と野地板軒先キャップの間から排水される。

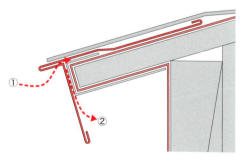

3-026 壁止まり部からの漏水予防対策①

■ 壁止まりの施工手順を決める

壁止まり部分からの漏水事故も多いため、下地から仕上げまでの施工基準を決めておくことを推奨。（上棟施工時の大工工事⇒屋根工事⇒外壁工事までの連続した施工基準）

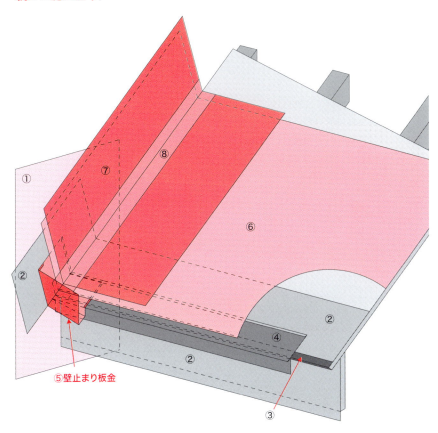

⑤壁止まり板金

＜下地の施工手順＞
※①⇒⑧の順で施工（①②：大工工事、③〜⑧：屋根工事）
※仕上げの施工手順：次頁参照
① 上棟施工時の（差込み用）先張りルーフィング（大工工事）
② 上棟施工時の（垂下げ用）後張りルーフィング（大工工事）
③ （上記②のルーフィング挟み込み用）野地板軒先キャップ（防水・防火対策）
④ （唐草）軒先水切り板金（緩勾配屋根の場合は、⑥のルーフィングが④に繰上げ）
⑤ 壁止まり板金
⑥ 平場と立上りの後張りルーフィング
⑦ 増張りルーフィング（平場・立上り入隅の防水補強）
⑧ 平場・立上り入隅の捨て板金

151

3-027 壁止まり部からの漏水予防対策②

■壁止まりの板金形状を決める

壁止まり板金の形状も複数あるため、特徴を把握した上で自社基準を決めておくことを推奨

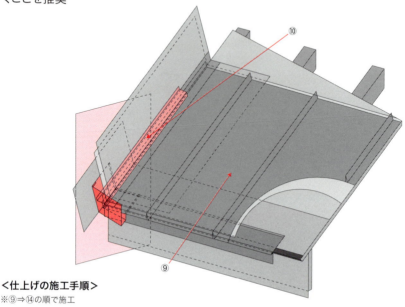

<仕上げの施工手順>

※⑨⇒⑭の順で施工
（⑨⑩：屋根工事、⑪～⑭：外壁工事）
※下地の施工手順：前頁参照

⑨屋根仕上げ（例：板金立平葺き）
⑩雨押え（水下に水返しはつけない。）
（以下は外壁工事）
⑪透湿防水シート張り
⑫外壁胴縁
⑬外壁仕上げ
⑭コーキング

<壁止まり板金の形状と注意点>

A：排水溝付タイプ（推奨）

Aタイプは、流下した雨水に勢いがあっても、スムーズに排水され、雨水の滞留が生じない。よって雨水の浸入リスクは低い。

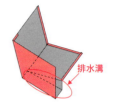

排水溝

B：排水溝無しタイプ

Bタイプは、流下した雨水に勢いがあると排水溝がない分排水が遅いため、雨水の滞留が生じやすくなり、ルーフィング側（水上側）へ雨水が浸入するリスクが高くなる。

A・Bタイプのいずれも、メーカー規格品を推奨するが、現場加工とする場合は、必ず八千代折りとする。
⇒三面交点のピンホールができ、漏水の原因となるため。

八千代折り

3-028 棟換気の重要性（切妻屋根）

■防水性能と結露予防のための換気性能を両立させる①

小屋裏換気開口を開け忘れると**重大な瑕疵**に繋がるため、必ず**重要性**を**理解**しよう。

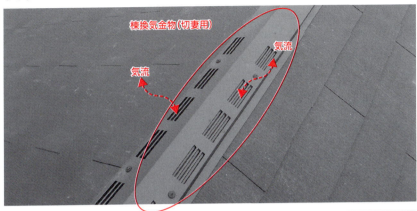

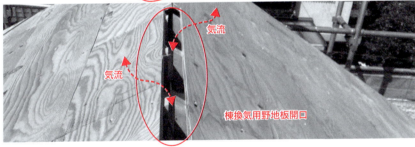

＜換気と防水＞

- **棟換気金物**の役割：小屋裏空間の**換気**（**防露**）と併せて、**雨水の浸入**を**ブロック**（**防水**）
  ※とても**重要な役割**を担う分、施工リスクが大きくなるため、**商品選定**や**施工基準**の設定が重要。

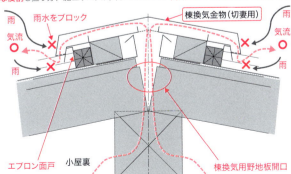

※上記の内容は、天井断熱の場合の小屋裏換気について記載をしていますが、屋根断熱の場合でも、上記の野地板開口や換気金物は、屋根通気用の空気の出入口となる。

153

3-029 下屋換気の重要性

防水性能と結露予防のための換気性能を両立させる②

下屋換気開口を開け忘れると**重大な瑕疵**に繋がるため、必ず**重要性**を**理解**しよう。

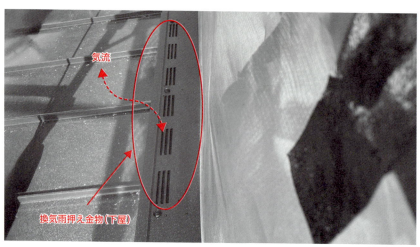

＜換気と防水＞

- **換気雨押え金物**の役割：下屋の小屋裏空間の**換気（防露）**と併せて、**雨水の浸入をブロック（防水）**

  ※とても**重要な役割**を担う分、施工リスクが大きくなるため、**商品選定**や**施工基準**の設定が重要。

  ※上記の内容は、**天井断熱**の場合の下屋換気について記載をしていますが、**屋根断熱**の場合でも、上記の野地板開口や換気金物は、**屋根通気用**の空気の出入口となる。

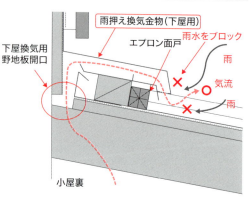

3-030 雪止め設置によるリスク回避とトラブル回避対策

雪止め設置の条件と位置とピッチを決める

雪止めの設置は、法律で特に決められているわけではないが、リスク回避やトラブル回避のため、自社基準として決めておくことを推奨する。

※条例で定められている場合もあるため、注意と確認は必須。
※中雪地域や多雪地域は、設置を推奨。（豪雪地域では、設置要な地域もある。）

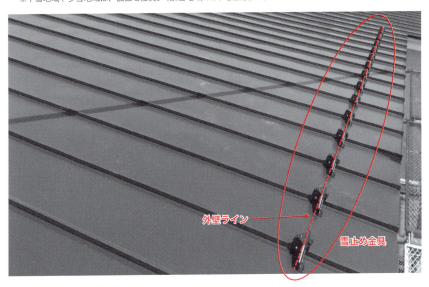

外壁ライン　　雪止め金具

＜雪止め設置基準（推奨）＞
・年に何度かの降雪により多少積もる程度の地域：原則雪止めを設置
　※（例外）落雪が同敷地内で危険が生じない場合かつ軒樋がない場合（軒樋の破損回避）

＜リスク回避やトラブル回避のための対策＞
・下記の場合は必ず設置
　①歩道に面する場合で、屋根からの落雪が歩道に落ちる場合（歩行者に危険を及ぼす場合）
　②隣地に接する場合で、屋根からの落雪が隣地に落ちる場合

＜雪止め設置によるデメリット＞
・積雪荷重により屋根や軒への負担がかかる。（積雪が多い場合）
・漏水リスクが高くなる。
・板金屋根であれば、錆びやすくなるため

＜雪止めの設置位置＞
・軒先からの設置位置：400〜800mm程度
（軒の出がある場合は、外壁面の真上に設置：積雪荷重負担を外壁で支えるため）
　※軒部分に設置すると積雪によっては、荷重により屋根が破損する可能性があるため注意
・取付ピッチ：450〜600mm程度
・取付配置
　①降雪量が少ない地域：直線配置
　②降雪量が多い地域：千鳥配置（積雪位置を分散させ屋根への負担を軽減させるため）

155

3-031 軒樋・竪樋の施工注意点

■ 樋の支持部材間隔は1000mm程度とする

樋の垂れや変形等強度上の観点から、必ず支持部材の間隔は遵守しよう。

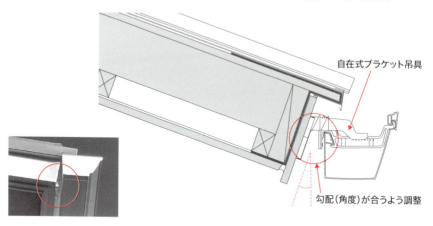

自在式ブラケット吊具

勾配(角度)が合うよう調整

＜軒樋の支持部材＞

・鼻隠しが**勾配付き（軒先が矩）**の場合：**自在式ブラケット吊具**を使用
　※勾配が合わない場合：**勾配調整プレート**にて調整
　※支持部材の取付間隔：**1000mm程度**（積雪地域の場合は、メーカー基準に準ずる。）
　※出入隅・落し口・端部等の吊具位置：メーカー基準に準ずる。

＜竪樋の支持部材＞

・支持部材の取付間隔：
　1,000～1200mm程度
　※メーカーの施工基準に準ずる。

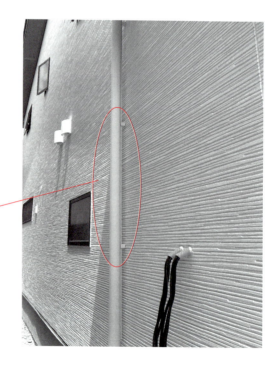

3-032 軒樋の伸縮・膨張対策

■軒先から8m程度の位置に伸縮対応部材を設ける

雨樋は、暑さ寒さで**熱膨張**や**伸縮**が起きるため、すべて1本もので接着固定をしてしまうと**割れ**の原因となる。よって、**エキスパンションジョイント**が必要になる。

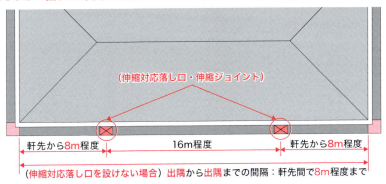

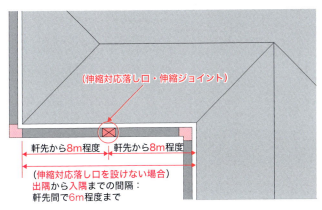

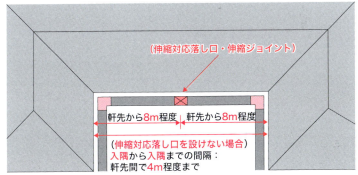

（軒樋の場合）
- 原則**軒先**から**8m程度**ごとに**伸縮対応**落し口もしくは**伸縮ジョイント**を設ける。（目安）
  ※伸縮対応落し口を**設けない**場合は、**屋根形状で異なる**ため注意。（上記図を参照）
  ※メーカーの基準に準ずる。

3-033 竪樋の伸縮・膨張対策

■竪樋は伸縮部材無しに両端を接着固定しない

雨樋は、暑さ寒さで**熱膨張**や**伸縮**が起きるため、すべて1本もので接着固定をしてしまうと**割れ**の原因となる。よって、**エキスパンションジョイント**が必要になる。

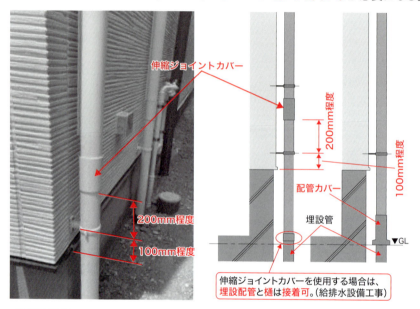

＜竪樋の場合＞
①竪樋の中間位置に**伸縮ジョイントカバー**を設ける。
②足元の埋設配管との接続部分で**配管カバー**を設ける。
　※②の配管カバーは、隣地境界から建物まで狭い場合は、雨水管や汚水管や桝等があり、うまく納まらない場合がある。よって、そのような場合は、①の伸縮ジョイントカバー部材を使用する。

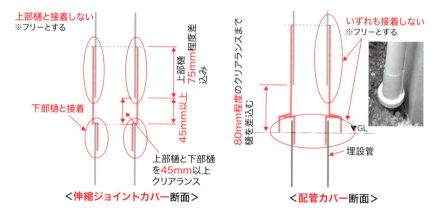

第4章 外壁工事編

・換気・通気の重要性
・結露予防対策
・漏水予防対策
・施工の効率化と工夫と注意点
・アフターメンテナンスの事前対策
・材料選定のポイント

4-001　防水テープの比較と透湿防水シートとの相性

■膨潤しない透湿防水シートと防水テープを採用する

防水テープや**透湿防水シート**は、防水性能上最重要アイテムのため、**特徴**や**相性**のチェックは必須。

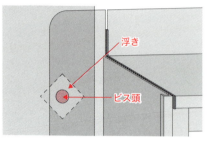
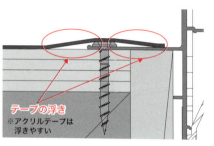

＜アクリルテープとブチルテープの特徴・比較＞
・アクリルテープ　※**施工性**が高い
　①下地の段差やビス頭廻りに浮きが出やすい。⇒段差等の**追従性**に**乏しい**。
　②初期の接着性は高い。
　③手切れ性が良い。
・ブチルテープ　※**防水性能**が高い
　①**優れた段差追従性**⇒段差やビス頭廻りに浮きができにくく馴染みやすい。（**密着性**に**大**）
　②**長期間**にわたる**粘着力**。
　③切れにくい。
　④低温時は粘着力が弱い⇒粘着剤は温度が低くなると接着が悪くなる。（温めて使用すると粘着力は回復する。）
　※こういった観点から、防水ブチルテープを推奨（防水性を優先）

＜透湿防水シートと防水ブチルテープの相性＞

①**膨潤した**透湿防水シート
　⇒随所にシワが生じている。
　⇒相性が悪い。

②**膨潤していない**
　透湿防水シート
　⇒シワが生じていない。
　⇒相性が良い。

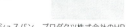

※出典：旭・デュポン　フラッシュスパン　プロダクツ株式会社のHP

・透湿防水シートと防水ブチルテープの相性によっては、**膨潤**と呼ばれるシワがシートに発生し接着不良を引き起こすことがある。
　※**膨潤**：粘着剤のオイル成分が透湿防水シートに吸収されて、シートにシワや凹凸が発生する現象。（基材に不織布が使用されていない1層シートによく見られる現象）
　※数時間から数日かけて、膨潤が発生する。
・膨潤したシワが**水道**（みずみち）となり、雨水の浸入するリスクが高くなる。
　⇒防水テープを選定する際は、メーカーと相談し、透湿防水シートとの相性をよく確認した上で選定することを推奨する。

※参考：
非膨潤ブチルゴム系粘着剤を使用している防水気密両面テープ

4-002 窓廻りからの雨漏り予防対策手順①

3方の防水テープは工具にて十分に圧着させる

窓廻りの防水対策と施工手順と注意点をまとめたのでチェックしよう。

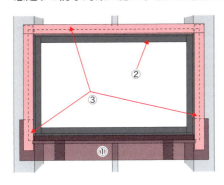
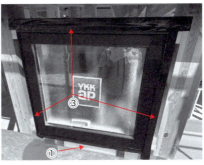

<窓廻りの防水施工>
①サッシの下端に**水返し一体型防水部材**の取付（大工工事）
②サッシの取付（大工工事）
③サッシ枠廻りの**3方**に**両面防水ブチルテープ**の貼付け（大工工事もしくは外壁工事）
　※サッシの**下端**には、**両面防水ブチルテープ**を**貼らない**。（万が一水が侵入したときの**水抜き**とするため）

<両面防水ブチルテープ貼りの手順>
①サッシ**縦枠**のフィンに**両面防水ブチルテープ**貼り
②サッシ**上枠**のフィンに**両面防水ブチルテープ**貼り
　※ローラー等でテープを十分に**圧着**させる。
　　（不十分だと漏水リスクが高くなるため。）
　※縦のテープが横のテープの**上端**から**はみ出さない**ように注意

<窓枠ジョイントコーナー防水処理>
・サッシ枠**コーナー**にも**片面防水ブチルテープ**を貼る。
　※外壁仕上げからはみ出ない程度まで、サッシ上端部分のコーナーまで貼る。
　※サッシフィンの角が完全に隠れるようにサッシ枠に押し付けて貼る。
　※両面防水ブチルテープを片面使いとした場合：剥離紙は必ず剥がす

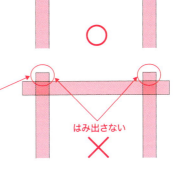

はみ出さない

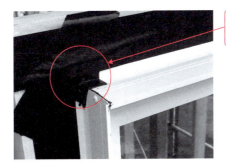
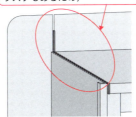

フィンの角が隠れるまで貼る（フィンと縦枠横枠のジョイント（シーラー材）からの漏水リスクもあるため）

4-003 窓廻りからの雨漏り予防対策手順②

■ サッシ縦枠・上枠から5mm程度の隙間をあける

防水テープ及び透湿防水シートと窓枠との間に、毛細管現象による雨水の浸入を防止するためにクリアランスを設ける。

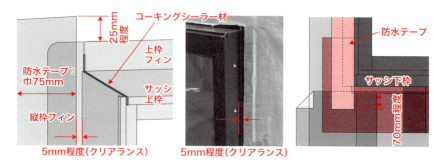

＜縦枠防水テープ貼り＞ ※縦枠釘打ちフィンへの両面防水ブチルテープ貼り（巾**75mm**）

・防水テープの**上端**：サッシ上枠フィンから**25mm程度**貼り延ばす。
・防水テープの**下端**：サッシ下枠フィンから**70mm程度**貼り延ばす。
・サッシ縦枠から**5mm程度**の**クリアランス**をとる。（透湿防水シートも同様）
　※上方から流下し上枠に滞留した雨水が、縦枠側に流下する時の**通水路**とするため。
　※防水テープや透湿防水シートにできるだけ濡らさないよう注意
　（**毛細管現象**による雨水の浸入防止）

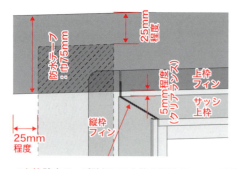
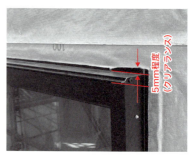

＜上枠防水テープ貼り＞ ※上枠釘打ちフィンへの両面防水ブチルテープ貼り（巾**75mm**）

・防水テープの**両端**：縦枠の防水テープから**25mm程度**貼り延ばす。
・防水テープ同士が重なる部分は、縦枠の防水テープの粘着面が出るように剥離紙をめくる。
・シーラー材（フィンのジョイント）は、シワや膨れがないよう入念に圧着させる
・サッシ上枠から**5mm程度**の**クリアランス**をとる。（透湿防水シートも同様）
　※上方から流下し雨水が上枠に滞留した場合、防水テープや透湿防水シートが雨水を吸上げ、壁内に浸入することがある。クリアランスを設けることで雨水の吸上げを防止をするため。
　（**毛細管現象**による雨水の吸上げ防止）

4-004 窓廻りからの雨漏り予防対策手順③

透湿防水シートは窓下から差込み
両側はシワをつくらない

圧着した透湿防水シート面にシワができると水道（みずみち）となり漏水の原因となるため施工上の要注意ポイントである。

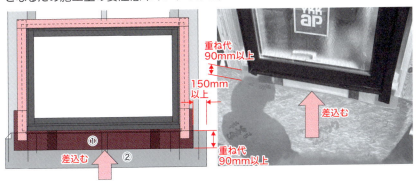

<⑴窓下の防水施工>
①水返し一体型防水部材（大工工事）
②透湿防水シートを水返し一体型防水部材の下から差込む
　※両側端部は水返し一体型防水部材の端部より、150mm以上離す。
　※透湿防水シートと水返し付一体型防水部材は、90mm以上重ねる。

⑴窓下の防水施工
⬇
⑵窓の両側の防水施工

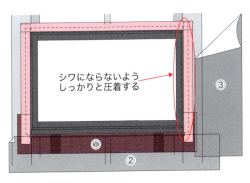

<⑵窓の両側の防水施工>
①水返し一体型防水部材（大工工事）
②透湿防水シートを水返し一体型防水部材の下から差込む
③窓横の両面防水ブチルテープの剥離紙を剥がし、透湿防水シートをシワができないようにしっかりと圧着する。※シワができるとシワの隙間から雨水の侵入リスクが高くなるため

163

4-005 窓廻りからの雨漏り予防対策手順④

透湿防水シートは窓上でジョイントせず通し張りとする

サッシ上部と掃出しサッシ下側の施工のポイントをまとめたので、チェックしよう。

<窓上の防水施工>

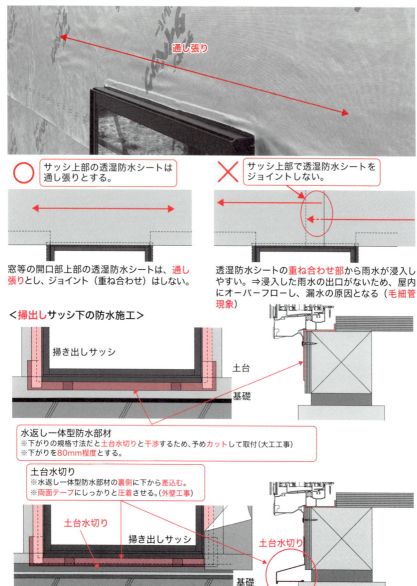

○ サッシ上部の透湿防水シートは通し張りとする。

× サッシ上部で透湿防水シートをジョイントしない。

窓等の開口部上部の透湿防水シートは、**通し張り**とし、ジョイント（重ね合わせ）はしない。

透湿防水シートの**重ね合わせ部**から雨水が浸入しやすい。⇒浸入した雨水の出口がないため、屋内にオーバーフローし、漏水の原因となる（**毛細管現象**）

<掃出しサッシ下の防水施工>

掃き出しサッシ
土台
基礎

水返し一体型防水部材
※下がりの規格寸法だと土台水切りと干渉するため、予めカットして取付（大工工事）
※下がりを80mm程度とする。

土台水切り
※水返し一体型防水部材の裏側に下から差込む。
※両面テープにしっかりと圧着させる。（外壁工事）

土台水切り
掃き出しサッシ
基礎

土台水切り

4-006 透湿防水シートの留付け基準①

■ 各部位の重ね代と留付けピッチを整理する

下地面材の有無によって基準が異なるため、違いのポイントを要チェックのこと。

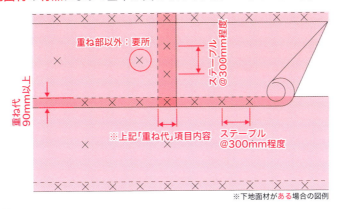

※下地面材がある場合の図例

＜平部＞
- 透湿防水シート：原則横張り
- 留付け：（重ね部）**300mm程度**・（重ね部以外）要所　※ステープルにて留付け
- 重ね代：（縦）**90mm以上**
  　　　　（下地面材が**ある**場合）（横）**150mm以上**
  　　　　（下地面材が**ない**場合）（横）各々**間柱**まで張り延ばす。

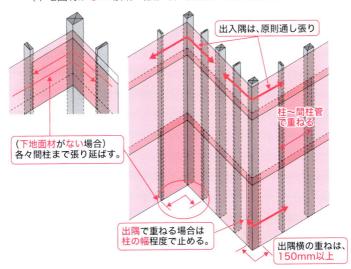

＜出隅・入隅部＞
- 透湿防水シート：**しわ・たるみ・波打ち**等が生じないように、下地に馴染ませて張る。
- 出入隅：原則**通し張り**とする。
- **入隅**部の重ね代：（下地面材が**ある**場合）（左右）**150mm以上**
  　　　　　　　　　（下地面材が**ない**場合）（左右）各々**間柱**まで**張り延ばす。**

4-007 透湿防水シートの留付け基準②

損傷した透湿防水シートは張り直すか増張りか
防水ブチルテープで塞ぐ

損傷した透湿防水シートの対処方法は、万が一の場合に備えておきましょう。

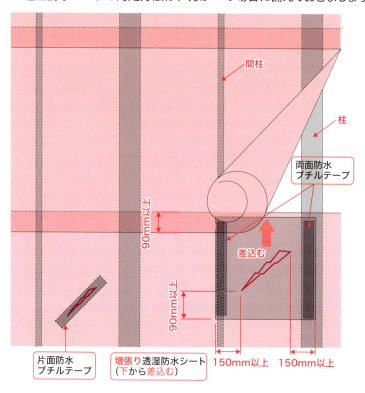

＜透湿防水シートが損傷した場合＞
・原則**張り直し**
＜やむを得ず張り直しができない場合＞
(1)透湿防水シートの**増し張り**
　①増張りの大きさは、**柱〜間柱間**とする。
　②上部の透湿防水シートの**内側**に**下**から**差込む**。
　③柱・間柱部に縦に**両面防水ブチルテープ**を貼る。
　④増張りをしっかりと**圧着**し、**しわ・たるみ・波うち**が生じないように張る。
(2)防水ブチルテープにて損傷部分を**塞ぐ**
　①**片面**防水ブチルテープにてしわにならないよう**圧着**する。
　②**両面**防水ブチルテープを使用した場合は、**剥離紙**は、確実に剥がす。
　　※**剥離紙**が残ったままだと防水ブチルテープの劣化を促進するため
　　※**膨潤**すると水道（みずみち）ができ、漏水リスクが高まるため、**防水ブチルテープ**と**透湿防水シート**の**相性**を
　　　確認し選定しておくこと

4-008 土台水切り廻りの施工と工夫と注意点

▍防虫・防鼠部材の使用と電食対策を図る

異種金属（金属を含有した木材も含む）が接触・接合する部位は、電食を引き起こす可能性がある。使用金属と電位差と水分（雨・湿気）が付着する場所かチェックしよう。

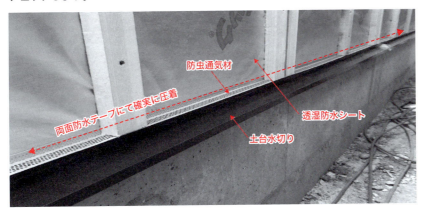

＜透湿防水シート＞
透湿防水シートは、確実に土台水切金物の上に被せ、両面防水テープに圧着させる。

＜防虫通気材＞ ※防虫対策
・通気層に合わせて巾寸法を選定。
・通気層の下端に設けることで、虫の侵入を防ぐ。（外壁胴縁の下側）

＜土台水切＞ ※防鼠対策
・外装仕上げの出寸法より大きいものを設定。
・防鼠材一体型高機能土台水切りを使用
　※土台水切りの立上りの両面テープで、透湿防水シートの下端を留付け。

＜防虫通気材・土台水切り共通＞
・銅・鉛等の異種金属との接触・接合は、電食を引き起こす可能性がある。
・銅・鉛等を含有した薬剤処理物（防腐土台・防蟻胴縁等）との接触も、電食を引き起こす可能性がある。
　※土台水切り・防虫通気材：ガルバリウム鋼板（アルミニウム・亜鉛合金メッキ鋼板）
　※銅や鉛が防虫通気材を錆びさせる。
　（電食：[胴や鉛]貴な金属　[土台水切り・通気材]卑な金属）

＜電食とは＞ ※イオン化傾向（錆びやすい金属ほどイオン化傾向は大きい）
・電気により金属が腐食することをいう。
　異種金属が接触し、雨や湿気等水分が付着すると電食を引き起こしやすくなり、また電位差が大きい金属を組み合わせるほど、電食を引き起こしやすくなる。
　よって、なるべく異種金属の接合は避ける必要がある。
　（例）ステンレス製ビスと亜鉛メッキワッシャーを組合わせるとワッシャーが錆びる等。
　※ステンレス鋼（貴な金属）が亜鉛メッキ鋼（卑な金属）を錆びさせる。

4-009　軒裏の透湿防水シートの張上げ範囲（平側）

透湿防水シートは垂木まで張り上げ
かつ50mm程度折り返す

近年の豪雨や暴風雨による**吹上げる雨**の水しぶきが浸入しても透湿防水シートを**越えさせない**ための納まりを決める。

＜施工上の条件＞
①**雨水の浸入**を防ぐ。
②軒裏に浸入しても**2次防水層**で防ぐ。
③**外壁通気・小屋裏換気**もしくは**屋根通気**を妨げない。

＜対策＞
・軒裏空間はデザイン上可能な限り懐を確保する。
・透湿防水シートは**垂木下**まで**張り上げ**、そこから**50mm**程度折り返す。
（吹上げる雨の水しぶきが浸入しても透湿防水シートを**越えさせない**。）

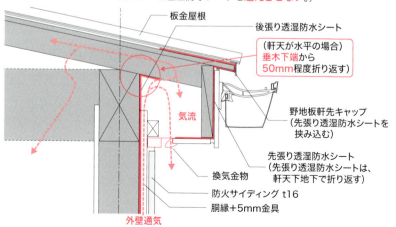

4-010　軒裏の透湿防水シートの張上げ範囲（妻側）

透湿防水シートは野地板まで張り上げ
かつ50mm程度折り返す

妻壁で母屋を跳ね出した軒裏では、一定条件以下の場合は**母屋**の天端を除く**3方**を**防水テープ**で塞ぐ。**母屋天端**と**野地板**との間は、**外壁通気層**から**小屋裏**への**空気の経路**とする。

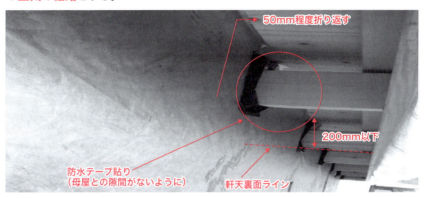

＜施工上の条件＞
①**雨水の浸入**を防ぐ
②軒裏に浸入しても**2次防水層**で防ぐ。
③**外壁通気・軒裏換気**を妨げない。

＜対策＞
・軒裏空間はデザイン上可能な限り懐を確保する。
・透湿防水シートは**野地板**まで**張り上げ**、そこから**50mm**程度折り返す。
・軒天裏面から母屋まで**200mm以下**の場合、母屋との隙間がないよう**防水ブチルテープ**を貼る。
　（吹上げる雨の水しぶきが浸入しても透湿防水シートを**越えさせない**。）

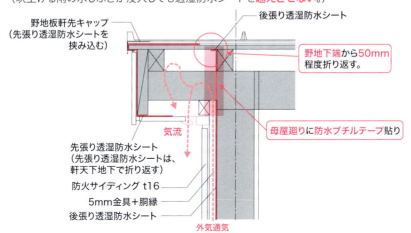

4-011 軒裏の透湿防水シートの張上げ範囲
（バルコニー下・オーバーハング軒裏・玄関ポーチ軒裏）

透湿防水シートは軒天裏面から200mm以上張り上げる

近年の豪雨や暴風雨による**吹上げる雨**の水しぶきが浸入しても**透湿防水シートを越えさせない**ための納まりを決める。

＜施工上の条件＞
① 雨水の浸入を防ぐ
② 軒裏に浸入しても2次防水層で防ぐ。
③ 外壁通気・軒裏換気を妨げない。

＜対策＞
・軒裏空間はデザイン上可能な限り懐を確保する。
・透湿防水シートは軒天裏面から200mm以上張上げる。
（吹上げる雨の水しぶきが浸入しても透湿防水シートを越えさせない。）

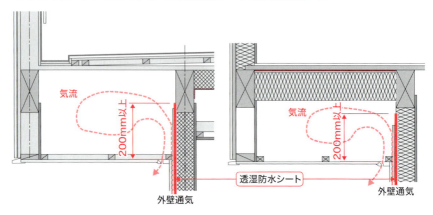

4-012 勾配軒天の後張り透湿防水シートの納め方

胴縁面から垂木下にかけて
後張り透湿防水シートを各100mm程度張り込む

勾配軒天の場合は、水平軒天と異なり、軒裏の懐が小さいため、吹上げる雨の水しぶきによる漏水リスクが高くなる。ここでの着目ポイントは、下記施工手順③。

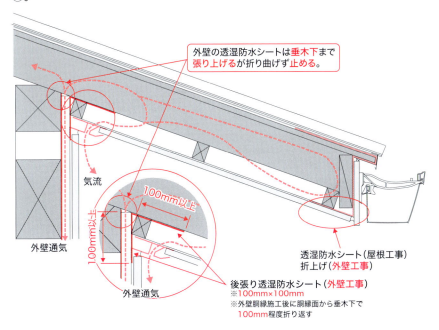

＜勾配軒天の場合の施工手順＞
①外壁の透湿防水シートは垂木下まで張上げ止める。※水平軒天時のように折り曲げない。
②外壁胴縁を施工。※垂木下まで張り延ばす。
③後張り透湿防水シートを施工。(100mm×100mm程度)
　※胴縁面に100mm程度張り、垂木下で100mm程度折り返す。
　※軒天裏に浸入した雨水を屋内に更に浸入させないようブロックするため。
④軒天下地組をする。（大工工事）※後張り透湿防水シートを挟み込むように留付け。
⑤軒裏換気金物を取付ける。※軒天下地で開口部が塞がれないよう注意をする。
⑥軒天ボードを張る。

（注意）
垂木へ軒天ボード直張りはお勧めしない。軒裏の懐がなく透湿防水シートも張上げることができないため、吹上げる雨の水しぶきが浸入した場合、透湿防水シートを越えてしまうリスクが高くなるため。
やむを得ず直貼りする場合は、軒裏換気金物は軒先タイプとすること

4-013 FRP防水の立上り部分の透湿防水シートの納め方

■ 通気層に浸入した雨水排水のため段差部は面をとる

外壁通気層に浸入した雨水を滞留させずに排水させるための工夫として**透湿防水シート**の張り方と**胴縁**の留め方の基準を決める。

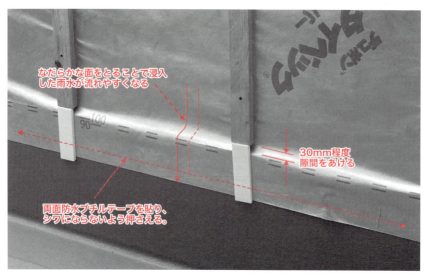

なだらかな面をとることで浸入した雨水が流れやすくなる

30mm程度隙間をあける

両面防水ブチルテープを貼り、シワにならないよう押さえる。

＜前提＞
・バルコニーの内側の壁サイディングとFRP防水立上りの取合いは、水切り金物を使用するのではなく、FRP防水の立上りに被せるようにサイディングを張り下げる納まりとする。

＜施工手順＞
・透湿防水シートの先端は、**両面防水ブチルテープ**にて確実に接着のこと
　※透湿防水シート全長にテープ貼り
　※シワにならないようローラーやヘラで押える
・防水立上りの段差で、水が滞留せず流れやすくするために、**段差部はなだらかに面**をとる。
・胴縁は、段差の上部に**30mm程度**の隙間をあける。
　※段差まで胴縁を下げると面がとれない。
　※段差部で水が滞留する。
　※透湿防水シートが破れるリスクが上がる。

（段差の上部に隙間をあけなかった場合）
・侵入した雨水が滞留する。
・透湿防水シートの経年劣化がすすむと滞留した雨水が内側に浸入し、漏水の原因となる。

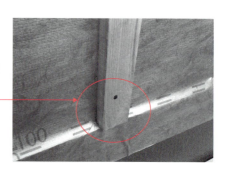

4-014 バルコニー手摺天端からの雨漏り予防対策①

■ 手摺天端の二次防水層の施工手順を決める

手摺天端の防水施工として、防水テープの**3層構造**としている。その理由と意味をチェックしよう。

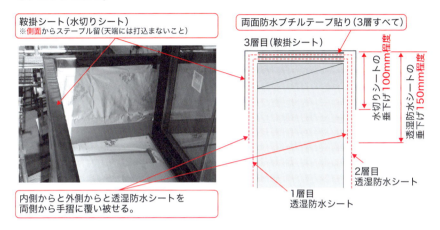

<手摺天端の透湿防水シートと鞍掛シートの張り方>

① **透湿防水シート**を手摺に覆い被せて張り付ける。
　※透湿防水シートが浮かないように、天端に**両面防水ブチルテープ**を貼り、押さえる。
② 手摺天端に**鞍掛けシート（水切りシート）**を覆い被せて張り付ける。
　※鞍掛シートが浮かないように、天端に**両面防水ブチルテープ**を貼り、押さえる。
　※手摺の**側面からステープル留め**（天端に釘やステープル留めはNG）
・**両面防水ブチルテープ**貼りが**3層構造**になる。
　※天端に胴縁を固定する釘と笠木金物のビスを留付けるため、**釘穴止水性**を上げる。

<手摺-外壁取合いの施工>

バルコニーの**内側**（手摺-壁（**直交面**））　　　バルコニーの外側（手摺-壁（**同側面**））

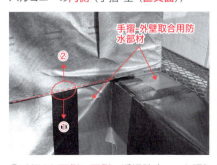
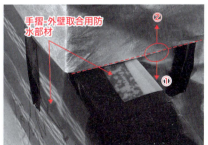

③ 手摺より**下側**：**下側**の透湿防水シート張りの後に防水部材を**上から重ねる**。
④ 手摺より**上側**：壁面の**防水部材**に透湿防水シートを**被せる**。

4-015 バルコニー手摺天端からの雨漏り予防対策②

手摺-壁の取合い用防水部材の施工手順を整理する

防水部材の端部や継目の防水テープはシワにならないように注意する。

＜手摺-外壁（同側面の場合）＞

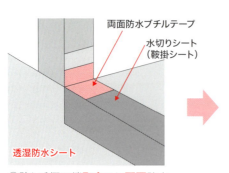

①壁と手摺天端取合いに両面防水ブチルテープを貼る。

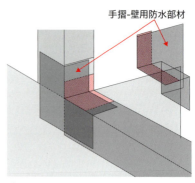

②片側の防水部材を壁と手摺天端取合いに重ね、①のテープに貼付ける。

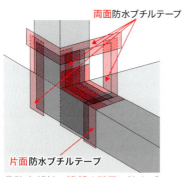

④防水部材の端部や継目に防水ブチルテープを貼る。

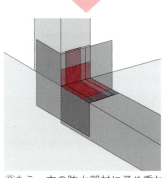

③もう一方の防水部材に予め重ねる部分に両面防水ブチルテープを貼り、手摺を挟み込むように②の防水部材に重ね貼りをする。

＜手摺-外壁（直交面の場合）＞

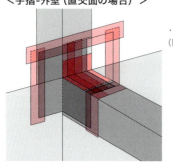

・左記、手摺ー壁が直交する場合の上記④の状態。
（同上の手順で施工した場合）

⑤上部の透湿防水シートを被せる。
※前頁参照

4-016 バルコニー手摺天端からの雨漏り予防対策③

■手摺天端に防水テープを貼った上に胴縁を留付ける

胴縁を留付ける釘の穴からの漏水対策のため、防水テープを貼った上に胴縁を留付け。天端の木下地から含めると防水ブチルテープは**4層構造**となり、**釘穴止水性能**を十分に発揮させる。

①鞍掛シート（水切りシート）の上に**両面防水ブチルテープ**を貼る。※剥離紙は必ず剥がす。

②両面防水ブチルテープの**剥離紙**を剥がした状態。

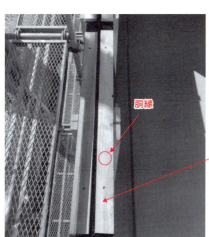

③両面防水ブチルテープの上に**胴縁**を施工
※**910mm以下**ごとに**通気経路**を確保する。

※天端に両面防水ブチルテープを貼るのは、胴縁を留付ける釘及び笠木金物のビスの穴からの止水性を上げるため。（**釘穴止水性**）

※胴縁を留付けた**釘頭**には**シーリング打ち**をする

※天端の木下地から含めると両面防水ブチルテープは**4層構造**になる。

※手摺長さが**910mm以下**でも必ず**両端部**と**中央**に**通気経路**を確保する。

4-017 バルコニー手摺壁内の結露予防対策

■ 手摺壁内の通気経路を確保するため胴縁間は隙間を設ける

手摺壁の**通気層内**のすべてに**気流**の**経路**を**連続**させることで、**結露**の**予防処置**を図る。

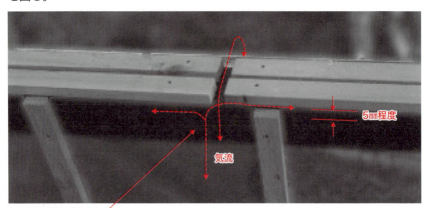

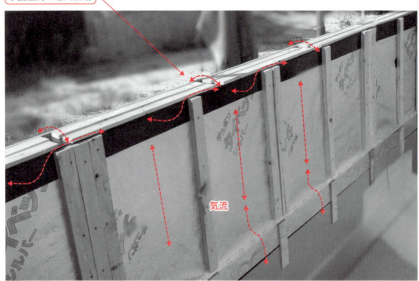

＜通気経路の確保＞
・手摺**天端**の胴縁に**通気経路用クリアランス**（30mm程度）を**910mm以下**ごとに設ける。
・上記の**クリアランス**の位置に手摺壁面（内外部共）の**縦胴縁**を配置しない。
・手摺壁面（内外部共）の**縦胴縁**は、手摺天端より**5mm程度下**で止める。
　※横移動の通気経路も確保するため
・手摺壁の**外部側**から**内部側**まで、**通気層**を**連続**させる。

4-018　バルコニー手摺壁の防露と防水の両立①

手摺壁の標準納まり図を決める

手摺壁の納まりによっては、漏水と結露の両方共高リスクを伴うため、十分に検討が必要。

＜共通内容＞
・天端の施工ルールとして、手摺の頭つなぎ部材から異種の部材が接するごとに両面防水ブチルテープを貼る。（釘穴止水部材を複数層に設けている。）
・手摺の笠木金物下のサイディングは、表面を上にして張る。
　（表面の塗装面は、撥水効果があるが、裏面は水を吸い込むため）

＜納まりを決めるための問題点：結露と漏水リスクの対策＞
①手摺天端用の通気金物からの雨水の浸入について、メーカーも厳しい条件での性能試験をしているとはいえ、近年はそれ以上の風雨や豪雨にさらされることもある。吹き上げる雨があると雨水の浸入の可能性も上がる。
　とはいえ、雨水が浸入したとしても、2次防水層（透湿防水シート）で浸入を止めることができれば、外壁通気層で浸入した雨水は排水され、屋内への漏水には至らない。
　他方で、日本の夏場は湿度も高く、雨が続くと高湿度状態が続き、結露の可能性も上がり、透湿した湿気により、木材にカビが発生する等の腐朽に繋がることも想定される。
　よって、「防露と防水の両立」をどうするか、どのような納まりにするかは、しっかりと検討をしておくことが必要である。
②手摺天端のビス穴や釘穴から雨水が浸入するといった事故も多い。
　手摺天端の下地は、通常フラットで水勾配がないため、浸入した雨水は排水されずに滞留する。そのため滞留した雨水は、さらにビス穴や釘穴から、また防水部材の劣化がすむとそこから更に雨水が浸入し、漏水や腐朽の原因となる。よって、手摺天端の納まりは、上記①の理由も含め十分に検討しておく必要がある。

＜手摺高さ：H500〜600mm程度の場合＞
・手摺高が低い場合は、通気金物を設けない。
　⇒結露リスクより、漏水リスクを優先。

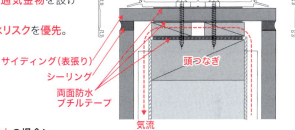

＜手摺高さ：H600mm以上の場合＞
・手摺高が高い場合は、通気金物を設ける。
　⇒漏水リスクより、結露リスクを優先。
　⇒漏水リスクは、2次防水層にて回避

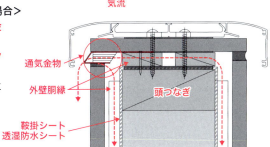

4-019 バルコニー手摺壁の防露と防水の両立②

■ 手摺壁天端のサイディングは表張りとする

胴縁に防水テープを貼った上にサイディングを張り、かつそのサイディングに更に防水ブチルテープを貼った上に笠木金物を取付けるため、笠木金物のビスの穴からの漏水対策は、天端の木下地から含めると防水ブチルテープは**6層構造**となる。

＜天端サイディングの**表張り**＞

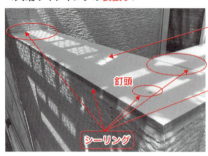
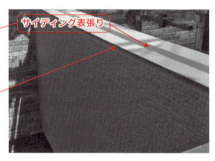

＜天端の**通気金物**＞

・**通気金物**を**外部側**にするか**内部側**にするかは、ロケーションによる。
（例）周囲の建物がなく、まともに風雨にさらされるような場合は**内部側**の設置。

＜手摺天端施工の注意点＞

・手摺天端のサイディングは**表張り**（塗装面を上）とする。
　※**下地胴縁**の上に**両面防水ブチルテープ**を貼った上に**サイディング**を張る。
・天端ジョイント・壁取合い及び手摺立上りサイディング取合いを**シーリング**。
　（手摺高H：500～600mm程度までの場合）
　手摺の**内外部共取合いにシーリング**。
　（手摺高H：600mm以上の場合）
　手摺の**片側**に**通気金物**を取付けた上で**内外部共取合いにシーリング**。
・天端**釘**打ち部も**シーリング**。
・笠木金物を取付ける際には、上記の**サイディング**上の**ビス打ち部**にも**両面防水ブチルテープ**を貼る。

4-020 パラペット天端からの雨漏りと結露の予防対策①

■パラペット天端の二次防水層の施工手順を決める

パラペットの場合は、内側がFRP防水露出のため、納まりと施工に十分に注意が必要。

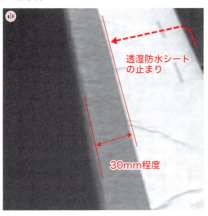
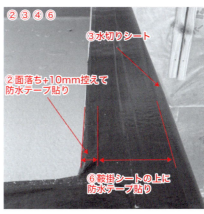

＜パラペットの場合＞
①天端内側端部より**30mm程度**控えて透湿防水シートを両面防水ブチルテープにて貼り付ける。
②パラペット天端に**両面防水ブチルテープ**を貼る。
　※立り内側の**面落ち**より更に10mm程度控えて防水テープ貼り
③上記②のテープの上に**鞍掛けシート（水切りシート）** を貼付け
　※鞍掛シートが浮かないように注意
　※**外壁面**にて、**ステープル留め**。（天端には、釘やステープルで留めないこと）
④手摺端部の**壁**と**手摺取合い**に、両面防水ブチルテープを貼る。
⑤壁との取合いに、手摺-外壁用防水部材を**外側のみ**施工（防水部材端部：防水テープ貼り）
⑥**鞍掛シート**の上に、更に**両面防水ブチルテープ**を貼る。
⑦上記⑥のテープの上（天端）に**胴縁**を留付ける。（**910mmごと**に**通気経路**を確保のこと）
⑧胴縁を留付けた**釘頭**に**シーリング**を打つ。

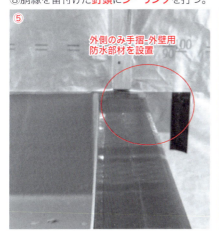
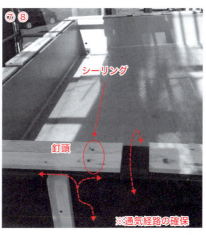

179

4-021　パラペット天端からの雨漏りと結露の予防対策②

■天端サイディングは表張りかつ通気経路を確保する

結露対策上の**通気経路**を確保するため、**内側**をシーリングで**塞がない**。また**天端**からの釘打ち及びビス留め部は、漏水対策のため**防水テープ**貼り及び**シーリング打ち**をする。

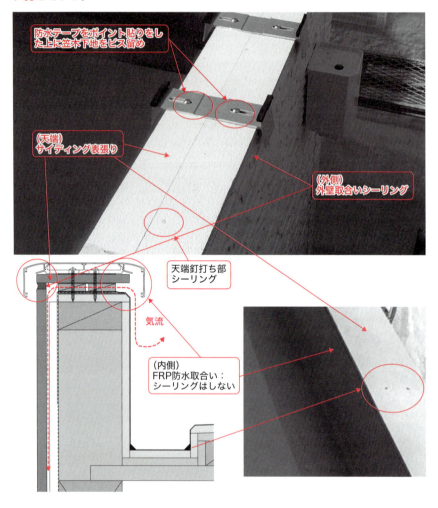

- 手摺天端のサイディングは**表張り**（塗装面を上）とする。
  ※下地胴縁の上に**両面防水ブチルテープ**を貼った上にサイディングを張り**釘打ち**をする。
- 天端ジョイント・壁取合い及び立上り（外部のみ）サイディング取合いを**シーリング**。
- 天端サイディングの上に**両面防水ブチルテープ**を貼った上に笠木下地を**ビス留め**をする。
- 立上り（内側）FRP防水取合いは、コーキング無し。（**外壁通気**のため）
- 天端釘打ち部及びビス留め部も**シーリング**。

4-022 貫通パイプ・ダクト廻りからの雨漏り予防対策①

透湿防水シートは貫通パイプ上部でジョイントせず通し張りとする

貫通パイプもサッシと同様に開口部となるため、開口部上部には透湿防水シートのジョイントは設けない。万が一設けてしまった場合の対応策も決めておくことを推奨する。

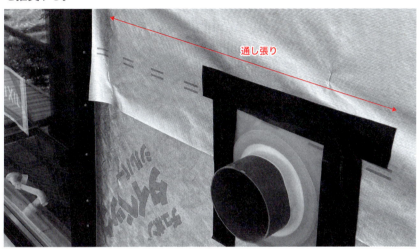

- 貫通パイプの上部の透湿防水シートは、通し張りとし、ジョイント（重ね合わせ）はしない。
  - ※透湿防水シートの重ね合わせ部から浸入した雨水は、パイプ用防水部材の背面にまわり、透湿防水シート貫通部から外壁内に浸入し、漏水の原因となる。
  - ※やむを得ず貫通パイプの上部にジョイントが発生した場合は、上部のジョイントすべてに防水ブチルテープを貼り、雨水の浸入を防ぐ。

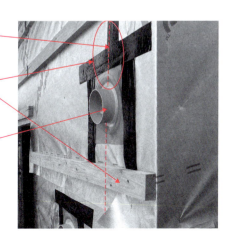

※貫通パイプ部で、透湿防水シートのジョイントが発生している。
　⇒NG
※貫通パイプ上部のジョイントに、防水ブチルテープを縦方向すべてに貼る。⇒OK

ジョイントを跨いで貫通パイプが設置されている。

4-023 貫通パイプ・ダクト廻りからの雨漏り予防対策②

縦の防水テープの突出しに注意。
下側は防水テープを貼らない

貫通パイプ用の防水部材への**テープの貼り方**も防水上の重要なポイントである。この貼り方は、その他でもテープをクロス貼りした際の応用にも繋がるため、しっかりと押えておこう。

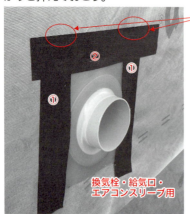

換気栓・給気口・エアコンスリーブ用

※①⇒②の手順で防水テープ貼り

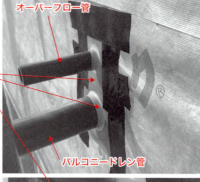

オーバーフロー管
バルコニードレン管

※防水部材が上下に重なる場合は下部の防水部材の上に上部の防水部材を被せる。

※フレキダクトの場合は、防水部材のツバとダクト間に防水テープを貼る。(幅20mm)

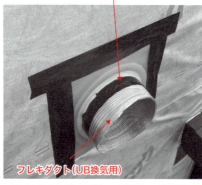

フレキダクト(UB換気用)

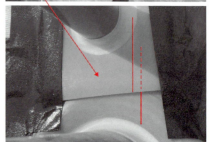

・防水部材のパイプ径: φ150・φ100・φ75・φ50・φ14-28
・施工部位: **換気扇・給気口・エアコンスリーブ・バルコニードレン・オーバーフロー管**

<**防水ブチルテープ貼りの手順**> ※**片面**防水ブチルテープを使用
①**縦方向**の防水テープ貼り⇒②**上部**の**横方向**の防水テープ貼り(縦方向の防水テープの半分程度を重ねる)
　※**縦方向**の防水テープが、**横方向**の防水テープからはみ出さないよう注意
　※**下側**は防水テープは**貼らない**。(万が一雨水が浸入した場合の排水のため)

4-024 貫通可とう電線管廻りからの雨漏り予防対策

▌防水部材のツバはCD管・PF管の同じ溝にかませる

ここでのポイントは、可とう管の**勾配**と防水部材のツバの可とう管の**溝**へのかませ方とテープの貼り方の**3点**。

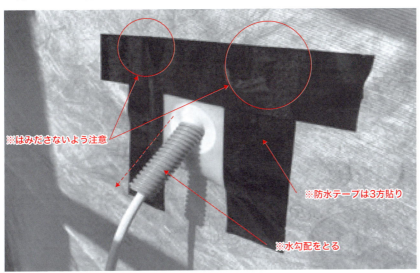

※はみださないよう注意
※防水テープは3方貼り
※水勾配をとる

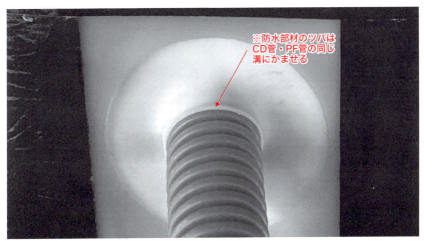

※防水部材のツバはCD管・PF管の同じ溝にかませる

- 防水部材のパイプ径：φ14-28
- 施工部位：外壁貫通電気配線用**CD管・PF管**
- **CD管・PF管**（**φ28以下**）は、**水勾配**をとって配管する。（**外部を水下とする**）
- **CD管・PF管**貫通部には、**パイプ用防水部材**を使用。（**3方に片面防水ブチルテープ施工**）
- 防水部材のツバは、CD管・PF管の**同じ溝**にかませる。
  ※防水ブチルテープを貼る手順は、前頁の貫通パイプ用防水部材と同じ

183

4-025 外壁胴縁材の樹種選定①

▌防腐防蟻処理した胴縁は使用しない

2011年6月8日に日本透湿防水シート協会より、「**防腐・防蟻剤**による透湿防水シートへの影響」について公表された概要について確認しよう。

(概要)
- 防腐・防蟻処理済の胴縁が雨に晒されると防腐・防蟻剤が溶け出し、透湿防水シートに悪影響を与えるリスクが高まる。また、そのことにより、**10年の製品保証**に「**防腐・防蟻剤による影響と認められる場合**」は**免責事項**に追加された。
- 2016年8月には、透湿防水シートのJIS規格が下記のように追加された。
  （JISA6111：2016）
- 防腐・防蟻剤が注入された胴縁を使用する場合、**界面活性剤**が溶け出し、透湿防水シートに**悪影響**を与えるという説明及び注意事項が追記された。

＜悪影響とは＞
- 防水性能の**低下**⇒雨水の浸入の原因（漏水）
  ※界面活性剤の影響で透湿防水シートに雨水が**浸透**する。

＜防腐・防蟻処理された胴縁を使用する場合の日本透湿防水シート協会による注意喚起内容＞
- 「**胴縁は十分に乾燥させ、施工中雨水に濡らさぬよう、胴縁施工後は外装材を速やかに施工する**」などのお願いが記載されている。
  ⇒このメッセージは間違いではないだろうが、外装材施工の工期は通常であれば10日前後はかかる。この間に雨が降らない保証はない。もし施工中に雨が降った場合はどうするのか？
  ⇒雨に晒された部分もしくは広範囲の透湿防水シートを張り替える必要がでる。
  ⇒**リスク**が非常に**大きい**と言える。

(結論)
- **防腐・防蟻処理された胴縁**は**使用しない**。※では、何を使用するかは次頁参照

＜界面活性剤による水が染み込むメカニズム＞
- 透湿防水シートは、液体の持つ「**表面張力**」を利用している。透湿防水シートには**微細な穴**が多数あいており、空気中に含まれる**湿気（水蒸気）**はこの穴を**通過できる**が、**液体**には**表面（界面）張力**があるため大気中程度の圧力差ではこの穴を**通過できない**。ところが透湿防水シートに**界面活性剤**が入り込むと、透湿防水シートと液体の接する面（界面）の**張力**が極端に**低く**なり、**水が浸透する**現象が起きる。

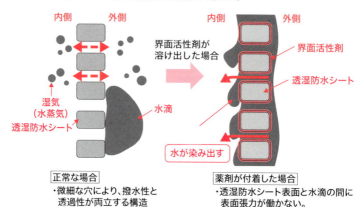

正常な場合
・微細な穴により、撥水性と透過性が両立する構造

薬剤が付着した場合
・透湿防水シート表面と水滴の間に表面張力が働かない。

4-026 外壁胴縁材の樹種選定②

耐久性区分D1の特定の樹種を使用する

外壁胴縁の樹種選定は、諸々の条件よりしっかりと検討し、根拠をもって決めよう。

＜建物外壁の防腐・防蟻基準＞

①外壁の軸組等のうち、地面から**1m以内**の部分に**防腐・防蟻処置**を行う。（北海道・青森県は除く）

②外壁を通気構造（**外壁通気工法**）とし、かつ、外壁の軸組等の各部位ごとに下記の表の何れかの措置又はこれらと同等以上を確かめられた措置を行う。

※防腐・防蟻基準では、「柱・柱以外の軸材及び下地材（間柱・筋交い・胴縁）・合板」が対象となるが、ここでは「**外壁胴縁**」のみを対象とした記述をする。

※上記②以外の選択肢もあるが、ここでは外壁通気工法を基準とした記述とするため省略する。

※ここで記述する「防腐・防蟻基準」については、住宅性能表示の「**劣化対策等級3**」をベースとする。（推奨）

部位	措置
柱・柱以外の軸材・下地材（間柱・筋交い・**胴縁**等）	①製材、集成材（JAS材）を使用し薬剤処理
	②耐久性区分D1の樹種の製材、集成材等で小径が12.0cm以上の材を使用
	③小径が13.5cm以上の製材、集成材等を使用
	④土台の防腐・防蟻の基準の耐久性区分D1の特定の樹種を使用
合板	構造用合板等を使用し、薬剤処理

出典:（公財）日本住宅・木材技術センター 2022年度版木造住宅のための住宅性能表示 64頁

＜耐久性区分D1の樹種＞

・上記表②の**耐久性区分D1の樹種**とは、製材の**JAS**、枠組壁工法構造用製材の**JAS**に規定する「**耐久性区分D1**」に区分される製材又はこれらにより構成される集成材等で使用されている樹種のことをいう。

（出典）（公財）日本住宅・木材技術センター 2019年度版木造住宅のための住宅性能表示68頁

＜耐久性区分D1の特定の樹種＞

・上記表④の**耐久性区分D1の特定の樹種**とは、耐久性区分D1の樹種から、さらに絞られた下記の樹種をいう。（ヒノキ・ヒバ・ベイヒ・ベイスギ・ケヤキ・クリ・ベイヒバ・タイワンヒノキ・ウェスタンレッドシダー）

＜外壁胴縁の選定＞

・下記の理由により、**上記表④**の措置から外壁胴縁として**ヒノキKD**を推奨。

　⑴上記表①より、**薬剤処理済**胴縁は**透湿防水シート**に**悪影響**を与える可能性があり、場合によっては、**保証**が**免責**になるリスクがあるため。（前頁参照）

　⑵上記表②・③の**小径**の条件については、胴縁にはそもそも寸法が当てはまらない。

・**ヒノキ**の選定については、D1の**特定**の樹種より**コスト**と**安定供給面**を考慮して選定

・ヒノキKDの使用範囲については、**地面より1m以内**でよいところだが、**外壁全面**とする。

　（理由）他樹種と使分けした際のコストバランスと納材上の歩留まり及び施工上の歩留まりを考慮した上での判断。

4-027　外壁胴縁施工の注意点①

■ 胴縁サイズと通気経路と留付け基準を決める

浸入した雨水排水や湿気の排気を、よりスムーズにするため、極力横胴縁は避けたい。

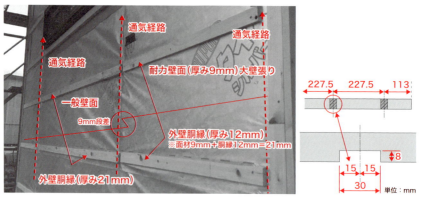

＜外壁胴縁の厚みと留付け＞
- ＜材料＞ヒノキKD　※胴縁21mm及び12mm：特注サイズ
- ＜一般平面＞**21mm胴縁（特注）**＋（5mm金具）＋サイディング
  ※（）内の5mm金具表記は、サイディングが**16mm（15mm）以上**の金具留めの場合
  ※（胴縁**21mm**とした理由）※木工事編参照
  　①バルコニーのFRP防水の立上り部分からの**外壁通気口を確保**するため
  　②耐力壁面材**9mm**（木質ボード）を大壁張りとした場合かつ仕上げ面を同面にする場合に外壁通気層を極力確保するため（外壁通気層12mm確保　※下記胴縁12mmを使用）
- ＜耐力面材部＞**面材（木質ボード）9mm＋12mm胴縁＋（5mm金具）**＋サイディング
  ※上記9mm＋12mm＝21mm（一般平面の胴縁21mmと面合わせとしている。）
  ※（）内の5mm金具表記は、サイディングが16mm（15mm）以上の金具留めの場合
- ＜胴縁留付釘＞**N65かCN65 500mmピッチ以内**
- ＜金具留付ピッチ/留付け＞**455mmピッチ以内**（メーカー純正品）/**専用**のビス又は釘

＜外壁胴縁の通気経路＞
- 横胴縁の場合の通気経路は、**1,820mmピッチ以内**に**巾30mm程度**の隙間を設ける。
  ※横胴縁の場合は、上記の基準を最低限とし、可能ならば**@910mm**ごとに通気経路を設けることを推奨。（著者推奨）（下地に柱が無い場合は、1820mm以内とする。）
  　⇒横胴縁は、縦胴縁と比べて**上方への気流**を**阻害**する工法となるため、湿度の高い時期は、効率よく通気を促したいため。（可能ならば縦胴縁とし、横胴縁は避けたい。）

＜通気胴縁＞
- 横胴縁の場合は、通気経路が上記のように制限されるため、**施工性**と確実な**通気経路確保**のため、**通気胴縁**を加工し使用するのも良い。
  ※参考例（著者推奨）※厚み21mmの場合のみ
  　縦溝のみ（W30mmxD8mm@227.5mm・端部113mm）

（メリット）
- 一般胴縁の場合より、留付釘の**本数**は**少なくなる**。（**漏水リスク**が**小**さくなる。）
- 通気経路の**隙間面積**は、**大きく**なる。（**結露リスク**が**小**さくなる。）

（デメリット）
- コストUP
- 通気溝ピッチや深さを過剰としない。（通気溝に釘が打抜かれ、胴縁の割れや釘の保持力が弱くなるため。）

4-028 外壁胴縁施工の注意点②

■外壁通気経路として胴縁間は
30mm程度隙間を設ける

通気経路は、どの経路であっても塞がない。特に縦方向への気流を促進する納まりとしたい。

＜横胴縁の場合の通気経路＞

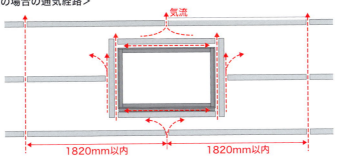

＜縦胴縁の場合の通気経路＞

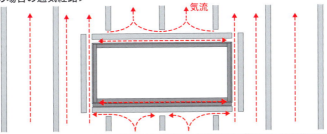

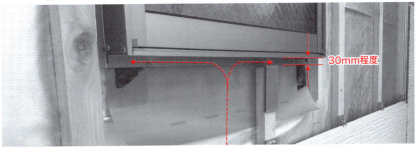

＜通気経路＞
・開口部廻りは、胴縁をサッシと**30mm程度**の隙間をあけて留付ける。
・その他の部位でも、通気経路が胴縁を横断する場合は、**30mm程度**の隙間を設ける。

＜通気経路が阻害された場合に推測される不具合＞
・通気層の空気が流れないため、透湿した湿気により**結露**が発生する。
・結露により胴縁が**腐食**する。（**カビ**が発生）
・結露により**凍害**の原因にもなる。
・万が一通気層に雨水が浸入した場合、排水されにくくなるため、上記のような**結露**による不具合や屋内への**漏水**の原因にもなる。

4-029 軒先の標準納まり①（軒有 - 水上側）

天井断熱・屋根断熱共通：下地と仕上げの納まりを決める①

軒の出が**小さい**場合も軒ゼロと同様に**漏水リスク**が**高い**ため、各部の納まりルールを決め、大工・屋根工・外壁工を跨ぐ納まりになるが、**外壁工事**の**役割**をしっかりと押さえておこう。

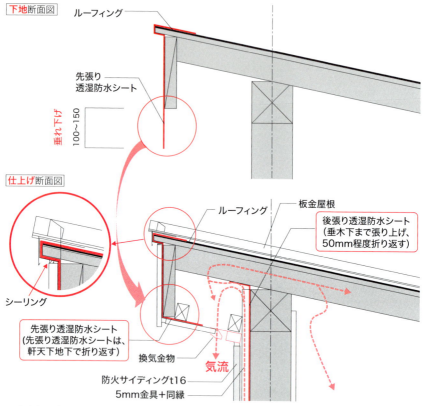

＜水上側の各対策＞
（防水対策）（外壁工事）
- 軒天下地組後に垂れ下げた**先張り透湿防水シート**を折り上げ、軒天仕上げ材で挟み込む。
  ※折り曲げた先張り透湿防水シートで、軒裏換気金物の換気口を塞がないよう注意
- **後張り透湿防水シート**を垂木下まで張り上げ、**50mm**程度折り返す。
- **野地板軒先キャップ**と**破風材**間に**シーリング**を打つ。
  ※野地板軒先キャップをすることで外装材取合いの**接着性**をあげる。

（防露対策）
- **外壁通気層**と**小屋裏空間**もしくは**屋根通気層**を連続させ一体的に**換気・通気経路**とする。
- 換気は下記の方法のいずれかとする。
  ① （屋根が**2寸程度以下**の緩勾配の場合）**軒裏換気金物**より換気
  ② （**2.5寸程度以上**の屋根勾配の場合）**棟換気金物**より換気
  ※上記図は①の参考図
  ※換気金物は、片流れ屋根水上の軒天金物は、メーカー基準にて使用OKなものを選定。

4-030 軒先の標準納まり②（軒有 - 水下側）

■ 天井断熱・屋根断熱共通：下地と仕上げの納まりを決める②

軒の出が小さい場合も軒ゼロと同様に漏水リスクが高いため、各部の納まりルールを決め、大工・屋根工・外壁工を跨ぐ納まりになるが、外壁工事の役割をしっかりと押さえておこう。

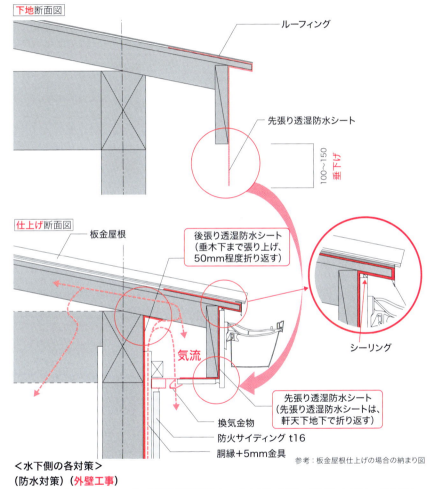

参考：板金屋根仕上げの場合の納まり図

＜水下側の各対策＞
（防水対策）（外壁工事）
・軒天下地組後に垂れ下げた先張り透湿防水シートを折り上げ、軒天仕上げ材で挟み込む。
　※折り曲げた先張り透湿防水シートで、軒裏換気金物の換気口を塞がないよう注意
・後張り透湿防水シートを垂木下まで張り上げ、50mm程度折り返す。
・野地板軒先キャップと破風材間にシーリングを打つ。
　※野地板軒先キャップをすることで外装材取合いの接着性をあげる。
（防露対策）
・外壁通気層と小屋裏空間もしくは屋根通気層を連続させ一体的に換気・通気経路とする。
・軒裏換気金物より換気。

4-031 軒先の標準納まり③（軒有 - けらば側）

■ 天井断熱・屋根断熱共通：下地と仕上げの納まりを決める③

軒の出が小さい場合も軒ゼロと同様に漏水リスクが高いため、各部の納まりルールを決め、大工・屋根工・外壁工を跨ぐ納まりになるが、外壁工事の役割をしっかりと押さえておこう。

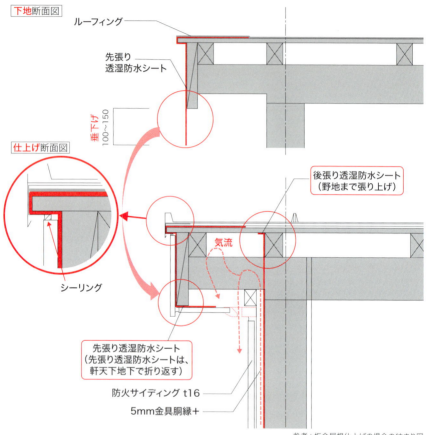

参考：板金屋根仕上げの場合の納まり図

＜けらば側の各対策＞
（防水対策）（外壁工事）
・軒天下地組後に垂れ下げた先張り透湿防水シートを折り上げ、軒天仕上げ材で挟み込む。
　※折り曲げた先張り透湿防水シートで、軒裏換気金物の換気口を塞がないよう注意
・後張り透湿防水シートを野地まで張り上げ、50mm程度折り返す。
・野地板軒先キャップと破風材間にシーリングを打つ。
　※野地板軒先キャップをすることで外装材取合いの接着性をあげる。
（防露対策）
・外壁通気層と軒裏空間を連続させ一体的に換気・通気経路とする。
・軒裏換気金物より換気。
　※換気金物：けらばの軒天金物は、メーカー基準にて使用OKなものを選定。

4-032 軒先の標準納まり④（軒ゼロ‐水上側）

■ 天井断熱：下地と仕上げの納まりを決める①

軒ゼロは漏水リスクが非常に高いため、各部の納まりルールを決め、大工・屋根工・外壁工を跨ぐ納まりになるが、外壁工事の役割をしっかりと押さえておこう。

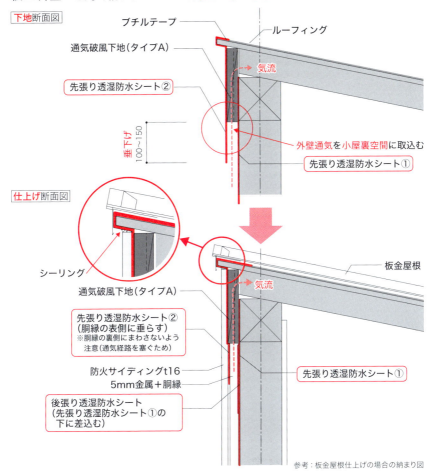

参考：板金屋根仕上げの場合の納まり図

＜水上側の各対策＞
（防水対策）（外壁工事）
・後張り透湿防水シートを先張り透湿防水シート①の下に差込む。
・野地板軒先キャップと外装材間にシーリングを打つ。
　※野地板軒先キャップをすることで外装材取合いの接着性をあげる。
（防露対策）
・外壁通気層と小屋裏空間を連続させ一体的に換気・通気経路とする。
・換気は下記の方法の①のみもしくは②のみもしくは①②の併用とする。
　①（小屋裏の懐が大きい場合）小屋裏から妻壁の外部フードより妻換気。
　②棟換気金物より換気　※上記図は①の参考図

191

4-033 軒先の標準納まり⑤（軒ゼロ - 水下側）

■ 天井断熱：下地と仕上げの納まりを決める②

軒ゼロは漏水リスクが非常に高いため、各部の納まりルールを決め、大工・屋根工・外壁工を跨ぐ納まりになるが、外壁工事の役割をしっかりと押さえておこう。

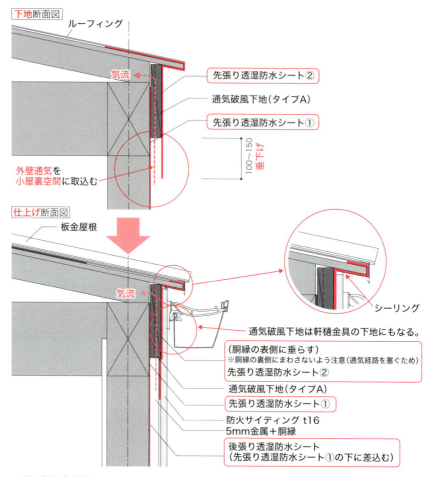

参考：板金屋根仕上げの場合の納まり図

＜水下側の各対策＞
（防水対策）（外壁工事）
・後張り透湿防水シートを先張り透湿防水シート①の下に差込む。
・野地板軒先キャップと外装材間にシーリングを打つ。
　※野地板軒先キャップをすることで外装材取合いの接着性をあげる。

（防露対策）
・外壁通気層と小屋裏空間を連続させ一体的に換気・通気経路とする。
・換気は下記の方法の①のみもしくは②のみもしくは①②の併用とする。
　①（小屋裏の懐が大きい場合）小屋裏から妻壁の外部フードより妻換気。
　②棟換気金物より換気

4-034 軒先の標準納まり⑥（軒ゼロ - けらば側）

天井断熱：下地と仕上げの納まりを決める③

軒ゼロは漏水リスクが非常に高いため、各部の納まりルールを決め、大工・屋根工・外壁工を跨ぐ納まりになるが、**外壁工事**の**役割**をしっかりと押さえておきましょう。

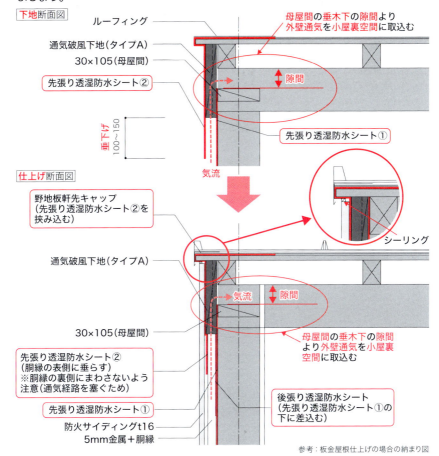

参考：板金屋根仕上げの場合の納まり図

＜けらば側の各対策＞
（防水対策）（外壁工事）
・後張り透湿防水シートを先張り透湿防水シート①の下に差込む。
・野地板軒先キャップと外装材間にシーリングを打つ。
　※野地板軒先キャップをすることで外装材取合いの接着性をあげる。
（防露対策）
・外壁通気層と小屋裏空間を連続させ一体的に換気・通気経路とする。
・換気は下記の方法の①のみもしくは②のみもしくは①②の併用とする。
　①（小屋裏の懐が大きい場合）小屋裏から妻壁の外部フードより妻換気。
　②棟換気金物より換気

4-035 窯業系サイディングの切欠き施工の注意点

クラック予防のため
10mm程度のシーリング目地を設ける

建物の**揺れ**や**振動**により外装材の**ひび割れ（クラック）**が生じやすい部位に**目地**を設けることで**追従性**を上げる。またそのクラック対策が、**雨水の浸入**を**抑制**する結果にも繋がっている。

①**コの字形状**で、残りの板幅が**1/2未満**の寸法となる場合

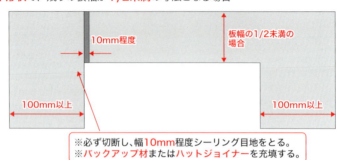

※必ず切断し、幅10mm程度シーリング目地をとる。
※**バックアップ材**または**ハットジョイナー**を充填する。

②**Lの字**形状で、残りの板幅が**100mm未満**となる場合

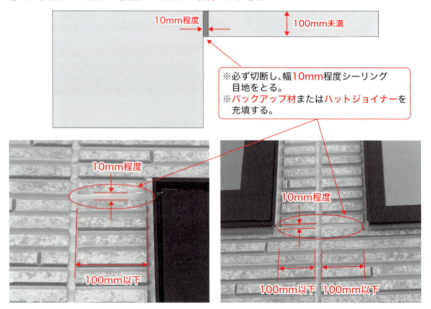

※必ず切断し、幅10mm程度シーリング目地をとる。
※**バックアップ材**または**ハットジョイナー**を充填する。

・窯業系サイディングの**切欠き**は、原則として**板幅の1/2未満**の寸法とする。
　※残った板幅が、**1/2以上**の寸法となること
・割付け上やむを得ず、残りの板幅が上記の画像や図の寸法となる場合は、必ず**切断**し、**シーリング目地**を設ける。

4-036 サッシ上枠廻り・外装シーリングジョイントからの漏水予防

■ 窓上の目地には水抜き穴を設置し
■ 外装ジョイント目地は二面接着とする

窓上に設ける水抜き穴の意図とシーリングの接着方法の違いを整理したのでチェックしよう。

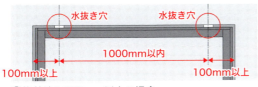 

①枠外法1,200mm以上の場合
両端部から100mm以上に設置。
その間は1000mm以内の設置

②枠外法1,200mm未満の場合
中央部に設置

＜サッシ上枠目地の水抜き穴設置＞ ※水抜き穴：W30〜50mm程度
（目的）水抜き穴は、外壁通気層内に浸入した雨水や結露水を上枠部で滞留させずに排水させることが目的。
（注意点）
①目地ジョイナーも必ずカットすること
②横胴縁の場合、胴縁で水抜き穴までの水の通り道を塞がないこと
③連装窓の場合は、窓のジョイント部分に水抜き穴を設けないこと（ズラす）。

窓のすぐ上部に軒や庇がある場合
⇒雨掛かりが少なければ設けなくてもよい。

上記のようなWサイズが大きめの窓の場合
⇒少なくとも3ヶ所以上必要（雨掛かり）

＜シーリングジョイントの二面接着・三面接着の判断基準＞

- **二面接着**：目地の両側の二面のみ接着させる方法
  （ボンドブレーカー及びバックアップ材にて目地底面と縁を切る。）
  ※建物の揺れや振動で被着体が動くこと（ムーブメント）が想定される場合に採用。
  ※上記のムーブメントが想定される目地をワーキングジョイントをという。
  ⇒シーリングがこの動き（目地の伸縮）に追従するため防水性能が維持できる。（木造・鉄骨造等の外装及び外壁目地：ワーキングジョイントのため二面接着）
- **三面接着**：目地の両側+目地底面の三面で接着させる方法
  ※ワーキングジョイントでは追従性に乏しくシーリングが切れるため不向き。
  ※ムーブメントが想定されない目地をノンワーキングジョイントという。（RC造の打継目地：ノンワーキングジョイントのため三面接着）

4-037 シーリング施工の注意点

▌外装目地はプライマーを使用・
▌外壁金物の下側はシーリングを打たない

目地シーリング施工の注意点と外壁取付金物のシーリング範囲を整理したのでチェックしよう。

＜下のプライマー塗布画像について＞

使用シーリングの専用プライマーを使用。 ○

ハットジョイナーの表面の青色のテープが剥がされている。
⇒ボンドブレーカーがないため3面接着となる。

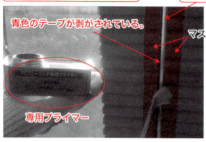

青色のテープが剥がされている。

専用プライマー

高耐候性シーリング施工
マスキングテープ

高耐候性シーリング材

＜目地シーリングとプライマー＞
①ムーブメント部のシーリングとなるため、**2面接着**とする。
　※ハットジョイナー金物の表面テープ（ボンドブレーカー）は剥がさない。
　※ハットジョイナーを使用しないときは、バックアップ材を充填し、ボンドブレーカーとする。
②専用のプライマーを塗布する。
　※プライマーを塗布しないと接着力が弱くなるため、振動や揺れにより剥がれやすくなる。

＜エアコンキャップ＞

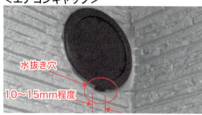

水抜き穴
10〜15mm程度

エアコンスリーブキャップの**下部**は、**水抜き穴**とするのために、シーリング施工をしない。
（10〜15mm程度）

＜外部フード＞

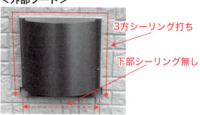

3方シーリング打ち
下部シーリング無し

・外部フード廻りのシーリングは、上部と両側の**3方打ち**とする。
・**下側**は、シーリングは打たない。（**水抜き**とするため）

＜外壁取付金物シーリングと水抜き＞
①シーリング材は、紫外線劣化等必ず将来的に劣化が進み、**打替え**も必要になる。
②外壁仕上げは、必ずしも**平滑**とは限らない。
上記①②の観点から、万が一シーリング部から**雨水の浸入**があった場合のことを**予め想定**して施工する必要がある。
⇒上部のシーリングから雨水の浸入があった場合に、雨水を屋内に浸入させずに、そのまま
　排水させるような施工とする。（外壁工事もしくは電気工事）

＜シーリング材＞
・変成シリコン系又は高耐候に改良されたウレタン系　※シリコン系はNG

4-038 シーリング材の選定①

■シーリング材の主成分と特性を理解し選定する

シーリング材は、主成分や特性や色も様々であり、被着体の材質による組合せや相性も様々であるため、十分に吟味した上でシーリング材を選定する必要がある。

＜シーリング材の選定＞
①変成シリコン系又は高耐候に改良されたポリウレタン系
②変成シリコンでも、より高耐候商品を推奨
③ノンブリードタイプ
　・可塑剤がでないため、それによるサイディングの塗膜の退色や変色が起きることはない。
　・ノンブリードタイプは表面の塗装性にも優れているため、表面の保護や塗り替えといった場合も対応しやすい。
④低モジュラスタイプ
　・柔軟性や追従性に優れている。
　・木造住宅は、RC造と比較しても揺れや振動といったムーブメントが大きくなるため、低モジュラスタイプを推奨。
⑤JISの耐久性区分の確認（耐熱性・伸縮性）
　・シーリング材には、必ずではないが「9030」や「8020」等の表記がされている。
　（例）「9030」とは：90℃で30％の圧縮、−10℃で30％の伸長しても問題無し。（8020：80℃で20％）（いずれも低温試験は、−10℃）よって、数字が高いほうが耐久性が良い。

⑴高耐候の変成シリコン系（低モジュラス・JIS耐久性区分8020）

⑵変成シリコン系（低モジュラス・ノンブリード・JIS耐久性区分8020）

⑶高耐候ポリウレタン系（低モジュラス・ノンブリード・JIS耐久性区分9030）

⑥は次頁

4-039 シーリング材の選定②

将来のシーリング打替えまで想定し選定する

異種シーリング材の相性や耐候性を一覧表で整理したので、新築時と将来の打替え時のシーリング材を併せて選定することを推奨する。

<シーリング材の選定>※前頁の続き
⑥将来のシーリング打替え時の打継の相性や品質を考慮
　※住宅会社は打替え時の打継の相性と品質を想定し、新築時に仕様を決めておくことを推奨する。
⇒新築当時の仕様の確認及び調査をする手間が省ける。

<異種シーリング材の打継ぎの目安と耐候性>

先打ち \ 後打ち		シリコーン系 2成分系 1成分系 (低モジュラス)	シリコーン系 1成分系 (高モジュラス)	変成シリコーン系	ポリサルファイド系	アクリルウレタン系	ポリウレタン系	アクリル系
シリコーン系	2成分系 1成分系 (低モジュラス)	○	○	×	×	×	×	×
シリコーン系	1成分系 (高モジュラス)	※	○	×	×	×	×	×
変成シリコーン系		※	※	※	※	※	※	※
ポリサルファイド系		○	※	○	○	○	○	○
アクリルウレタン系		○	※	○	○	○	○	※
ポリウレタン系		○	※	○	○	○	○	○
アクリル系			※	○	○	○	○	○
表面耐候性	2成分系	◎	◎	○	○	○	△	-
	1成分系	◎	◎	○	○	-	○〜△	-

⑴○：打ち継ぐことができる。
　△：カットして新しい面を出し、専用プライマーを使用すれば、打ち継ぐことができる。
　×：打ち継ぐことができない。
　※：シーリング材製造業者に確認が必要である。
⑵打継ぎ表は以下の条件を前提としている。
　①先打ちシーリング材は十分に硬化していること。
　②打継ぎ面は溶剤洗浄を行うこと、又はカットして新しい面を出すこと。
　③後打ちシーリング材のプライマーを打継ぎ面に塗布すること。
　④打継ぎの例を右上の図に示す。
⑶打継ぎ表の適用にあたっては次のような留意が必要である。
　この打継ぎ表は、目地設計・施工計画・施工管理などの参考とする目安であり、実際の施工にあたっては、取り合うシーリング材製造業者の技術資料や指示に基づいて実施する必要がある。

出典：日本シーリング材工業会　建築用シーリング材ハンドブック2023 25・29頁

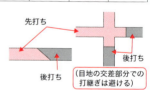
（目地の交差部分での打継ぎは避ける）

<シーリング材の判断>
※外壁で使用されているシーリングは、変成シリコン系かポリウレタン系が一般的。
・上記表の打継ぎ特性より
　①先打ちの変成シリコンは、すべてに※印となり、後打ちは製造業者の確認が必要。だが、耐候性は良い。
　②ポリウレタン系は、ほぼどの主成分でも打継ぎは可能。だが耐候性は変成シリコンより劣る。（※後打ち施工業者が、別会社で先打ち主成分を知らなかったとしても、ほぼ○印のためお客様の建物品質は担保される。）
・上記の⑥の表と前頁①〜⑤の特性より、先打ちシーリング仕様として、著者推奨は下記。
　①外壁サイディング以外の場合：（原則）変成シリコン系　※コスト無視するなら高耐候性。
　②外壁サイディングの場合：1.高耐候ポリウレタン、2.高耐候変成シリコン、3.変成シリコン

第 5 章 FRP 防水工事編

・漏水予防対策
・施工の効率化と工夫と注意点
・防水保証と保険
・密着工法と緩衝工法
・アフターメンテナンスの事前対策
・材料選定のポイント

5-001 バルコニーの FRP 防水

■バルコニーのFRP防水は密着工法を採用する

バルコニーからの雨水の浸入予防として、バルコニー床面からサッシ下端までの**基準高さの確保**とサッシ下端に廻り込んだ雨水も**水返し下地**で浸入を食止める**2重対策**とする。

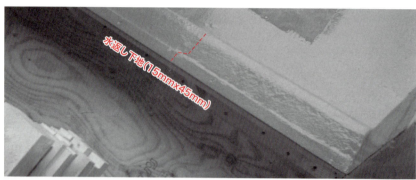

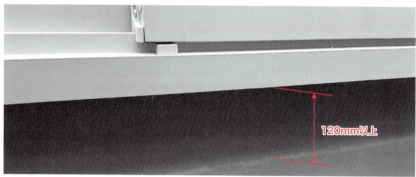

＜バルコニー掃き出し窓からの雨漏り予防対策＞
・掃き出しサッシの窓台天端まで、FRP防水を施工。（防水先行施工・サッシ後施工）
・サッシ下端から防水面水上まで、**120mm以上**確保

＜バルコニーのFRP防水＞
・**密着工法**：バルコニーのような**人が歩行するような部位**に使用される工法（**軽歩行**）
　（メリット）FRP防水の**密着**工法は、とても強度があり、場合によっては**通常歩行**や**重歩行**とされる部位でも使用されることもある。
　（デメリット）防水層が下地に密着されるため、下地に動きがあった場合に防水層の**追従性**が弱く**下地ジョイント部からのひび割れ**や、下地が**湿潤状態**の場合だとその水分の影響による**防水層のひび割れ**等が発生する場合がある。
　※**2プライ施工**とする。（ガラス繊維マットをポリエステル樹脂で固めた防水層の2重施工）
　※サッシ先行施工ではなく、**防水先行施工**を推奨する。
　　（理由）サッシ先行の場合は、雨の水跳ねにより、サッシ下枠取合いからの雨水の浸入トラブルが多い。それはサッシ下枠取合いの施工が狭く困難であり、ガラスマットと防水樹脂とシーリングが、サッシ下枠と一体化されていないことが多いため。
　※**入隅・出隅**はすべて**三角面**もしくは**R面**とする。

5-002 バルコニーのドレン廻りからの雨漏り予防対策の工夫

■排水ストレーナーを目詰まりさせない

ストレーナーにゴミで目詰まりをさせないための工夫として排水溝の**水下**は**段差を設け**、**水上**は**段差をなくす**。

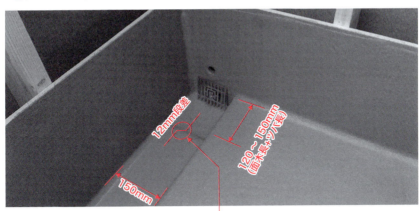

- 横引ドレン取合い：排水溝に**12mm段差**（大工工事）をつけ、かつなだらかな**面**をとる。（**防水工事**）

（段差をつける理由）
①段差無しだと排水溝のゴミが直接ストレーナーまで流れ、**目詰まりの原因**となるため、手前に段差を設けることでゴミを溜まらせる。
②段差無しだと横引きドレンのツバの厚みだけ下地を掘りこむ必要があり**施工手間**もかかる。
（**面**をとる理由）　※防水層を切らせない以外の理由
①流れる排水の**勢い**を付けさせる。
②溜まったゴミの**掃き掃除を容易**にする。

提供：三井化学産資㈱

段差なし

段差があるとゴミが溜まりやすい。
※目詰まりの原因

- 水上の排水溝と平場との取合い：**段差をなくす**。
　⇒下地：大工工事
　⇒仕上：**防水工事**

（段差をなくす理由）
①排水溝に溜まったゴミの**掃き掃除を容易**にする。（ゴミが排水ストレーナーの**目詰まり**をおこし、排水が悪くなり、**漏水の原因**となるため）

201

5-003 排水ドレン管・オーバーフロー管の選定

■ FRP防水とドレン管等は同一メーカーを採用する

FRP防水は、**防水保証**（施工保証）と**第3者保険**（材・工）の2重の安心を得られるメーカーの採用を推奨する。

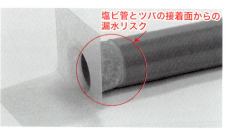

提供：三井化学産資㈱のHP

オーバーフロー管

横引きドレン

提供：三井化学産資㈱のHP

＜FRP防水メーカーの第3者保険システム＞
・メーカーによっては、**第3者保険**をかけている場合がある。
（第3者保険システム）
①防水施工業者が万が一倒産した場合でも、**メーカー**が**住宅会社**に対して**保険適用**を可能とする商品（**材・工のいずれも保険適用**）
②**防水保証**とは：防水施工業者が、漏水に対して施工保証する仕組み
　⇒防水施工業者が倒産した場合は、住宅会社に対し保証が切れてしまうため、住宅会社は施工責任を追及できなくなる。
※上記①②より、**第3者保険を掛けているメーカー商品**の採用を推奨する。

＜ドレン管・オーバーフロー管の選定＞
・一般的に**ドレン管**が**原因**になる漏水は、上記の保険適用外で**免責**となる。
　⇒横引きドレンの**ツバ部分（FRP層）と塩ビ管の接着面**が外れる場合や隙間が生じる場合があり、その部分からの漏水は、保険適用外で**免責**
・FRP防水と**同一メーカー**のドレン管やオーバーフロー管を採用することで、ドレン管からの漏水もFRP防水の**第3者保険システム**にて、包括的に**保険保証の対象**とすることも可能。
　※FRP防水とドレン管等の包括保険保証（材工）
・現場でドレンとツバを接着させることは**禁止**したほうが良い。（あくまで**メーカー側**の**工場生産**）

＜指定ドレン管等の現場施工と目視確認の工夫＞
・指定商品が確実に使用されているかの**目視確認**を可能とするため、**塩ビ管部分**に目印として**刻印**もしくは**印字**をする。（ドレン管等は、防水業者は基本バラで現場に持参するので、指定品かどうかの確認がとれないため）

5-004 防水の立上りが低い場合のFRP防水の施工範囲

■FRP防水の施工範囲を数値化する

防水の立上りが低い場合のFRP防水の範囲を決めておこう。決めておくことで下地の範囲も決まる。

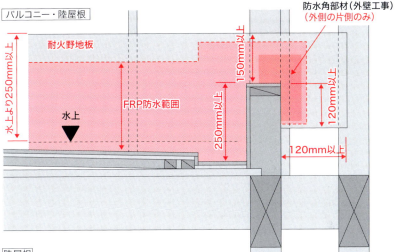

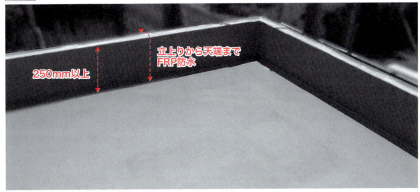

<FRP防水下地>下記：大工工事
- バルコニーの立上り天端が水上より立上げ250mmより低い場合は立上り天端より150mm以上耐火野地板を張り上げる。
- バルコニーの立上り天端にも耐火野地板を貼る。
- 耐火野地板は、防水角部材のサイズより外側へ及び下側へ張り延ばす。（立上り外側より外側へ120mm以上、立上り天端より下側へ120mm以上）

<FRP防水仕上げ>下記：防水工事
- 上記下地（耐火野地板）張り範囲内で、FRP防水を施工（2プライ）

5-005 陸屋根の FRP 防水

■危険な場所のFRP防水は緩衝工法を採用する

陸屋根のFRP防水は、メーカー指定の上限面積があるが、上限面積以内に分割する工夫をすれば上限面積を越えても保証対象内とすることが可能。また緩衝工法を推奨する。

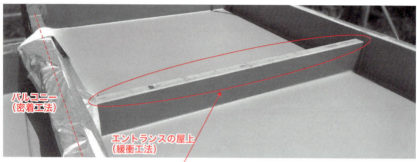

バルコニー
（密着工法）

エントランスの屋上
（緩衝工法）

＜漏水・ひび割れリスク低減の工夫＞
※メーカー指定の防水面積上限を越える場合
ひび割れ対策として、立上りを設け防水範囲を上限面積以下に分割する。（著者推奨）

＜陸屋根等のFRP防水＞
・陸屋根等：屋上や室外機置場等屋内から行けないようなフラットルーフ
・緩衝工法：密着工法とは違い、下地と縁を切り、下地の動きに追従させる工法
　※2プライ施工とする。（ガラス繊維マットをポリエステル樹脂で固めた防水層の2重施工）
（メリット）下地追従型のため、ひび割れが入りにくい。大きい面積でも使用が可。耐久性がある（長持ちする）。
　※密着工法を使用するバルコニーは、住人が日常利用する分耐歩行用を採用する必要がある。一方下地追従性が弱い。しかし日常利用する分、防水層にひび割れが入っても早期に発見できる可能性が大きい。しかしながら、屋内から行けない場所に密着工法を採用するとひび割れが入っても気付かず、気付いた時にはすでに被害が大きくなっていることが推測される。よって、下地追従型の緩衝工法を採用することを推奨する。
（デメリット）耐歩行性が弱い。密着工法よりコストUP

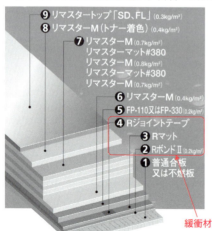

❾リマスタートップ「SD、FL」(0.3kg/m²)
❽リマスターM（トナー着色）(0.4kg/m²)
❼リマスターM(0.7kg/m²)
　リマスターマット#380
　リマスターM(0.8kg/m²)
　リマスターマット#380
　リマスターM(0.7kg/m²)
❻リマスターM(0.4kg/m²)
❺FP-110又はFP-330(0.2kg/m²)
❹Rジョイントテープ
❸Rマット
❷RボンドⅡ(0.2kg/m²)
❶普通合板又は不燃板

緩衝材

提供：三井化学産資㈱

Rマット（緩衝材）

第6章 内装・左官仕上工事編

・施工の効率化と工夫と注意点
・水こぼれ・湿気対策
・アフターメンテナンスの事前対策
・材料選定のポイント

6-001 クロス施工の注意点

パテ処理範囲や施工上必要アイテムの使用をルール化する

クロスは最後の仕上げであり、下地処理の良し悪しが仕上げの見た目に繋がり、更にはクレームに繋がるため、施工手順をしっかりと押えよう。

＜下地処理施工＞
（パテ処理）ボード**ジョイント・ビス穴**すべてを**パテ処理**する。（仕上げ後の**不陸抑制のため**）

（出隅処理）**コーナー補強**及び**角のラインを通す**ためとして**コーナーテープ**を使用する。

＜仕上げ施工＞
（クロスジョイント処理）
・クロス貼りの**ジョイント処理**は、**あい裁ち（重ね切り）**とする。
　※あい裁ちの下側のクロスが上側のクロス糊で汚れないように「**ジョイント切断テープ**」を使用。
　※あい裁ちの際に下地の石膏ボードもカットしないように「**下地保護テープ**」を使用する。
　⇒上記2つのテープをクロスの糊付け機に仕込み、クロスの糊付けと併せてクロスに貼り付けるジョイントテープは使用するが、下地保護テープを使用しない職方も時折見かける。⇒必ず使用させる。

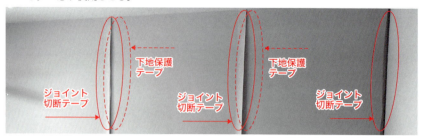

＜上記画像のクロスの貼り方＞
・一枚のクロスの**左側**があい裁ちの上側のクロスとなるため、**ジョイント切断テープ**貼り。（クロス左側：実線表記）
・一枚のクロスの右側があい裁ちの下側のクロスとなるため、**下地保護テープ**貼り。（クロス右側：鎖線表記）
　※上記の内容・画像は、**貼り方向が右から左**の場合
　※右か左かは、職方の利き腕や貼り方向により異なる。

ジョイント切断テープ

下地保護テープ

6-002 吹抜けのクロスのひび割れや隙間対策

■ 先打ちボンドコークの上重ね貼りをする

吹抜けの**壁の継目**や**壁と天井との取合い**は、下地や構造に異常がなくてもクロスの隙間やひび割れが発生しやすいため、施工のテクニックである程度は抑制が可能。

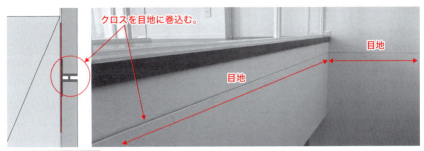

下記クラック対策①②

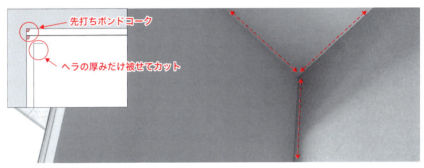

下記クラック対策③

※天井–壁取合いのクロス貼りの施工手順は、**天井⇒壁**が良い。（**天井**が**後**だと被せたクロスが**下**に向き、下から見ると**隙間**に見えるため）

＜クラック対策＞
・**吹抜け**の場合は、**振動**や木材の**伸縮膨張**だけでなく、建物の**揺れ**（地震や暴風等）による1階と2階の**層間変位**を原因とするクロス**ひび割れ**等（亀裂・浮き・ヨレ）を考慮する必要がある。そのため下記の対策をとる。
①石膏ボードの継目に**目地**を設ける。（大工工事）
②上記**目地**に**クロスを巻き込む**。（1階と2階のクロスの**縁を切る**。）
③壁の入隅や天井と壁取合い等、クロスのジョイントが伸縮膨張で開きやすい部位には、**先にボンドコーク**を打ってから、**下側のクロス**を貼る。
次に、もう片方の取合う上側のクロスも先行貼りした下側のクロスに**先打ちボンドコーク**を打ち、その上から上側のクロスを下側クロスに**ヘラの厚み分**だけ**重ね貼り**をする。（あい裁ちをしない。）
※多少ジョイントが開いたとしても被せた分だけ下地が見えることはない。
※**後打ち**のボンドコークは、揺れや振動で切れやすくなり、切れたボンドコークは醜い。

6-003 水廻りのクッションフロア施工の注意点

■床・壁取合いにシーリングを打つ

水廻りでも特に脱衣室は、**仕上げ材**だけでなく**下地**も**耐水材**を使用する。（水のこぼれ・湯気対策）

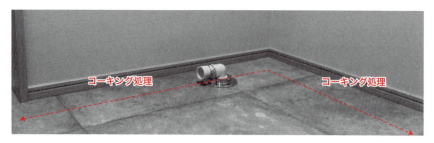

＜目的＞
①クッションフロアの下に**水が回らない**ようにする。
②水が回ってしまった場合のための**下地材選定**。

＜目的の対策＞
⑴クッションフロアより巾木**先**施工の場合（不陸調整ゴム付木巾木を使用する場合）
・巾木下の不陸調整ゴムを**はずす**
　⇒クッションフロア施工　※巾木下まで差込む
　⇒**巾木とクッションフロアの取合い部シーリング**（**内装業者**）
⑵クッションフロアより巾木**後**施工の場合（不陸調整ゴム付木巾木を使用する場合）
・クッションフロア施工
　⇒**壁とクッションフロアの取合い部シーリング**（**内装業者**）
　⇒巾木取付（不陸調整ゴムを**はずす必要無し**）
⑶ソフト巾木を使用する場合
・上記⑵の施工手順と同じ。
⑷クッションフロア施工（**内装工事**）
　①（部屋の奥行が**1間以内**の場合）継ぎ目をつくらず**1枚**で施工
　②（部屋が**広く**、どうしても**継目**ができる場合）クッションフロアの**継目**は**溶着処理**をする。

＜下地の選定＞（大工工事）
⑴床の下地合板（**構造用合板**）は、**特類**を使用しているため耐水性は、問題無し。
⑵床レベル調整増し張り合板（**ラワン合板**）は、**耐水合板**（**タイプⅠ**）を使用する。
⑶CFは薄いため仕上げた際に不陸が生じないように**平滑な下地**を**選定**する。

床レベル調整増し張り合板(ラワン合板※タイプⅠ)

6-004 土間モルタルのクラック抑制

■ クラック抑制のため誘発目地を設ける

クラックは100%の予防は不可のため、予め建築主にも契約約款等で同意は得ておきましょう。

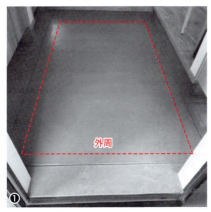

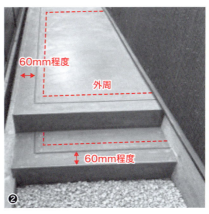

❶ 玄関土間
玄関内部のシビ目地は下記を目安に設ける。
①外周巾木より**60mm**程度
②**900mm以下**ピッチ程度

❷ 勝手口ステップ階段
各段のシビ目地は下記を目安に設ける。
①**外回り**に設ける。
②外周先端（段鼻）より**60mm**程度

❸ 玄関内部の入隅のシビ目地納まり
目地は途中で止めずに立上り取合いまで到達させる。

<モルタルのひび割れ（クラック）>
・モルタルもコンクリート同様、水を混ぜて使用する。モルタルが固まるにつれて余分な水分が抜け、その抜けた水分の体積だけモルタルの体積も小さくなる（乾燥収縮）。その乾燥収縮と併せて、温度差及び雨等の水の浸透で伸縮膨張が繰り返され、クラックとして表面化する。よって、必ずクラックは発生する。ただ、そのクラックを完全に防ぐことはできないが、クラックの抑制や一部に誘発させ目立たないようにすることは100％ではないが施工の工夫によって可能。

<クラック抑制対策>
・クラックを抑制させる伸縮目地を誘発目地として設ける。
　誘発目地：必ず発生するクラックを目地部に発生させる。（目地部に誘発させる。）
・上記の目地をデザインの一つとして扱う必要もあるため、どこに目地を設けるかは、しっかりと検討する必要がある。
・左官工事でよく使われるシビ目地を誘発目地と兼ねるような配置をすることでクラック抑制対策とする。

6-005 基礎巾木の補強

■弾性樹脂塗装材を使用する

基礎巾木の樹脂塗装仕上げは、基礎コンクリートの保護にもなり、耐久性や追従性等の品質及び意匠性にも優れているため、こちらを推奨する。

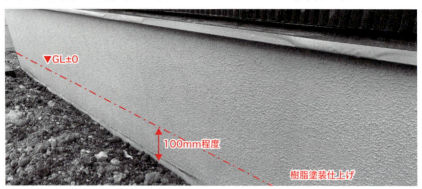

＜基礎巾木仕上げレベル＞
基礎巾木仕上げ：GL-100mm程度まで下げて仕上げる。

＜基礎巾木仕上げ材＞
従来は、モルタル刷毛引き仕上げが一般的であったが、近年は骨材を混ぜた樹脂塗装仕上げを採用している住宅会社が増えている。※モルタル：湿式材料
（理由）
・モルタル刷毛引き仕上げの場合
　（メリット）
　①コストの抑制。
　②変色や褪色することがない。
　（デメリット）
　①乾燥収縮によるクラックが発生する。
　　※構造に問題のないヘアクラックでもクレームになる場合がある。
　②雨降り後には、地面の水分を吸上げ、見た目が良くなく、上記のクラックを誘発させる。
　③仕上げカラーのバリエーションがない。
　④左官職人が減少している。
・樹脂塗装仕上げの場合
　（メリット）
　①基礎コンクリートにヘアクラックが入っても弾性塗料のため追従する。
　②上記①で追従するため、ある程度の防水性能も有する。
　③水は通さないが、基礎コンクリートから発生する水蒸気は透湿し、外部に発散させるため、膨れや浮きが生じにくい。
　④塗料のため、仕上げカラーのバリエーションを増やすことが可能。
　⑤左官業者だけでなく塗装業者も施工が可能。
　（デメリット）
　①コストが割高
　②変色や褪色の可能性がある。
　　※現在このような塗料は、複数のメーカーが出しているため、中には変色する、透湿しない、及び雨水が浸入し膨れが生じることもあるため、よく吟味して採用することを推奨する。

第7章 給排水設備工事編

- ・かぶり確保の工夫
- ・施工の効率化と工夫と注意点
- ・通気と給排水計画の重要性
- ・アフターメンテナンスの事前対策
- ・雨水の浸入予防対策
- ・構造材の欠損対策
- ・流水音対策
- ・低周波騒音対策
- ・豪雨災害対策
- ・雨水・雑排水計画の重要性
- ・材料選定のポイント

7-001 ベタ基礎を貫通する設備配管施工と注意点①

サヤ管工法による補強筋とかぶりと定着寸法を理解する

べた基礎への配管工事は、鉄筋のカットが伴うため、**補強筋**の対応方法とかぶりの確保が難しい施工となるため、**かぶり寸法**とその**施工方法**を参考にしてほしい。

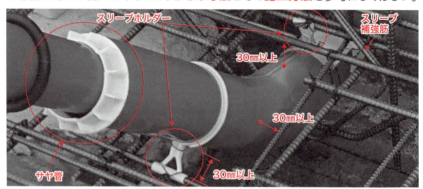

- 基礎貫通パイプは、**サヤ管工法**とする。（将来的にメンテナンスが可能となるよう**抜き差し**ができるようにする。）
- スリーブは配筋から**30mm以上かぶり**をとる。※下記表の**最小かぶり厚さ+10mm**とする。
- **スリーブホルダー**を使用

構造部分の種類		最小かぶり厚さ(mm)	
土に接しない部分	スラブ・耐力壁以外の壁	仕上げあり	20mm
		仕上げなし	30mm

※塩ビ管を仕上げとした考えによる。

出典：（一社）公共建築協会公共建築工事標準仕様書（建築工事編）令和4年版41頁

- 配力筋を切断した場合：**継手筋（補強筋）** を入れる。（切断した鉄筋長さ＋両側定着各40d）

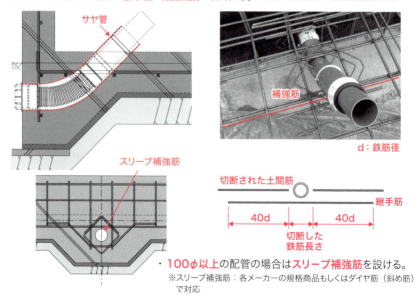

d：鉄筋径

- **100φ以上**の配管の場合は**スリーブ補強筋**を設ける。
  ※スリーブ補強筋：各メーカーの規格商品もしくはダイヤ筋（斜め筋）で対応

7-002 ベタ基礎を貫通する設備配管施工と注意点②

■ 貫通パイプ同士の離隔は各径の平均の3倍以上とする

配管同士の離隔が小さいとコンクリートのひび割れ（クラック）の原因となり、瑕疵に繋がるため、十分に離隔をとるように注意をすること。

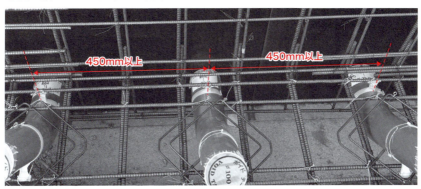

- スリーブ（150φ）同士の離隔は
  450mm以上離す。
  （最小中心間隔：**各スリーブ径の平均×3倍以上**）

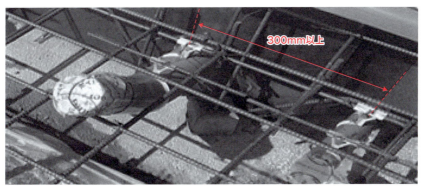

- スリーブ（150φと50φ）同士の離隔は
  300mm以上離す。
  （最小中心間隔：**各スリーブ径の平均×3倍以上**）

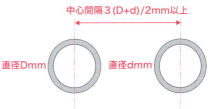

7-003 立上り基礎を貫通する設備配管施工と注意点

■ スリーブ径と補強筋とかぶりと定着寸法を理解する

立上り基礎への配管工事は、鉄筋のカットが伴うため、**補強筋**の対応方法とかぶりの確保が難しい施工となるため、**かぶり寸法**とその**施工方法**を参考にしてほしい。

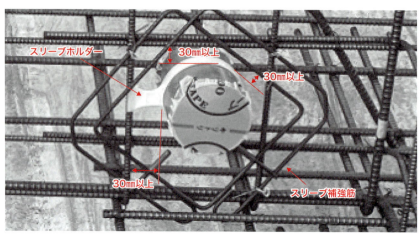

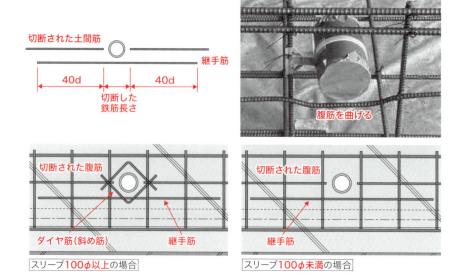

- スリーブは配筋から**30mm以上**かぶりをとる。※**最小かぶり厚さ+10mm**とする。
- **100φ以上**の配管の場合は**スリーブ補強筋**を設ける。
  ※スリーブ補強筋：各メーカーの規格商品もしくはダイヤ筋（斜め筋）で対応
- 腹筋を切断した場合：**継手筋（補強筋）**を入れる。（**切断した鉄筋長さ+両側定着40d**）
  ※**主筋**は**カットしない**こと
  ※腹筋をカットせずに多少曲げれるなら、曲げてスリーブを入れる。

7-004 床下点検・メンテナンスを見据えた施工ルールを決める①

床下排水管施工の安全対策と詰まり対策と予防処置を決める

メンテナンス時の安全対策や日常生活で起こり得る予測可能なトラブル対策は事前に予防処置をしておくこと。

○ 大曲り継手を使用

× 90度曲がり継手を使用している

○ ボルトの余長をカット
床下転がし配管5m以内ごとに掃除口を設置する。
掃除口

× ボルトの余長をカットしていない。
ドルゴ通気弁
ドルゴ通気弁のすぐ水下で別排水管が合流

＜将来の床下点検やメンテナンスを見据えた安全対策＞
・排水管支持金具の**ボルトの余長**は**カット**する。（床下点検に潜った点検者の**安全**のため）

＜排水管のトラブル対策＞
・最近のトイレは**節水タイプ**が主流のため、エコではあるが反面、**紙詰まり**のトラブルが多発
・（対策）
　①トイレに限った話ではないが、基本**排水管の曲がり**は、**少なくなる**ように計画する。
　②曲がりが生じる場合は、**大曲り継手管**もしくは**45度曲がり継手管**を使用する。
　　※**90度曲がり継手管**は使用しない。（排水の勢いが落ち、紙詰まりの原因となるため）
　③床下転がし配管が5m以上ある場合は、**5m以内**ごとに**掃除口兼点検口**を設ける。
　④排水管を床下で**2本以上**合流させる場合で、**通気**が取れていない場合は、床下に**ドルゴ通気弁**を設置する。（合流させた排水管端部の**封水切れ**の予防やポコポコと**音鳴り**の予防のため）

215

7-005 床下点検・メンテナンスを見据えた施工ルールを決める②

■トイレ汚水系統は屋外まで単独排水とする

単独排水せずに合流させた場合のリスクや節水型トイレの普及が原因とされている紙詰まりの抑制計画や床下配管のデメリットを整理したので参考にしてほしい。

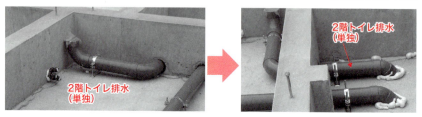

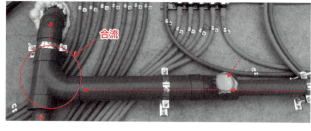

- トイレの汚水管は屋外まで単独排水（1・2階共）とする。
  ※その他雑排水管は、屋内でトイレ汚水管には接続しない。（屋外での接続は可）
  ※屋外の排水管の水上は、トイレの汚水管は避ける。UBもしくはキッチンの排水が水上となるように計画することを推奨。（トイレの紙詰まりの抑制となるため）
- その他の雑排水は、床下での合流排水は可能とする。（ドルゴ通気の有無は判断が必要）
  ※床下で排水ヘッダーを使用し集中排水する方法や床下の排水管の横断など、床下での転がし配管は推奨しない。床下点検や作業時の移動障害やそもそも隅々まで移動できない場所がでてくることもあり得る。
  ※床下点検が全てできるよう要所に床下点検口が設けられていれば、この限りではない。
  ※配管経路の真上に床下点検口を設けない。（点検者が床下に潜れないため）

＜汚水管を雑排水管と接続した場合に起こり得る可能性＞

- トイレの排水の勢いで、サイホンの原理により、例えば近くの手洗いの封水が切れ、汚水の臭気が室内に侵入する可能性。
- 汚水より雑排水が下流の場合かつ合流部分より少し下流で紙詰まりした場合、万が一流した汚水排水が紙詰まり部でせき止められた場合に雑排水系統に汚水が逆流する可能性。

7-006 床下点検・メンテナンスを見据えた施工ルールを決める③

■UB床下廻りの基礎貫通配管ルールを決める

床下空間は、原則人が入り床下点検や修繕をするためのスペース。空調や換気ダクトを縦横無尽に配管する商品もあるが、どうやって床下点検をするのか疑問に思う。

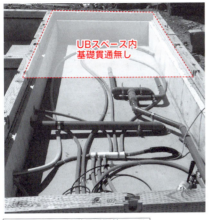

・UB下の基礎立上りに基礎貫通スリーブは、推奨しない。
　※UBの足が先行配管にあたる可能性がある。
　※床下点検や作業があっても、UB下の奥まで人が潜っていけない。

UB床下廻りの基礎貫通配管ルール

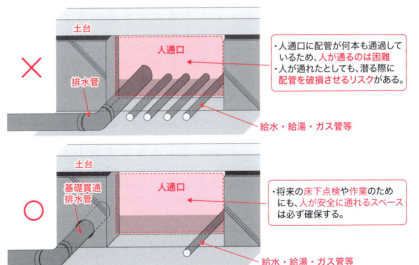

人通口の床下配管ルール

＜将来の床下点検やメンテナンスへの配慮＞

・（原則）床下点検口の真下及び人通口には配管を通さないようにする。
　※給水管・給湯管・ガス管については、人が床下点検口に入る際や人通口を通る際に踏まれることがないように端に寄せる等の工夫をすること。
　※人通口にやむを得ず配管を通す場合や人通口付近に配管の立上りがくる場合で、人が通れない場合は床下点検口を増やす等の対応が必要。

217

7-007 給水給湯ヘッダーの設置及び配管施工の注意点

■ 給水給湯ヘッダーの設置場所と分岐ルールを決める

将来までの維持管理の意味もあり、とても重要ではあるが、日常生活の上で水圧を極力落とさないための対策をするのも重要である。特に給湯器から浴室まで離れている場合に注意。

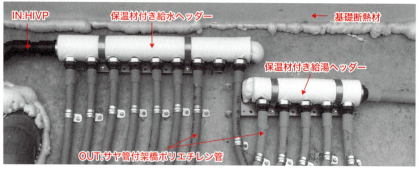

＜ヘッダー工法＞
① 複数の水栓を同時使用しても、分岐配管の場合と比べて水圧も落ちにくく、安定した流量が確保ができる。
② 各端末までジョイント無しで1本で配管されるため、配管途中からの漏水のリスクがない。
③ 配管の被覆材は保温効果もあるため、冬場の水の凍結抑制にもなる。
　※各端末まで、サヤ管内に配管し、将来の配管の入替工事が容易にできる「サヤ管ヘッダー工法」もあるが、「ヘッダー工法」もサヤ管ほど容易ではないが、入替工事は可能なため、上記の保温効果を優先した工法とする。（著者推奨）

＜設置場所＞
・床下に設置が一般的だが、基礎断熱エリアに設置することを推奨。
　※UB及び脱衣室を基礎断熱とする場合は、脱衣室下に設置をする。（著者推奨）
　※基礎断熱エリアは屋内扱いとなるため、冬場の水の凍結抑制にもなる。
　※床断熱層の下の場合は、屋外扱いとなるため、しっかりと保温処置が必要。（コストUP）

＜分岐ルールを決める＞
・（給湯場所）参考：キッチン・UB・洗面台・食洗器等
　（ヘッダー仕様例）IN：26A・OUT：13A
　（IN：1口・OUT：3〜4口）
・（給水場所）参考：キッチン・UB・洗面台・洗濯機・各階トイレ・トイレ手洗い等
　（ヘッダー仕様例）IN：HIVP20・OUT：13A
　（IN：1口・OUT：6〜7口）

＜配管仕様＞
・配管：被覆架橋ポリエチレン管
　※保温効果があるため推奨
・一次側の給水管：HIVP（耐衝撃性硬質ポリ塩化ビニル管）
・継手：（やむを得ずジョイントする場合）外径シール型のジョイント（継手）を推奨
　※内径シール型：継手部分で流路径が狭くなるため、水圧が落ち流量不足になりやすい。
　※外径シール型：流路径が狭くならず、水圧が落ちにくいため流量が確保できる。
・ヘッダー・配管・継手材：メーカーを揃えることを推奨
　※製品欠陥の場合の責任の所在が明確になりやすい。（例）継手からの漏水の場合等

7-008 基礎の貫通配管廻りの処置と注意点①

■貫通配管廻りの穴埋め方法を決める

基礎貫通部の配管廻りの穴埋め方法は、**雨水の浸入予防**上と**防蟻**上、とても重要である。

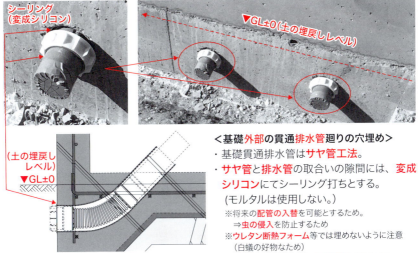

＜基礎外部の貫通排水管廻りの穴埋め＞
- 基礎貫通排水管は**サヤ管工法**。
- **サヤ管**と**排水管**の取合いの隙間には、**変成シリコン**にてシーリング打ちとする。
  (モルタルは使用しない。)
  ※将来の**配管の入替**を可能とするため。
    ⇒**虫の侵入**を防止するため
  ※**ウレタン断熱フォーム**等では埋めないように注意
    (白蟻の好物なため)
    ⇒シーリング乾燥後に**土の埋戻し**を実施する。

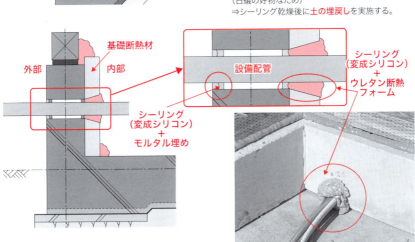

＜基礎内部の貫通配管廻りの穴埋め＞ ※貫通配管：給水管・給湯管・ガス管等
①RC部分：**変成シリコン**にてシーリングを打つ。
②断熱部分：**ウレタン断熱フォーム**処理をする。
　※ウレタン断熱フォーム：**防蟻性能**があるものを推奨
　※但し、シーリング幅が**20mm以上**になる場合は、**モルタル詰め**をした後に**シーリング処理**をする。

＜基礎外部の貫通配管廻りの穴埋め＞ ※貫通配管：給水管・給湯管・ガス管等
①RC部分：少し**奥目**に**変成シリコン**にてシーリングを打つ。(モルタルの**埋め代**分をみる)
②上記シーリング打ち後に**モルタル埋め**をする。(基礎面まで) ※**白蟻の入口**を完全に塞ぐ。

7-009 基礎の貫通配管廻りの処置と注意点②

重ねた配管の隙間から雨水が浸入しないように
テープで束ねる

基礎と給湯器の間のスペースは狭く、基礎貫通穴から雨水の浸入があった場合、修繕が難しいため、特に要注意ポイントである。

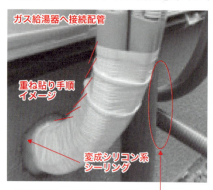

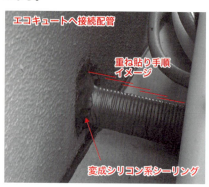

※水道業者とガス業者が混在した場合は、最終配管施工業者がテープ処理をする。

（ガス工事の場合）基礎から**上り**の配管のため、**基礎側**から重ね貼り。
（エコキュートの場合）基礎から**下がり**の配管となるため、**給湯器側から**重ね貼り。

＜同じスリーブ穴から複数の配管を通す場合＞
①ビニールテープにて複数の配管を一つに束ね、かつ**水下側から重ね貼り**をする。
　（給湯器**内部**〜基礎**内部**までの範囲）
　※テープの中に雨水が入らないようにする。
②**基礎の少し内部まで**テープを貼り込む。
③その後に基礎と配管取合いを**シーリング処理**する。（**変成シリコン**）
※複数の配管を一つに束ねなかった場合、下記理由より雨水の浸入リスクが上がる。
　・**配管と配管の隙間**は上手くシーリングできない。
　・無理矢理シーリングをしてもサヤ管を凹ました場合には、すぐにシーリングは切れる。
　※異なる業種の配管が同じスリーブを使用する時は**最終の業者**が上記の処理をする。
　　（例）ガス業者と水道業者

※エコキュート設置の工夫例（**積雪がある地域**かつ**北側設置**の場合）
　配管の上に積雪するとじわじわと溶けた水が基礎スリーブ穴に浸み込むリスクがでるため、**配管カバーを設ける**のもリスク回避の工夫の一つ。
※画像は専用カバーは存在しないため換気フードをカバーとして使用。

7-010 構造材の欠損①

設備配管・電気配線の構造材の貫通・欠込み 基準を決める①

やむを得ず**柱**を**貫通**しないと配管できない場合の苦肉の策を整理したのでチェックしよう。但し、**予め**設計者の了解をとること。

＜前提＞
- 原則、**構造材に穴を開ける**ことや**切欠き**はしない。
  - ⇒構造材を欠損させるとその部分が弱くなり**耐震性の低下**につながる。
- 設備配管や電気配線で、**構造材の欠損**を発生させない。
  - ⇒設計段階から、**PS**（**パイプシャフト**）や**吹かし壁**を設ける。
- やむを得ず**柱**や**梁**等に開口部を設ける場合は、**開口の大きさ**や**開口位置**について耐力の低下を招かないよう注意する必要がある。
  - ⇒施工前に**予め**設計者に確認をとっておくことが重要。

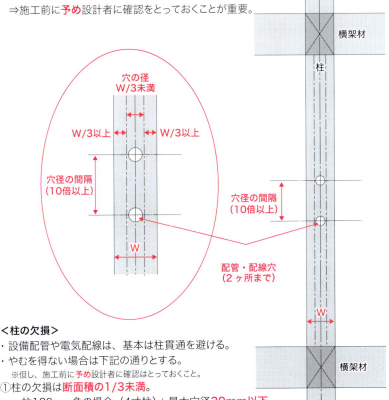

＜柱の欠損＞
- 設備配管や電気配線は、基本は柱貫通を避ける。
- やむを得ない場合は下記の通りとする。
  - ※但し、施工前に**予め**設計者に確認はとっておくこと。
- ①柱の欠損は**断面積の1/3未満**。
  - ・柱120mm角の場合（4寸柱）；最大穴径**30mm以下**
  - ・柱105mm角の場合（3.5寸柱）：最大穴径**20mm以下**
- ②配管・配線穴の位置は、**柱幅Wの中央部**。
  - ・柱の両端部から各柱幅W の**W/3以上**離した残りの中央部。
- ③配管・配線穴は、**2ヶ所**まで。
  - ・配管・配線穴の**間隔**は、穴径の**10倍以上**離す。

7-011 構造材の欠損②

設備配管・電気配線の構造材の貫通・欠込み基準を決める②

やむを得ず**梁**の**貫通**や**欠込み**しないと配管できない場合の苦肉の策を整理したのでチェックしよう。但し、**予め**設計者の了解をとること。

<梁の欠損>
・設備配管や電気配線は、基本は**梁・横架材を避ける**。
・梁・桁その他の横架材には、その**中央部付近の下側**に耐力上支障のある**欠込み**をしてはならない。
　（**梁の下端の欠込みはNG**）※建築基準法施行令第44条
・やむを得ない場合は下記の通りとする。※但し、施工前に**予め**設計者に確認はとっておくこと。
　梁・横架材を**貫通**及び**欠込み**する場合は、下記の通りとする。
　　[梁-側面の貫通穴の場合]
　　・梁成300mm以上の場合：
　　　最大穴径**70mm以下**
　　・梁成240mmの場合：
　　　最大穴径**60mm以下**
　　・梁成210mmの場合：
　　　最大穴径**50mm以下**・
　　　梁成180mmの場合：最大穴径**40mm以下**
　　・貫通穴の位置：梁の上下端部から、各梁成H**H/3以上**離した残りの**中央部**。
　　・配管・配線穴の**間隔**：穴径の**5倍以上**離す。

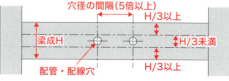

　　[梁-上下面の貫通穴の場合]
　　・最大穴径**30mm以内**
　　・貫通穴の位置：
　　　梁の両端部から各梁幅
　　　Wの**W/3以上**離した残
　　　りの**中央部**。
　　・配管・配線穴の**間隔**：
　　　穴径の**5倍以上**離す。

　　[梁-天端に欠込みをする場合]
　　・**斜め**の貫通穴にする場合：最大穴径**30mm以内**
　　・梁**側面**の穴：梁天端から梁成Hの**1/3以下**
　　・配管・配線穴の**間隔**：穴径の**5倍以上**離す。
　　・**天端**に欠込みをする場合：幅50mm以下かつ梁天端より**50mm以下**
　　・欠込みの**間隔**：欠込み幅の**5倍以上**離す。
　　・梁の**下端**に**欠込み**をしてはならない。

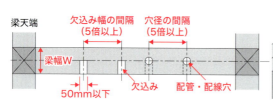
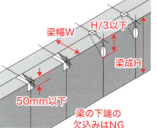

7-012 構造材の欠損③

設備配管・電気配線の構造材の貫通・欠込み基準を決める③

やむを得ず土台を欠込みしないと配管できない場合の苦肉の策を整理したのでチェックしよう。但し、予め設計者の了解をとること。

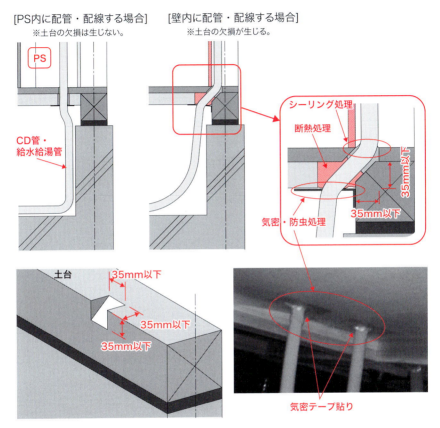

[PS内に配管・配線する場合]
※土台の欠損は生じない。

[壁内に配管・配線する場合]
※土台の欠損が生じる。

＜土台の欠損＞
・設備配管や電気配線は、基本は土台を避ける。
・設計段階から、PS（パイプシャフト）や吹かし壁を設ける。
・やむを得ない場合は下記の通りとする。
　※但し、施工前に予め設計者に確認をとっておくこと。
　①天端に欠込みをする場合：幅35mm以下かつ梁天端より35mm以下
　②欠込みの間隔：欠込み幅の5倍以上離す。

＜欠損部分の処理＞
・土台欠損部の隙間は、シーリング処理を行う。（気密・虫侵入対策）
・断熱材を切り欠いた部分は、ウレタン断熱フォームで断熱処理を行う。（断熱対策）
・断熱材貫通部廻りには気密テープ処理をする。（気密・虫侵入・美観対策）

223

7-013 排水配管施工と工夫

屋内排水・汚水管の遮音処理と通気処理と管材選定のルールを決める

配管**選定**や工事の上で**各種対策**を整理したのでチェックしよう。(**音**、**封水切れ**、**熱**、**異臭**)

①遮音材付き排水管

②③ドルゴ通気弁
※排水が合流する手前(水上側)に設ける。

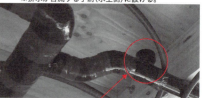

遮音材付き排水管

ドルゴ通気弁

④耐熱管(HT管) ※食洗機

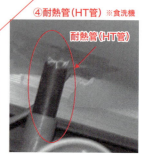
耐熱管(HT管)

＜屋内の竪配管(PS内配管)＞
①1階床下以外の排水・汚水管には、**音対策として遮音材付き排水管**を使用する。
②やむを得ずトイレの排水管と手洗い器等の排水管とつなぐ場合は、**ドルゴ通気弁**を設ける。
　・**2階**のトイレの場合：**1階の天井裏**にドルゴ通気弁を設ける。
　・**1階**のトイレの場合：**1階の床下**にドルゴ通気弁を設ける。
　(サイホンの原理による**封水の引っ張りを防止**するため)
③**2階**にキッチンやUB・洗面台(トイレ以外)がある場合は、**ドルゴ通気弁**を設ける。
④食洗機の排水管：**耐熱管(HT管)**を使用する。

＜キッチンの排水管＞
施工を容易にするために、「**ジャバラ管**」を使用することが多いが、下記の点に注意。※ジャバラ管の**内面**は、**平滑**なものであること。
①**長期優良住宅の認定**をとるための条件
②上記①より**塩ビ管(直管)**の使用が一般的だが、排水管立上げ位置を決めることが困難であり手間がかかる。そのため**ジャバラ管**を使用するケースも多いと思われる。
③**内面**が**平滑**なジャバラ管は、取り扱っているキッチンメーカーも少ない。⇒**別途調達**が必要になることが多い。(自社調達もしくはキッチンメーカー調達)
④内面もジャバラ形状になっていると**排水ゴミ**がたまり、**劣化**や**異臭**の原因となる。

ジャバラ管
(内面平滑)

7-014　2階からの屋外排水竪管施工の注意点

■天端は通気口付きキャップを設置する

屋外竪管排水とした場合の**封水切れ対策**として、**通気口付キャップ**を設ける。

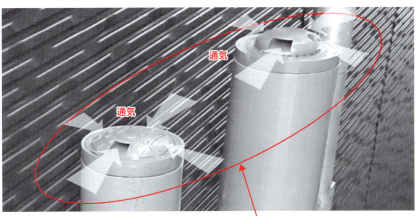

天端：通気口付キャップ

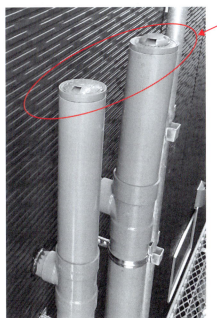

＜屋外の竪配管＞
・2階トイレの外部排水竪管等
　①配管径：**100φ**
　②天端：**通気口付キャップ**の設置
　　※前頁の**ドルゴ通気弁**と同じ役割
　　※**通気キャップ**にて通気をとらないとサイホンの原理にて、トイレの**封水が切れる可能性**がでるため
・屋内のPSにて竪配管としない場合
　[メリット]
　　・屋内にPSを設けないため、**部屋の面積を広くする**ことができる。
　[デメリット]
　　・外観デザインを**損なう**。
　　　⇒建物の裏側等、外から目立たない場所にくるよう計画する。
　　　⇒上記のためトイレ配置も同様

7-015 エコキュート設置の注意点

■ ヒートポンプユニット位置は寝室の傍を避ける

ヒートポンプからの低周波騒音が原因で人体に影響がでている。設置位置に要注意。

専用の基礎ブロック

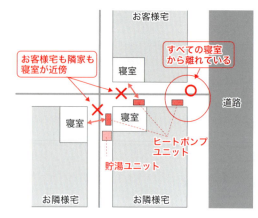

＜ヒートポンプユニットからの低周波騒音＞
・ヒートポンプユニットから生じる運転音・振動により不眠等の健康症状の発生が年々増加している。そのため、リスク低減対策として設計・施工の段階から未然防止を図る必要がある。
・低周波音：100Hz（ヘルツ）以下の音　※人が聞き取れる音（20Hz～2万Hzと言われている。）

＜低周波騒音の影響＞
・低周波音・低周波騒音は耳では聞こえにくいものの、建物や家具の振動（**物的影響**）、あるいは不快感・圧迫感（**心身に係る影響**）に対して影響がある。長く低周波音に晒されると、「頭痛、イライラ、不眠、肩こり、動悸、耳鳴り、しびれ、だるさ、微熱、食欲不振等の不定愁訴」という非定型の症状が発生すると言われている。

＜低周波騒音対策＞
①設置場所の選定
　・建築主宅及び隣家の寝室の傍を避ける。
　・ヒートポンプの廻りに窓等の開口部からできるだけ距離をとる。
　・ヒートポンプ周辺になるべくスペースを設け、壁や塀で音を反射させないように工夫する。
②据付けのポイント
　・運転音や振動が増加しないよう十分強度のある場所や台に据え付け。
　・ヒートポンプの足に防振ゴムを挟む。
　・水平に設置。
※以上の内容より、設計時の「設置位置」及び施工時の「設置方法」等について各社の基準を決めることを推奨。

＜著者推奨＞
・貯湯ユニットは、専用の基礎底板に設置（建築工事）※メーカー標準施工マニュアル通り
・ヒートポンプユニットは、専用のプラスチックブロックもしくはコンクリートブロックにて設置⇒振動を建物に伝わらせないための対策

7-016　豪雨時の雨水・汚水の逆流現象対策

■排水排除方式（合流式）の場合は圧力開放蓋を設置する

近年豪雨や豪雨による道路の冠水など各地でよく発生している。合流式の場合は、雑排水や汚水が逆流し屋内に溢れ出す現象も生じる。その対策を予め講じておくとよいだろう。

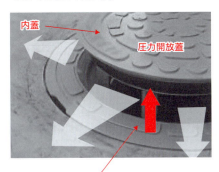

＜排水排除方式（合流式）＞
・汚水及び雨水を同一の管きょに集めて公共下水道へ排水する方式
（注意）可能ならば合流式の区域であっても宅地内分流化（宅地内では汚水系統と雨水系統を別々に配管し、最終の取付桝で合流させる。）とする。
（理由）豪雨の際にトイレのトラップ封水が吹き出す事例が増えており、特に汚水系統の上流に雨水系統が接続している場合に多く発生している。（逆流現象）
（対策）上記の逆流現象対策として、圧力開放蓋の設置を推奨

＜豪雨時の逆流現象＞
・通常時は汚水・空気共に流れはスムーズだが、豪雨時になると下水道及び宅内配管が満管状態となり、汚水・空気共に流れが悪くなる。
・近年、建物の高気密化により下水道本管や宅内配管が満管状態になった後、配管内の行き場のない空気が逆流し、ボコボコと音がしたり、場合によっては便器の水が外に吹き出す事例が発生している。この現象を逆流現象という。

＜圧力開放蓋の設置基準＞※著者推奨
・（原則）排水排除方式の合流式（雨水・汚水・雑排水）の場合に設置
　　※分流式の場合は、圧力開放蓋の設置は必要無し
　　※浄化槽の場合も雨水と合流する最終桝に設置
・最終取付桝に設置
　　⇒但し、最終取付桝について各市町村の指定がある場合は、最終取付桝の1つ水上に設置
（一般的な蓋の場合）
・空気の逃げ道がないため、管内空気が屋内まで押し戻されて便器内の水が吹き出す。
（圧力開放蓋の場合）
・管路内からの空気圧を受け、内蓋が浮き上がり空気圧を開放することで逆流現象を防ぐ。

7-017 雨水・雑排水の排水計画・施工の注意点

排水排除方式（分流式）の場合の雑排水は
雨水系統に接続しない

設計者も現場管理者も知らずに施工している例も少なくないはず。チェックしておこう。

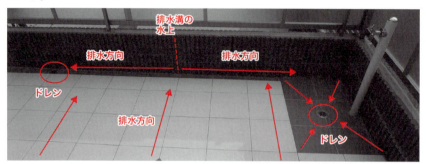

＜テラスに立水栓を設ける場合＞
上記画像は、雨水排水と洗い場排水が合流し、同じ排水口から排水している。
（分流式の場合）NG （合流式の場合）OK
※但し宅地内分流化の観点から推奨しない。

＜バルコニーに水栓を設ける場合＞
① （何か物を洗う等の目的の場合）
生活排水となるため、SKを設け汚水系統に排水する。（雑排水）
※合流式の地域であっても、宅地内分流化の観点から、SK無しの排水は推奨しない。
② （バルコニー面を洗い流す等の目的の場合）
バルコニーのドレンから雨水系統に排水は可能。
但し、FRP防水面に直接水道水を流すと水圧により防水層の劣化の懸念があるため推奨しない。

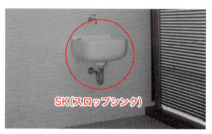

SK(スロップシンク)

＜排水排除方式（分流式）＞
汚水（雑排水）及び雨水はそれぞれ独立した排水系統とし、汚水は公共下水道の汚水管へ、雨水はU字溝又は雨水管きょ、水路等へ排水する方式
（雨水）自然現象に起因する排水（降雨、雪解け水、ベランダ・通路等の雨水等）
（汚水）生活に起因する排水（し尿、雑排水、その他雨水以外の排水等）
①エアコンの室外機からのドレン排水（結露水）も雨水系統に接続が可能。
②エコジョーズのドレン排水やエコキュートの排水は、原則汚水系統に接続する。
但し、JIA機器認証されているエコジョーズ（潜熱回収型ガス給湯器）のドレン排水及びエコキュートのヒートポンプユニットのドレン排水（結露水）は、雨水系統に接続が可能。
③上記①②の排水は、必ず吐水口空間をとる間接排水とする。（排水ホースを直接排水桝に繋ぐことはNG。）
※汚水桝に直接繋ぐと、汚水管から上がってくる腐食性のガスによって給湯器内部が痛む恐れがあるため。
※雨水桝に直接繋ぐと、豪雨時に雨水桝が溢れた際に水がホースから給湯器まで逆流する恐れがあるため。
④上記①②の間接排水を受ける排水管は必ずトラップ桝を設けてメイン排水管と接続をする。

第8章 電気設備工事編

- ・幹線・CD 管・分電盤の配列・配線経路の計画の重要性
- ・ケーブルと断熱材の関係
- ・配線機器による専用配線の判断と計画
- ・施工の効率化と工夫と注意点
- ・アフターメンテナンスの事前対策
- ・構造材の欠損対策
- ・換気の重要性
- ・漏水予防対策
- ・結露予防対策
- ・気密防湿対策
- ・防耐火対策
- ・弱電・強電分離対策
- ・火災対策
- ・材料選定のポイント

8-001 幹線の選定

■ 幹線の許容電流と主幹容量（ELB）より選定する

幹線径及び主幹容量を選定するための手順や根拠をチェックしておこう。

住宅分電盤の選定資料の主幹容量設定の目安表

分岐回路数	実用普及タイプ			将来対応タイプ
	需要率=0.3	需要率=0.4		需要率=0.5
	一般的な家庭 30〜60A	やや多く電気を使用する家庭 30A〜100A		将来、多く電気を使用する予定の家庭 30A〜100A
8	30A		30A	30A
10				40A
12			40A	
14				50A
16	40A		50A	60A
18				
20			60A	75A
22	50A			
24			75A	100A
26	60A			
28				
30			100A	
32回路以上	75A			

引用：パナソニック㈱のHP＞電気設備の基礎知識＞ブレーカー・分電盤：住宅分電盤の選定資料の主幹容量設定の目安表

＜幹線の選定＞

・幹線CVT14mm^{2}を推奨

（理由）

①新築する家庭ごとに決めるのも良いが、住宅会社側で標準を決めておくことを推奨する。

②将来を見据え幅広く対応可能にしておく。（幹線の引直し工事費は高価になるため）

（根拠）

⑴住まい全体の電気容量（主幹ブレーカー）の決め方は、下記の計算式による。（JIS準拠）

・主幹容量＝13.3A/分岐×分岐数×需要率×0.5

　※分岐数：住宅分電盤の回路数（住宅分電盤の回路数も標準数を決めておくことを推奨）
　※需要率：主幹容量に対して、実際に使用される電気の量の比率。（一般的な家庭から、多く電気を使用する家庭まで需要率は3タイプに分かれる。）
　⇒分岐数：24回路を標準とする。（著者推奨）（※次頁参照）

・上記表より算定

　※（注意）あくまでメーカーの推奨基準（目安）であるため自己責任での選定判断となる。
　①（一般家庭の24回路の場合）主幹容量：50A（主幹ブレーカー ELB）
　②（やや多く電気を使用する家庭の24回路の場合）主幹容量：75A（主幹ブレーカー ELB）

⑵「電気設備に関する技術的基準を定める省令（平成9年通商産業省令第52号）」より、絶縁電線の許容電流、許容電流補正係数、電流減少係数等の計算より、下記のような各幹線径ごとの許容電流となる。

　①8mm^2：許容電流56A以下
　②14mm^2：許容電流75A以下
　③22mm^2：許容電流101A以下

⑶上記の⑴-①と⑵-①より

・主幹容量50A≦許容電流56Aのため、「一般的な家庭」では、幹線は8mm^{2}でOK
　上記⑴-②と⑵の①と②より

・許容電流56A≦主幹容量75A≦許容電流75Aのため、「やや多く電気を使用する家庭」では、幹線は8mm^{2}はNG、14mm^{2}はOK。

（推奨）上記（理由）の①②より、幹線：CVT14mm^{2}を推奨。

8-002 分電盤の配列

■分岐回路数・分岐回路の割当て・相の割振りを決める

一般的な住宅の間取りの場合は、電気業者によってバラつきのないように下記のような**統一ルール**（原則）を決める。

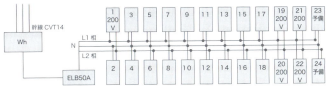

分電盤接続図の例　※回路数が多くなるオール電化＋全館空調仕様の一例

＜3LDKの分岐回路数と割当て・相の割振り・専用回路及び単相200Vの表記の一例＞

＜4LDKの分岐回路数と割当て・相の割振り・専用回路及び単相200Vの表記の一例＞

＜分電盤の回路数の標準選定＞
・**22回路＋予備2回路（主幹ブレーカー）ELB50A** ※根拠は下記及び上記による。

＜決定までの手順＞
・各フロアごとにスイッチ・コンセント・照明・その他機器等を配置
　⇒分岐回路の割当を決める。
　※本来は上記の手順となるが、住宅の場合は**予め分電盤の配列を決めておくこと**を推奨。

＜決めるべき内容＞
・**主幹ブレーカー・分岐回路数・分岐回路の割当て・相の割振り**

＜把握しておくべき内容＞
・**専用回路**（機器）・**単相100Vか単相200Vか**それ以外か、生活上必要な想定される機器

＜注意するべき内容＞
・**単相三線式**の**L1相**と**L2相**につなぐ負荷の容量の合計になるべく差がないように割り振る。
・**予備回路**も含め、分電盤を決める。

＜分電盤仕様の設定＞
・分電盤は、建物仕様によって**メーカー・品番**等も設定しておくことを推奨
　（ガス・電気併用・オール電化・太陽光搭載・太陽光＋蓄電池・IOT等）

8-003 TV・インターネットの配線経路①

■CATV・光の配線経路を決める

インターネットは、CATVと光及び無線と有線のいずれのパターンにも対応できるようにTVと併せて配線経路を決めておこう。LANの仕様が不明ならば空配管としておく。

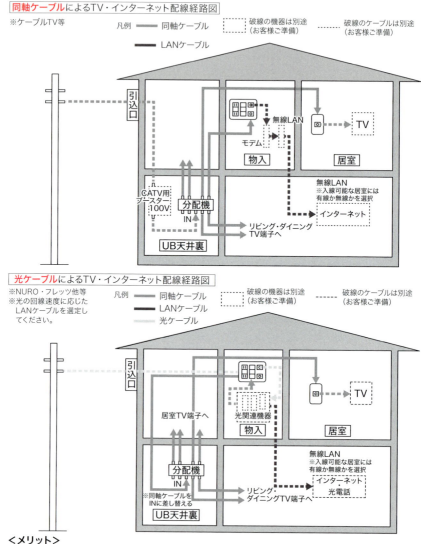

<メリット>
- CATV及び光の配線経路を図解しておくと、建物の引渡し後にお客様が自ら手配した場合でも、この図があると業者もスムーズに施工ができる。
- 新築時の施工でも電気業者への指示書になる。

8-004 TV・インターネットの配線経路②

同軸・光ケーブル引込～端末までの配線経路と仕組みを決める

TV・インターネット・TELの引込から各部屋の端末までの相関図及び配管径やコンセント仕様まで決めて、作成しておくと便利。

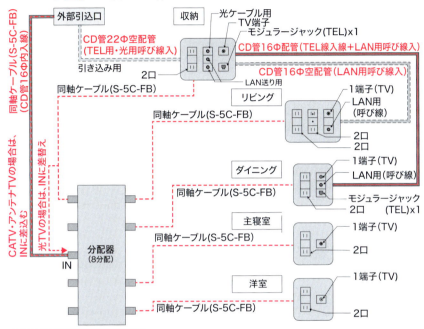

＜上記の配線経路図の設定例＞
・電話：ダイニングのみの1ヶ所　※その他は無線子機を使用
・LAN：リビング・ダイニングのみ有線LAN配線の設定　※その他は無線LANの設定

＜CD管配管と入線＞
① （外部引込口～収納の情報コンセント）
　・CD管22φ内にTEL用及び光用呼び線入線：TEL引込線と光ケーブルと兼用配管
② （外部引込口～分配器）
　・CD管16φ内に同軸ケーブル入線　※CATVの場合：分配器のINに差込です
③ （収納の情報コンセント～ダイニング）
　・CD管16φ内にTEL用及びLAN用呼び線入線
④ （収納の情報コンセント～リビング）
　・CD管16φ内にLAN用呼び線入線
⑤ （収納の情報コンセント～分配器）
　・CATVの場合：同軸ケーブルは分配器のOUTに差込み
　・光TVの場合：同軸ケーブルは分配器のINに差込み
⑥ （分配器～各居室）
　・同軸ケーブル実線配線※本来はCD管内入線が望ましいが現実は実線配線が主流
　　※同軸ケーブルの規格：S-5C-FBを使用（4K8K及びBS・CS放送対応の規格）

233

8-005 TV関連機器・同軸ケーブルの標準仕様の設定

TV分配器・TVユニットの仕様・同軸ケーブルの規格を決める

4K8K放送・衛星放送対応の各機器を選定し、また設置位置を決めておこう。

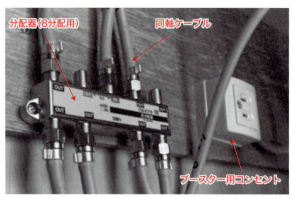

分配器(8分配用)　同軸ケーブル　ブースター用コンセント

TVユニット

＜仕様選定による注意点＞

・**4K8K**及び**BS・CS放送対応**の**分配器**及び**同軸ケーブル・TVユニット**を選定
　※現在は4K8K対応は当たり前であるが、上記いずれも古い2K用を使用している場合は、4K8K画像で視聴できないため、4K8K対応品を**標準設定**とする。

①**同軸ケーブル規格：S-5C-FB**

②**TVユニット**（室内のTV端子）：**カットフィルター無ユニット**（4K8K対応品）
　※フィルター付ユニットもあるが、住宅の場合は100％ではないが、ほぼフィルター無しでOK。
　※光ケーブルではなく同軸ケーブルで引込むCATVのインターネットサービスは上り帯域
　　（10～55MHzの周波数帯域）となっており、CATV加入宅内で発生する電子機器等からのノイズ（流合雑音）がTVユニットから侵入し、上り信号とともにCATV局のほうに逆流し、インターネットが使用できない等の悪影響を及ぼす可能性がある。よって、インターネットサービスを受けない加入宅は、そのノイズをフィルター付TVユニットを使用することで、ノイズをフィルターカットし、逆流を防ぐ必要がある。
　　⇒発生事例としては、ほぼ集合住宅で、住宅では数年に1件程度。
　　⇒主な発生原因：経年劣化によりブースターの故障や接続コネクターの接触不良。
　※将来CATVのインターネットサービスを受けること及び万が一の悪影響に備えて切替えが可能なカットフィルター**スイッチ付**TVユニットを選定しておくのも良い。

③**分配器：全端子電流通過型**（分配数はTV端子設置数による）
　※1端子電流通過型：1つの端子のみ通電する。
　　⇒ブースター電源部からBS・110度CSアンテナに電源を供給する場合に選定
　　⇒BS・CS放送を特定のTV1台のみで視聴する場合に選定
　　（特定のTVでBS・CS放送を視聴していないと他の部屋でBC・CS放送は視聴不可。）
　※**全端子電流通過型**：すべての出力端子で通電する。
　　⇒BS・CSチューナー内蔵機器からBS・110度CSアンテナに電源を供給する場合に選定
　　⇒BS・CSアンテナはTVから電源を送ることで放送を受信する仕組みとなっているため、電流が通過するタイプの分配器を使用しないとBS・CS放送を受信できない。よって、**将来放送**を受信する可能性を考慮して、「**全端子電流通過型**」を**推奨**。（複数の部屋で、いつでもBS・CS放送の視聴が可能。）

④**ブースター用コンセント：常設**する。
　※電波数値によっては、**ブースター設置**が必要なため、電源を準備
　※設置位置：**分配器と併設**

⑤**分配器の設置位置：天井点検口近くの天井裏**（例）UBの天井点検口近くの天井裏

234

8-006 構造材の欠損④

■耐力壁面材の小開口の設け方を決める

耐力壁に開口する場合は、構造の瑕疵に繋がらないよう予め施工の制限を確認しておくこと。

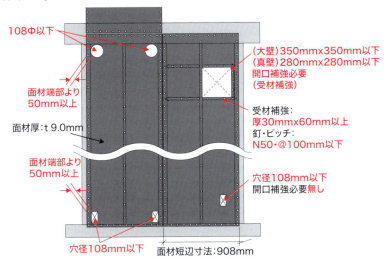

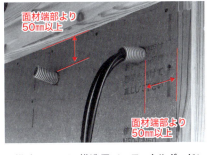

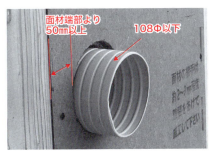

＜構造用MDF・構造用パーティクルボード＞
・（参考）上記面材短辺寸法L=（**大壁**）908mm（**真壁**）803mm・t=9mmの場合の開口寸法と著者推奨値
　※著者推奨値：各専門書及びメーカーのマニュアルを参考にして決めた推奨基準

＜開口目的＞
・（想定される開口）換気扇・自然給気口・キッチン換気ダクト・外部電源用CD管及びコンセント
・開口位置：ボード端部より**50mm以上**離す。
・100φ開口：換気扇・自然給気口等に該当（開口補強必要**無し**）
・150φ（108mm超）開口：キッチンのレンジフード等が該当（**開口補強**を設ける。もしくは、この壁を**耐力壁としない**。）
　※電気配管開口も上記に準ずる。
　※「柱・梁・土台の欠損」（構造材の欠損①～③）の内容については、「給排水設備工事」編を参照

235

8-007 幹線の引込

■幹線の貫通可とう管径の特定

使用する幹線のサイズと合成樹脂可とう管のサイズの組合せを内線規程より確認できる。また、防水上の施工も含め、まとめたのでチェックしよう。

内線規程3115　※縦軸：幹線**公称断面積14mm²**、横軸：電線**本数3本**（下記画像より）⇒**CD管28φ**
3115-4管の太さの選定

3115-5表　合成樹脂可とう管（PF管）及びCD管の太さの選定

電線太さ		電線本数								
単線 (mm)	より線 (mm²)	1	2	3	4	5	6	7	8	9	10
		CD管及び合成樹脂製可とう管の最小太さ（管の呼び方）									
1.6		14	14	14	14	16	16	22	22	22	22
2.0		14	14	14	16	22	22	22	22	22	28
2.6	5.5	14	16	16	22	22	22	28	28	28	36
3.2	8	14	22	22	22	28	28	28	36	36	36
	14	14	22	28	28	36	36	42	42		
	22	16	28	36	36	42	42				
	38	22	36	42							
	60	22	42								
	100.0	28									

出典：（一社）日本電気協会内線規程JEAC8001-2016（電気技術規定使用設備編）平成30年発行287頁

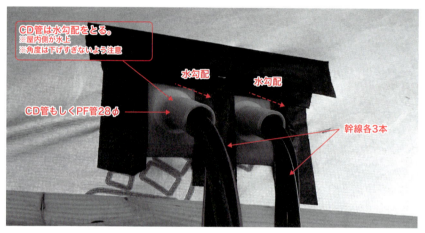

＜幹線＞
・**CVT14mm²**

＜幹線入線用のCD管径＞
・CD管・PF管**28φ**　※上記の**内線規程3115**の表より選定

＜CD管用防水部材のパイプ径＞
・**14φ-28φ**用

＜施工＞
・**CD管・PF管（φ28以下）**は、**水勾配**をとって配管する。（**外側**を**水下**とする）
・**CD管・PF管**貫通部には、**パイプ用防水部材**を使用。（**3方**に**片面防水ブチルテープ**施工）

8-008 断熱材に接する電線仕様①

■電線・ケーブルは断熱材との直接の接触は避ける

断熱材が起因して、**電線・ケーブル**の**性能**を**低下**させる可能性がある。

①断熱材による熱的影響より、VVFとCV Fに許容電流の比較

	VVF	VVF	CV-F	CV-F
	VVF		**CV-F**	
	①通常条件	②断熱材接触時（覆われた場合）	③通常条件	④**断熱材接触時**（**覆われた場合**）
	許容電流	許容電流（通常時x60%）	許容電流	許容電流（**通常時x60%**）
1.6mmx2c	18	10.8	28	16.8
2.0mmx2c	23	13.8	37	22.2
2.6mmx2c	32	19.2	51	30.6
1.6mmx3c	16	9.6	23	13.8
2.0mmx3c	20	12	31	18.6
2.6mmx3c	28	16.8	43	25.8

①と④を比較

	VVF	CV-F
	①通常条件	④**断熱材接触時**（**覆われた場合**）
	許容電流	許容電流（**通常時x60%**）
1.6mmx2c	18	16.8
2.0mmx2c	23	22.2
2.6mmx2c	32	30.6
1.6mmx3c	16	13.8
2.0mmx3c	20	18.6
2.6mmx3c	28	25.8

＜断熱材が電線・ケーブルに与える影響＞

①断熱材による**熱的影響**

・VVFケーブルが**断熱材**に覆われた場合、外部への熱の放散が妨げられ、ケーブル温度が許容温度以上に上昇する可能性がある。

　⇒そのため通常の配線の場合に比べ、**許容電流**が**低下**することを考慮し、ケーブルサイズを選定する必要がある。

②断熱材による**化学的影響**

・VVFケーブルが発泡ポリウレタン、防湿シート付グラスウール、ポリスチレンフォーム等の**断熱材**と直接接触した場合、ケーブル温度が60℃を越え長時間接触している状態が続くと化学的反応により特性低下の起こる可能性がある。

　⇒ケーブルの外観が変色（劣化が促進）し、**絶縁抵抗**が**低下**する可能性がある。

＜検証＞

①断熱材の**熱的影響**を考慮しないとケーブル温度が**許容温度以上に上昇**する可能性がある。また、同時に**化学的影響**は温度が高くなることで、より促進される。

　※そのため、ケーブルが断熱材に覆われると、許容電流が**通常時の約60%程度**まで小さくなることを考慮して、**ケーブルサイズの選定**を行う必要がある。

②**化学的影響**を防止するために、**セパレータ**を設けるなどして、直接の接触を避ける。

　※上記の内容は「社団法人日本電線工業会技術資料技資第121号A」を参考

＜対策＞

①**ケーブルの選定**による対策

・許容電流が通常の60%程度と小さくなるため、ケーブルサイズをUPし60%程度と小さくなった許容電流と**VVF**の通常時の許容電流が**同等程度**となるケーブルを選定する。

　※上記表の**①と④の比較**より、通常時の**VVF**と許容電流x60%の**CV-F**がほぼ同等。
　CV-Fはもともと許容電流が高いため、断熱材に覆われた状態でも、**VVFと同サイズ**で**ほぼ同条件**で使用が可能。

②**施工上**の対策

・CD管を先行配管し、通常配線の**VVF**を入線すれば、**熱の放散が妨げられない**ため、通常使用ができる。

＜結論＞

・対策の①と②のどちらを選択しても構わないが、できることなら**②の選択**が望ましい。

（将来的に電線の**入替え**も可能なため）

8-009 断熱材に接する電線仕様②

断熱材に接する配線の種類及び施工ルールを決める

断熱材の影響によるリスク対策の参考例（CV-Fケーブル・CD管内VVFケーブル）

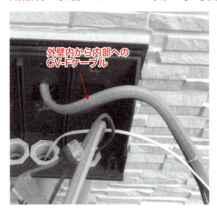
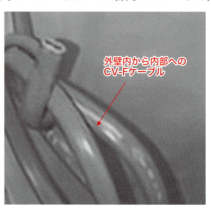
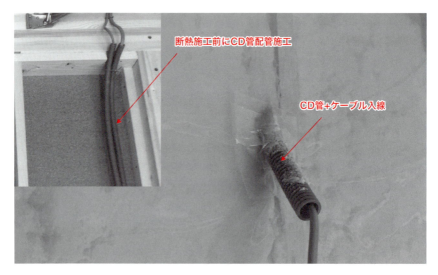

＜**ケーブル**の選定による対策＞
・CV-Fケーブル
　※通常時の**VVF**と許容電流×60%の**CV-F**が**ほぼ同等**
　※電流の小さいスイッチ等の電線はVVFを許容する。（無駄なコストの抑制のため）

＜**施工上の対策**＞
・CD管+ケーブル入線
　※CD管を先行配管し、通常配線の**VVF**を入線すれば、熱の放散が妨げられないため、**通常使用**ができる。

8-010 端末機器の電線仕様

端末機器の電線仕様及び専用配線かどうかの確認をする

専用配線とする場合は、将来の機器の買替えによりケーブルサイズも変更の可能性があるため、電線の入替を可能とするような施工基準を決めることを推奨する。

＜設置する端末機器が確定した後、必ず確認と判断をするべき内容＞
①単相100Vか200Vか　　　　③専用配線とするかどうかの判断
②機器の消費電力　　　　　　④単相200Vの機器のケーブルサイズ
※端末機器の施工説明書に「専用配線」と記載があれば、それに従う。
※上記①②が分かれば電流値（アンペア）がわかる。（オームの法則より）
⇒「専用配線」とするかどうかの判断材料になる。
（例）ドライヤーの消費電力が1500Wの場合、電圧が100Vだと電流は15Aとなる。
分電盤内の小ブレーカーの定格電流が20Aとすると、残り5Aしかないため同時に使用する機器がある場合に、合計の消費電力が小ブレーカー容量の20Aを越えると小ブレーカーが落ちるため、「専用配線」にするという判断もある。

＜ケーブルサイズや専用配線かどうかの確認をするべき機器例＞
①IHヒーター／②エアコン／③EV用充電コンセント／④浴室乾燥暖房機／⑤暖房便座
⑥エコキュート／⑦ドライヤー／⑧その他専用配線になるかもと思う機器

＜専用配線はCD管に入線配線を推奨（著者推奨）＞
※将来機器の入替えに伴う電線の入替えを想定

＜各機器の配線用電線・ブレーカーの設定例＞
※下記①②の電線やブレーカーは一例であり、使用する機種ごとに都度確認をする。

① （例）IHクッキングヒーター
・電線：CD管（22φ）にVVF2.6mm×3c以上または
　　　　より線5.5mm^2×3c以上を入線配線
・ブレーカー：漏電ブレーカー付き
　　　　　　　単相200V・定格電流30Aの専用回路
・IH専用コンセント：右記画像参照

IH専用コンセント
提供：神保電器㈱

② （例）EV・PHEV用充電コンセント
・電線：CD管（22φ）にCVF2.0mm×3cを入線配線（アース線は単独配線）
　　　　※VVF2.6mm×3c及びより線5.5㎟×3c相当
・ブレーカー：漏電ブレーカー付き単相200V・定格電流20Aの専用回路
　　　　※EV用の電線は将来入替えを想定⇒EV自動車の普及に伴い急速充電器も発達している。
　　　　　　将来的に太い電線に入替えも想定。

設置イメージ図
住宅用分電盤
200V 20A漏電ブレーカ（EV充電用専用回路）
EV・PHEV充電用電源スイッチ（盗電防止用）
※「切」で盗電防止ができる。
主幹ブレーカー
200V EV充電専用配線
EV・PHEV充電用屋外コンセント
提供：神保電器㈱の画像DATA

239

8-011 屋内配線のジョイント部の処理と注意点

電線・ケーブルのジョイント部には
中継・分岐用ボックスを使用する

中継・分岐用ボックスを使用する意味と正しい使用方法を理解した上で使用及び管理しよう。

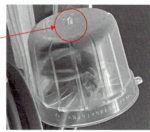

逆さまに設置した場合は、この突起物をカットする。⇒**排水穴**になる。

中継・分岐ボックスは**上に向け**
内部で**結線**

ケーブルの
付け根を固定

※電線やケーブルを**ジョイント**・**中継**・**分岐**する場合は、**専用ボックス**を使用する。
※断熱材に接するケーブルを**CV-F**に切替える際は**中継ボックス内**で切り替える。

<中継・分岐用ボックスを使用する理由>
・電線・ケーブルの**接続部（結線部）を保護**するため。
　[内線規程3165-5：ケーブルの接続]
　　(1)ケーブルを接続する場合、導体及び被覆物を**損傷**しないようにすること。
　　(2)ケーブル相互の接続は、キャビネット、アウトレットボックス又はジョイントボックスなどの内部で行うか、又は適当な接続箱を使用して行い、**接続部分**を**露出させない**こと。
・上記の「**保護する**」という文言の意味
　①電線やケーブルに**過度な張力**がかかったり、**接続不良**が起きると絶縁抵抗が大きくなり、発熱や火災の原因となるため、それを防止するため
　②結線部は、**裸電線**となるため、**異物（虫や埃）**との**接触**を避けるため
　③小屋裏や天井裏の**湿気**の影響を受けにくくするため。

<施工上の注意>
①中継・分岐ボックスは必ず**上向き**とする。
　⇒ボックス内部の温度変化により、内外部に気圧差が生じ、内部に湿気が侵入し、結露の原因になることも予想される。結露が生じた際にその**結露水**を**排水させる**ため。
　※ボックスを**逆さま**に設置した場合でも**結露水**を**排水**させることを可能とした商品もある。
②ケーブルの**被覆の切除**は必ず**ボックス内**でする。
　⇒**裸電線**部分を**外部に露出させない**ため
③ケーブルの**付け根**を必ず**固定**をする。
　⇒ケーブルに**過度な張力**がかからないようにするため

8-012 屋外へ貫通する配線・配管施工のルール化

貫通可とう管・パイプ・ダクトは外に向けて水勾配をとる

貫通パイプ用の防水部材への**テープの貼り方**や貫通パイプ等の**水勾配**は要チェック。但し、パイプの勾配は急勾配にし過ぎないこと（外部フードが納まらなくなるため）。

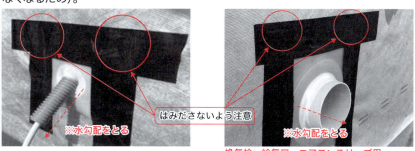

はみださないよう注意
※水勾配をとる（左）
※水勾配をとる（右）
換気栓・給気口・エアコンスリーブ用

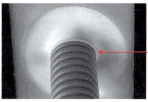

防水部材のツバはCD管・PF管の同じ溝にかませる

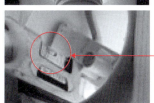

外側に水勾配をとる（室内側が水上）
※水平器でチェック

フレキダクトの場合は、防水部材のツバとダクト間に防水テープを貼る。（幅20mm）
※水勾配をとる
フレキダクト（UB換気扇用）

- 外壁を貫通する**配線**：
  幹線・電話線・同軸及び光ケーブル・外部照明・外部コンセント等
  ※すべて可とう管（CD管・PF管）を使用かつ菅内に入線
- 外壁を貫通する**配管**：
  換気扇/給気口用及びエアコン用パイプ・レンジフード用及びUB用ダクト
- **雨水の浸入予防対策**：
  ①防水シートを貫通する配管は、**全て水勾配**をとる。
  ②**パイプ用防水部材**を使用（**3方**に**片面防水ブチルテープ**施工　※縦⇒横方向）
  ③可とう管の場合は**防水部材のツバ**を可とう管の**同じ溝**にかませる。
  ④パイプ・ダクトの場合は仕上げるまで**養生テープ**等で蓋をする。
  ※貫通管が逆勾配になると管内に雨水が浸入した場合屋内への漏水に繋がるため注意
- 防水部材の**パイプ径**：
  ①電気配線用可とう管：**14φ-28φ**
  ②レンジフード用ダクト及び差圧給気口用パイプ：**150φ**
  ③換気扇用及び自然給気口用パイプ・UB用ダクト：**100φ**
  ④エアコンスリーブ：**75φ**

8-013 屋外へ貫通するダクトの内部施工のルール化

■防水・防湿・気密・防耐火処理の施工ルールを決める

気密テープと(耐熱)アルミテープの使分けとダクトの種類の使分けに注意しよう。

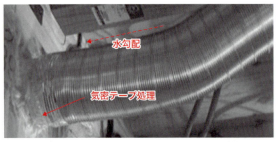

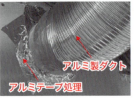

(参照)耐火パテ

スチール製ダクト
※準耐火構造及び
　省令準耐火構造対策

※上記画像のフレキシブルダクトは、UB換気扇のダクト

＜防湿層の防湿/気密処理・防水処理＞
(防湿/気密処理)
防湿フィルムの切欠き及び貫通部：気密テープ貼り(隙間を埋める)
(防水処理)
外部からの雨水の浸入予防対策：ダクトは外壁貫通する手前から屋外へ水勾配をとる。
　※勾配が取りづらいときは、水上部分のダクトを天井から吊る。

＜防火被覆の防火・耐火処理＞
・石膏ボード(防火被覆)の切欠き及び貫通部：(耐熱)アルミテープ貼りもしくは耐火パテ埋め(延焼の恐れのある部分以外)の外壁も安全対策のため対応することを推奨)。
・キッチンレンジフードのダクト：スパイラルダクトの使用を推奨
　※消防法における各自治体が制定する火災予防条例(厨房設備)では、排気ダクトを耐食性のある鋼板及び同等の耐食性及び強度を有する不燃材で指導されている。
　　⇒今後上記画像のようなフレキシブルダクトは禁止されていくだろう。すでに各地で全面的に禁止の方向で指導が進んでいる。　※条例違反となる可能性もあるため、所轄の消防署に確認すること。

(理由)
・フレキシブルダクトの内部は凸凹があり、その隙間に油汚れがたまりやすく、料理時の高温熱で、引火する可能性があるため。⇒内面は平滑であること
・可燃性の部分や物品との間に10cm以上の距離を保たなければならない。
　但し、ロックウール(JIS A9504)や50mm以上の不燃材料で被覆すれば、この限りではない。

(注意)
このダクトは、フレキシブルダクトとは異なり、曲がりに自由がきかないため、ダクトの曲がり部材に合せてレンジフードと外壁貫通部の位置を決める必要があり、設計段階から注意が必要である。
※10cm未満に可燃物がある場合は、ダクトに50mm以上のロックウールを巻く。

8-014 スリーブの位置設定と下地と注意点

スリーブの標準位置決めと機器固定用のビス留め下地を設ける

ACスリーブは建築段階で標準設置することを推奨。ACスリーブを設置せずにエアコンを設置すると防水シートと防湿シートに穴を開けるため、漏水及び結露リスクが上がる。更には構造上重要な筋交いを欠損させるリスクも上がる。

エアコン用スリーブ位置設定

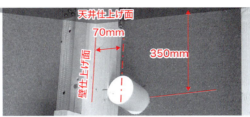

<例：高さ>【標準】天井仕上げより**350mm下がり**を芯とする。
(標準CH2,400の場合：FL+2,050)

<例：寄り>【標準】入隅仕上げ面より**70mm**を芯とする。(横抜き・背抜き共)

・エアコンの設置位置が一般的な外壁の壁掛け設置の場合にACスリーブの位置設定をする。
・ACスリーブの位置は、エアコンの背面もしくは側面とする。
① 背面の場合：化粧ダクトを使用しない位置とする。
② 側面の場合：エアコンと壁の隙間部分の壁貫通部を隠すための化粧カバーを設置。
　　⇒側面の場合は、化粧カバーのサイズ分だけ隙間を設ける。
　　※筋交いが干渉する場合は、筋交いをかわした位置かつ上記①もしくは②
　　※吹抜・高天井・下り天井及び外部側に袖壁がある場合は、上記①②を原則として位置設定
　　※ACスリーブ内に断熱材を詰める。(断熱欠損防止のため)(大工工事もしくは電気工事)
　　※しばらくはエアコンを設置しない場合は、石膏ボードの穴開けはしない。(気密確保のため)

ビス留め用下地　　仕上げビス留め用下地　　　　取付ビス留め位置

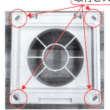

・室内側仕上げ商材（ビス留めを要する商材）：自然給気グリル・換気扇
・貫通パイプの上下・左右に下地を入れる。(上記商材のビス留め合わせ・商材固定用)

<標準位置の設定>
・原則、標準位置を決めることを推奨。
　① 入隅壁仕上げからの距離。
　② 窓枠からの距離
　③ 床仕上げからの高さ
　④ 天井仕上げからの距離

<取付位置の注意点>※特に自然給気口
・標準位置が下記のような位置になる場合は都度確認
・位置決めする際に注意するポイント
　① カーテンレールとの干渉。
　② カーテンだまりが被さっていないか。
　③ 外部に袖壁があり、外部フードが納まるか。
　④ 筋交いとの干渉。

243

8-015 エアコンスリーブ隠蔽配管の位置設定

■壁掛けエアコンのACスリーブは正面左側に設ける

将来のメンテナンスで苦労する可能性があるため、スリーブ位置は理屈を知った上で決める。

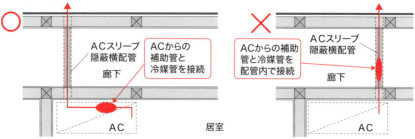

＜スリーブ位置とエアコン取付施工について＞
※下記のACの補助管は正面右側と記載しているが、設置するACのカタログ等で都度位置の確認をする。
（通常の場合※隠蔽配管としない場合）
　1.原則、ACスリーブはエアコン**1階**は正面**右側**とし、**2階3階**は**左側**とする。
　2.冷媒管と接続するエアコンの**補助管**はエアコン正面**右側**にあるため、**1階**の場合は、ACスリーブからそのまま外部まで補助管を出し、**外部**で冷媒管と**接続**をする。
　　2階3階の場合は、外部接続は危険作業となるため、隠蔽配管の場合と同様に**室内接続**とする。
　3.エアパージ後にフレアナット部（接続部）からのガス漏れ点検を実施する。
（隠蔽配管の場合）
　1.ACスリーブは、エアコン正面**左側**とする。（必須）
　2.冷媒管と接続するエアコンの**補助管**はエアコン正面**右側**にあり、冷媒管との**接続**を**エアコン背面**で行い、冷媒管はそのままドレン管等とまとめて**左側**の**ACスリーブの隠蔽配管**を通し外部に出す。（**室内接続**）
　3.エアパージ後に**エアコン背面**で接続したフレアナット部からのガス漏れ点検を実施する。

＜ACスリーブを隠蔽**横**配管とする場合の注意点＞
⑴**塩ビ管75φ**を外部へ向け**水勾配**をとって配管し、内部に**冷媒管**と**ドレン管**等まとめて通す。
（理由）
　①確実に**ドレン管の水勾配**をとるため
　　（露出吊り配管とすると、もし配管がたわんだ場合はドレン水が排水されず、内部に**水溜まり**ができるため）
　②もしドレン管の断熱材が劣化し**結露**した場合や接続部の劣化によりドレン管からの**漏水**があった場合、屋内へ漏水することなく、塩ビ管を伝って**外部に排水**されるため
　③上記②のような場合、エアコンや冷媒管及びドレン管を容易に**交換**を可能とするため
⑵隠蔽横配管とする場合、ACスリーブを必ず**左側**とするのはなぜか。
（理由）
・もし右側とした場合、補助管と冷媒管の接続位置が**隠蔽配管内**になってしまう。
　①エアパージ後の接続部のフレアナット部の**ガス漏れ点検ができない**。
　②長期経過後に隠蔽配管内のフレアナットが割れ、冷媒漏れすると配管内で**有毒ガス**が発生することも否めない。
　③容易にガス漏れ時の**対応**や**メンテナンス**ができない。
　④エアコンを**交換**する際も非常に**困難**

8-016 エアコンスリーブ隠蔽配管の断熱処理①

■屋外扱いのACスリーブに断熱材を巻く

近年の異常気象は予想を超えるため、**小屋裏（屋外扱い）** に配管をするリスクに対して、より安全側の回避対策をとる。

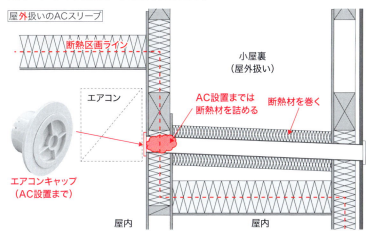

- エアコンを**設置するまで**：スリーブの貫通部分が断熱欠損となるため、**断熱材を詰める**。
  ⇒ACスリーブ隠蔽配管は、小屋裏に配管されるため、**本来は断熱材を巻く必要はない**。
- エアコンを**設置後**：上記で詰めた断熱材を抜いて、スリーブ内に冷媒管やドレン管等を通す。
（上記図のACスリーブに**断熱材を巻いている**のはなぜか） ※著者推奨
  ①長期経過後にドレン管の断熱材が劣化するとドレン管周りに**結露**が発生する。
  ②長期経過後にドレン管の断熱材が劣化すると断熱性能が落ち、**冬場**（特に寒冷地）には、ドレン管内部の結露水が**凍てつく**可能性もあり、更には**漏水**の原因に繋がる。
  ⇒上記の①②は可能性として大きくないかもしれないが、万が一起きた場合でも
    1. ACスリーブ内に配管を通しているため、ドレン管の**交換も容易**。
    2. 発生した結露水や漏水があってもACスリーブから**外部に排水**されるため周囲の腐朽や劣化は回避される。
  ⇒上記1、2で対策はしているものの断熱材を巻くことで、さらに**凍てつき予防**を図るとともに**交換費用**も高くなるリスクを減らす等、2重の対策を講じる。（大工工事もしくは**電気工事**）
（ACスリーブ無しの**直配管**とした場合）
- ACスリーブは小屋裏であるため、上記①②が発生した場合、すぐには気付かず、気付いた時には周囲の劣化や腐朽が進んでいる可能性がある。また、修復工事にも費用がかかる。そのため、より安全対策を講じることが、将来のリスクを低減させ、住宅寿命を延ばすことに繋がる。

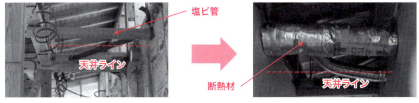

8-017 エアコンスリーブ隠蔽配管の断熱処理②

■屋内扱いのACスリーブに断熱材を巻く

断熱区画内（屋内扱い）に配管をする場合は、**配管内**は**屋外扱い**となるため、断熱材を巻かない場合のリスクとそのリスク回避対策をまとめた。

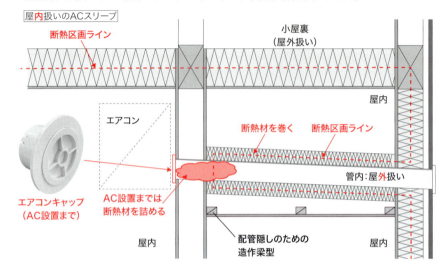

- エアコンを**設置するまで**：スリーブの貫通部分が**断熱欠損**となるため、**断熱材を詰める**。
  (1)本来は、外壁面に断熱材を詰めるべきだが、施工上、部屋側の**エアコンキャップのすぐ裏側**にせざるを得ない。
  　①断熱材の詰め具合を**目視**で容易に確認を可能とする。
  　②エアコン施工時に断熱材の**抜き差し**を容易にするため。（特に階上の場合）
  　③水勾配の**先端**に**蓋**をするようなことを避ける。
  （上記図のACスリーブに**断熱材を巻いている**のはなぜか）※著者推奨
  (2)上記(1)のため、下記のような対応が必要になる。
  　①**断熱区画ライン**を上記図のようにする必要がある。（大工工事もしくは**電気工事**）
  　　※ACスリーブに巻いた断熱材と**連続**させるために、壁を抜けた奥まで断熱材を詰める。
  　②ACスリーブの**内部**は、**屋外扱い**となるため、断熱材を巻かないとACスリーブの外部面に**結露**が生じ、その結露水で周囲の**劣化**や**腐朽**に繋がる。
  　　⇒上記(2)-①の断熱区画の必要性以外の(2)-②の理由からでも、**断熱材を巻くことは必要**である。
- エアコンを**設置後**：上記で詰めた断熱材を抜いて、スリーブ内に冷媒管やドレン管等を通す。

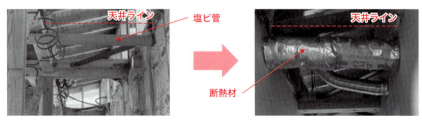

246

8-018 外壁に面するスイッチ・コンセントの防湿・気密処理

■外気の侵入・空気の流入抑制のため防湿気密カバーを使用する

たとえ壁・床・天井の気密・防露対策をしていても、**電気BOX**からの**透湿**を許してしまうと意味がないため、しっかり対策しよう。

強電+弱電コンセントは専用の防湿気密カバーを使用する。(セパレート対応用)

提供:未来工業㈱

＜防湿気密カバーをする目的＞
・**気密対策**：**外部の引込配管**から**電気BOX**を経由して、室内への**空気の流入**を抑制する。
・**壁内結露対策**：室内の空気（**水蒸気**）を**電気BOX**を経由して、**壁内への侵入**を抑制する。
　※「天井埋込照明等の防湿・気密処理」の内容については「木工事」編を参照

＜施工上の注意＞
・**配線穴**を**最小限**とする。
　※メーカーの施工説明書に従って確実な施工をする。

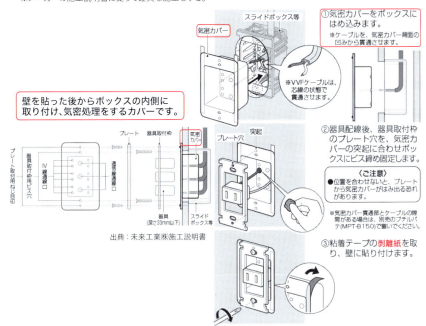

出典:未来工業㈱施工説明書

247

8-019 弱電・強電一体型コンセント施工の注意点

■弱電・強電分離のための絶縁用セパレータを使用する

弱電・強電分離を現場で対応しているか把握していない住宅会社や施工管理者も多い。火災リスクもあり、瑕疵にも繋がり兼ねないためチェックしよう。

①ブランクチップ部分を将来情報用(弱電)として利用する場合
②ブランクチップ部分を将来電源用(強電)として利用する場合

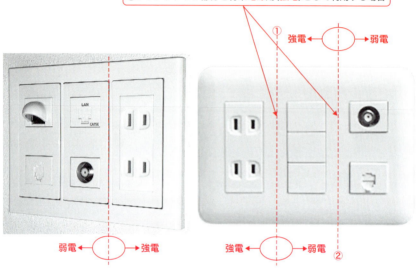

＜強電と弱電の隔離＞
・同一電気BOX内に強電線と弱電線を収納する場合は、両電線が接触しないようにBOX内に隔壁（絶縁用セパレータ）を設ける必要がある。（内線規程3102-7）
　※電気BOX内だけでなく、配線ルート間でも強電ケーブルと弱電ケーブルは分ける。
・（強電）「エネルギー」を送る電気⇒コンセント等
・（弱電）「情報」を送る電気（信号）⇒TEL・TV・光ケーブル・LAN等

＜隔離する理由＞
・強電線と弱電線が接触すると、場合によっては感電又は火災のおそれがあるため

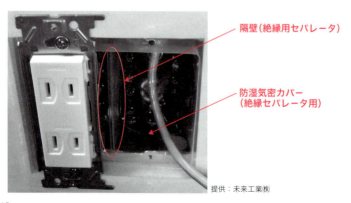

提供：未来工業㈱

8-020 接地極付きコンセントとする場所と機器

将来のメンテナンス配慮かつ使用機器に応じたコンセントを選定する

想定する機器に適応した**電線**や**コンセント**を使用する。「**専用**」表示は推奨。
※下記画像は参考例

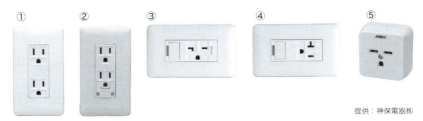

提供：神保電器㈱

＜接地極付きコンセント＞
①接地コンセント（3芯プラグ用コンセント）
②アースターミナル付き接地コンセント

＜エアコン用接地極付きコンセント＞
③（200V用）15A・20A兼用　アースターミナル付き接地コンセント
④（100V用）15A・20A兼用　アースターミナル付き接地コンセント

＜IHクッキングヒーター用接地極付きコンセント＞
⑤（200V用）IHクッキングヒーター用コンセント

＜接地極付きコンセントとするべき想定される機器＞
・エアコン・洗濯機・乾燥機・冷蔵庫・食洗器・電子レンジ・電気温水器・IHクッキングヒーター・暖房便座・その他台所で使用が想定される機器・TV周辺機器等
　⇒上記の使用が**想定される場所**のコンセントを**接地極付きコンセント**とする。
　※通常のコンセントだと接地することができないため。（アースがとれないため）
　⇒アースがとれないと、故障や漏電時に**感電**や**火災**のおそれがあるため
　※内線規程も改定があるため、その都度内線規程を確認する。

＜専用コンセントの表記＞
・表記の効果
　①使用するべき**機器の想定**ができる。（消費電力の大きい機器）
　②表記がないと無意識に消費電力が大きめの機器を差込んだ際に周囲の電気の使用状態によっては、**ブレーカーが落ちるリスク**がある。
　　⇒表記があれば、消費電力の大きめの機器を差込んでもブレーカーが落ちないだろうとの判断ができる。
・専用コンセントの設置場所と想定機器
　①キッチン周辺の**電子レンジ用**
　②洗面脱衣室等の**洗濯機用**

（例）コンセントの左下に「**専用コンセント**」表示

＜設置位置＞※接地極付きコンセントに限らず、日常**居室**で**使用**するコンセント・スイッチ含む。
・コンセント及びスイッチの**高さ・寄り**等の**標準位置**を自社基準として決めておくことを推奨
（参考例）コンセント芯：FL+1,200mm/スイッチ芯：FL+250mm等
　※施主様からの要望や変更が最も多いものがコンセント類のため、**位置・数**の最終確認の実施は必須（現場検査の実施）

249

8-021　24時間換気の重要性

▌24時間換気スイッチをOFFにしない工夫をする

室内の換気は、**健康**や**建物の寿命**など様々な影響を及ぼしかねない重要なポイントで、法律上義務化されている。**24h換気**を**止めさせない工夫**が必要。

<24時間換気のスイッチをOFFにさせない工夫>
①しっかりと住まう方に**説明**をする。
②子供が普通に立った状態では手が届かない場所にスイッチを設置をする。（**高所設置**）
③スイッチの**ON・OFF抑制用カバープレート**を設ける。
④スイッチのON・OFFが目視でわかるよう**ランプ付き**にする。

<24時間換気の重要性>
・24時間換気システムは、**建築基準法**上、すべての建築物に**義務化**されている。
（理由）
　①主に建材や家具等から発生する様々な有害な化学物質が原因とされている**シックハウス症候群**を予防するため
　②室内の**湿気を排出**することで、**カビの発生**を抑制するため
　③様々な**臭い**や**花粉**、**ハウスダスト**等を換気することで、室内の**空気環境**を良くするため。
（効果）
・上記の3つの理由より、住まう方の**健康**や**建物寿命**に大きく影響する。
（注意するべきこと）
・上記のことより、**24時間換気**（常時換気扇）のスイッチをOFFにすることは原則NG。
　⇒よって、24時間換気（常時換気扇）のスイッチを**OFFにさせない工夫**が必要。
（長時間OFFにした際に想定されるリスクについて）
・長時間OFFにすると上記（理由）の①～③の予防や抑制が効かなくなる。
　⇒**健康障害**（シックハウス症候群、アトピー性皮膚炎、鼻炎や副鼻腔炎、花粉症、ウィルス性の病気、風邪等）
　⇒**建物寿命が短くなる**（湿気が溜まりやすい部分にカビの発生・腐朽等）
　⇒**設備機器寿命が短くなる**（ダクト式の第一種換気システムの場合は、ダクト内が結露しカビが発生。その後スイッチをONにするとクリーンな空気が給気がされるどころか、カビやカビの臭気が給気されることになる。）
・結果、**経済的にも負担**がかかる。

8-022 屋根断熱の場合の小屋裏換気の重要性

■第3種換気の場合は2室用換気扇を使用する

屋根断熱の場合、小屋裏は**屋内扱い**となり、法律上換気する義務はないが、近年の異常気象によるリスク対策として、**小屋裏**の**換気**まで含めて**換気計画**をすることを推奨。

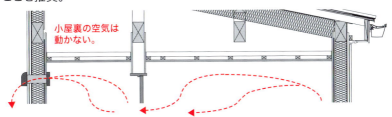

＜**壁**用換気扇を使用した場合＞
①屋根直下の天井より下（居室空間）の空気は吸い込むが、**小屋裏の空気**までは吸い込むことはできない。
②小屋裏に透湿した湿気が溜まっても排出することができないため、**カビ**等の原因となる。
③夏は熱伝導により小屋裏に**熱気**がこもり、冬には**冷気**がこもりやすくなるため、居室の**冷暖房効率**が悪くなる。

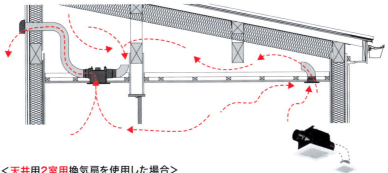

提供：パナソニック株のカタログ

＜**天井**用**2室用**換気扇を使用した場合＞
①居室空間の換気をすると同時に**小屋裏の換気**も行う。
②2室目設置用の排気グリルとは**ダクト接続せず**に**あえて開放する**ことで小屋裏の空気を排気し、2室目設置用のグリルから小屋裏へ給気することで、小屋裏の空気を循環させる。
※2室目の排気グリルは、1室目の換気扇から、**より遠く**に設置する。（できれば**対角**）
※**省令準耐火構造及び準耐火構造**の場合は、2室目設置用のグリルは**ダンパー付**を選定、かつ開放した換気扇の吸込み口には50cm程度の**不燃ダクト**を繋ぐ。

＜**屋根断熱**かつ**第3種換気**の場合＞
（注意点）※**第一種換気**の場合も同様の考え方をする。（小屋裏に1口排気ダクトを設ける）
・壁用換気扇を採用せずに**天井用換気扇**（**2室用換気扇**）を推奨する。
・居室空間の空気を**小屋裏へ排気**する計画とする。（**排気経路**）
・小屋裏の空気を**居室空間に給気**するような計画は**NG**。（**給気経路**）
※①**給気経路**とすると、ハウスダストや匂いだけでなく、**シックハウスの原因となる化学物質**を居室空間に呼込むことになり、小屋裏も居室とみなされ、小屋裏の気積も含めた24時間換気計算が必要となるため。
※②**排気経路**とすることで、小屋裏は、気積を含めずに計画することが可能。
ただし、地域管轄の**確認申請機関**やフラット35等の**評価機関**の判断による。
※①②：（参照）国交省等編『建築物のシックハウス対策マニュアル』より

8-023 住宅用火災警報器の設置基準と注意点

設置場所と設置位置・距離を整理する

消防法にて、すべての住宅に住宅用火災警報器の設置が義務化されている。離隔距離をまとめたのでチェックしておこう。

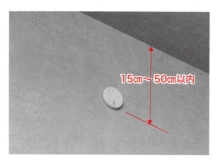

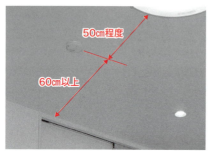

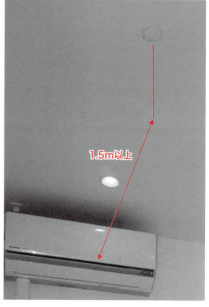

煙感知器

＜設置場所＞
- 「すべての寝室」・「寝室のある階の階段」は必須
- 「台所」は、市町村の条例による。※火災が発生しやすい場所のため必須とすることを推奨。

＜感知器＞
- 煙感知器（光電式）※熱感知器もあるが消防法では原則煙式の設置を定めている。
（火災時には熱よりも煙のほうが早期発見に有効なため）

＜設置位置＞
- （壁設置）天井から15〜50cm以内。
- （天井設置）壁や梁から60cm以上離す。
- （エアコンの近く）空気の吹き出し口から1.5m以上離す。（壁・天井共通）
- （照明器具の近く）照明器具の縁から50cm程度
※「警報停止/テスト」ボタン及び引き紐の操作がしやすい位置とする。

8-024 屋内局所換気扇と外部フード選定と組合せ

■気密性能とメンテナンスを配慮した組合せを選定する

室内の局所**換気扇**と**外部フード**の**組合せ**は、吸い込んだ埃による**目詰まり**や**虫の侵入**及びレンジフードの強い吸込みに対し、局所換気扇からの外気の侵入（**逆流**）の検討が必要。

フィルター付き
電気式高気密シャッターの搭載

提供：パナソニック㈱

＜局所換気扇の選定＞
①運転停止時に**換気開口が閉じる**ものを推奨（気密性の確保）
・**外気の侵入を防止**する。
・レンジフードを運転した際に**空気の逆流を防止**する。
・**虫の侵入を防止**する。
②**フィルター付き**を推奨。（フィルターで**埃**をカット）
　※運転停止時に外から侵入した**虫**もここでシャットアウト

排気用フード

給気用フード

＜外部フードの選定＞
①レンジフード及び差圧給気口・妻換気：**150φ** ※準防火地域では、防火ダンパー付きを選定
②局所換気扇及び自然給気口：**100φ**
③**排気用フード**は**防虫網付きとしない**。
・屋内からの埃や外部からの異物等で**目詰まりするリスクを低減**させるため。
　⇒目詰まりを起こすと排気能力が落ち、換気扇に負荷がかかり故障の原因及び室内の空気環境を悪くする原因となるため。
④**給気用フード**も同様に**防虫網付きとしない**。
　⇒外部からの埃や異物等で**目詰まりをするリスクを低減**させるため。
　※但し、上記③④について、1階やバルコニー等で外部から外部フードの目詰まりの掃除等が可能ならば、防虫網付きの選定も良い。
⑤**妻換気用フード**は、**防虫網付きとする**。
　⇒緩やかな換気であるために目詰まりリスクよりも**虫の侵入阻止**を優先。

＜局所換気扇と外部フードの組合せ＞
・換気扇と外部フードの組合せは、**目詰まり防止対策**を優先して選定する。
　室内側**フィルター付き換気扇＋通常のルーバータイプの外部フード**
　⇒換気扇のフィルターが、排気時の**埃もカット**し、外部からの**虫の侵入も防ぐ**、2つの役割を持つ。
　⇒外部からフードのメンテナンスが可能ならば、上記の外部フードは防虫網付きでも良い。

8-025 シーリング施工の注意点

外壁取付金物は3方シーリングとし
下側は水抜きとする

機器の背面への雨水の浸入予防対策と万が一浸入した場合の水抜き対策をとる。浸入した雨水の出口を塞いだことにより、貫通穴から内部へ溜まった雨水を浸入させないことが重要である。

エアコンキャップ

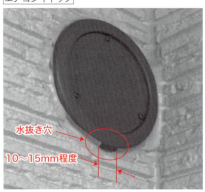

水抜き穴
10～15mm程度

外部フード

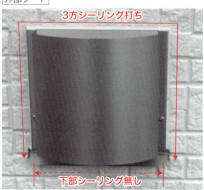

3方シーリング打ち
下部シーリング無し

メーターBOX

中継BOX・外部コンセント

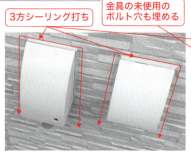

3方シーリング打ち
金具の未使用のボルト穴も埋める

幹線固定金物

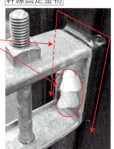

＜外壁シーリング施工の考え方＞
①シーリング材は、紫外線劣化等必ず将来的に劣化が進み、打替えも必要になる。
②外壁仕上げは、必ずしも平滑とは限らない。
※上記①②の観点から、万が一シーリング部から雨水の浸入があった場合のことを予め想定して施工する必要がある。
⇒上部のシーリングから雨水の浸入があった場合に、雨水を屋内に浸入させずに、そのまま排水させるような施工とする。（外壁工事もしくは電気工事）

＜シーリング材＞
・変成シリコン系又は高耐候に改良されたウレタン系 　※シリコン系はNG

＜シーリング施工＞
①エアコンキャップの下部は、水抜き穴として、シーリング施工をしない。（10～15mm程度）
②その他機器等のシーリングは、上部と両側の3方打ちとし、下側は打たない。（水抜きとする）
（外部フード・メーターBOX・外部コンセント・中継BOX・引込BOX・幹線固定金物等）

あとがき

　住宅の品質向上には、当然施工技術も重要ではありますが、施工や納まりを無視した設計をすると、瑕疵のリスクは高まります。さらには、調達部門による使用する資材商材等の物選びも重要であり、この選定も一つ間違えると瑕疵のリスクは高まります。設計や調達材のリスクを、施工技術ですべてカバーできるものではありません。逆に設計や調達材が素晴らしくても施工技術が悪ければ、欠陥住宅に繋がります。よって、施工・設計・調達は三位一体であり、その各部門のチームワークや横断連携が住宅会社の中で最も重要なポイントとなるでしょう。

　我々技術者の使命として、目指すべきポイントは一つ。

・「リスク」を抑制し、「ベネフィット」を創出する。

　これが私自身の考えであります。

　ここでいう「リスク」とは、欠陥住宅（瑕疵）であり、いわゆる「負債」をいい、「ベネフィット」とは、瑕疵のない住宅やお客様の満足であり、いわゆる「資産（利益）」のことです。

　少なくとも施工技術や品質管理の知識やノウハウがあれば、そういった瑕疵のリスクを小さくすることは可能なので、この本ではそこを重点的に取上げました。

　私が建築の世界に入って30年間の経験とこれまで見てきた良いもの悪いもの、また建築主の笑顔や泣き顔など心に刻んできたことを想い浮かべながら、ずっと取り組んできたことを、約2年の月日をかけて、この本に凝縮し書き上げました。

　私がこの一冊の本に込めた想いは二つ。

　「次の世代を担う若手の技術者の成長」と「紛争トラブルのない家づくりの実現」この二つのことが現実になることを願っております。

　この本を執筆するにあたり、画像及びカタログやホームページの資料の提供やご意見をくださったすべての皆様方に心より感謝を申し上げます。

　これまでご意見やご指導してくださり、この本の監修までしていただきました玉水新吾氏に心より感謝申し上げます。

　玉水新吾氏を紹介してくださった市川卓氏、この出会いのきっかけをつくっていただいたおかげで本の出版に繋がりました。心より感謝申し上げます。

　学芸出版社編集部の岩﨑健一郎氏、出版に向けてのご指導とご尽力を賜り、心より感謝申し上げます。

　これまで幾度となく壁にぶつかってきましたが、このように多くの方々のご協力やご支援、また家族からの励ましがあったからこそ、壁を乗越え最後までやり遂げることができました。

　ご協力をしてくださった皆様に、この場を借りて深く感謝申し上げます。

　有難うございました。

春山　浩司

著者紹介

著者：春山 浩司（はるやま　こうじ）

1994年近畿大学理工学部建築学科卒業後、12年間ゼネコンにてRC造・S造・SRC造等特殊建築物の施工管理を経験。その後18年間住宅メーカーにて、木造住宅の資材商材の調達管理及び施工・品質・設計・商品開発・アフターメンテナンス等技術系のトータルマネージャーを経験。また、新事業として、名古屋や東京での新支店の立上げ、2×4住宅事業やRC住宅事業及び物流事業の立上げを経験。その30年間のキャリアを生かし、2024年建設コンサルティング事業及びホームインスペクション事業やホームアドバイス事業を主とした「株式会社 家のちえ」を設立。

監修者：玉水 新吾（たまみず　しんご）

名古屋工業大学建築学科卒業後、大手住宅メーカーにて、技術系の仕事全般を34年経験。現在一級建築士事務所「ドクター住まい」主宰。裁判所で専門委員・調停委員・司法委員。学芸出版社著書に『現場で学ぶ住まいの雨仕舞い』『建築主が納得する住まいづくり』『写真マンガでわかる建築現場管理100ポイント』『写真マンガでわかる住宅メンテナンスのツボ』（共著）『写真マンガでわかる工務店のクレーム対応術』（共著）『建築現場のコンクリート技術』（共著）『図解雨漏り事件簿』（共著）『建築現場のチェックポイント』（共著）。

現場写真でわかる　木造住宅工事の納まり

2024年9月25日　第1版第1刷発行
2025年3月30日　第1版第2刷発行

著　者　　　　春山　浩司
監　修　　　　玉水　新吾
企　画　　　　日本建築協会

発行者　　　　井口　夏実
発行所　　　　株式会社学芸出版社
　　　　　　　京都市下京区木津屋橋通西洞院東入
　　　　　　　電話075-343-0811　〒600-8216
　　　　　　　http://www.gakugei-pub.jp
　　　　　　　Email　info@gakugei-pub.jp

編集担当　　　岩﨑健一郎
ＤＴＰ　　　　（株）フルハウス
装　丁　　　　美馬智
印刷・製本　　モリモト印刷

ⓒ 春山浩司 2024　　　　　　　Printed in Japan
ISBN978-4-7615-2908-6

JCOPY 〈(社)出版者著作権管理機構委託出版物〉

本書の無断複写（電子化を含む）は著作権法上での例外を除き禁じられています。複写される場合は、そのつど事前に、(社)出版者著作権管理機構（電話03-5244-5088、FAX 03-5244-5089、e-mail:info@jcopy.or.jp）の許諾を得てください。
また本書を代行業者等の第三者に依頼してスキャンやデジタル化することは、たとえ個人や家庭内での利用でも著作権法違反です。